Testen in Scrum-Projekten

**Tilo Linz** ist Vorstand und Mitgründer der imbus AG, einem führenden Lösungsanbieter für Softwaretest und seit mehr als 20 Jahren im Themengebiet Softwarequalitätssicherung und Softwaretest tätig. Als Gründer und Vorsitzender des German Testing Board e.V. und Gründungsmitglied im ISTQB hat er die Aus- und Weiterbildung in diesem Fachbereich auf nationaler und internationaler Ebene maßgeblich mitgestaltet und vorangebracht. Tilo Linz ist Koautor von »Basiswissen Softwaretest« (dpunkt.verlag), einem der erfolgreichsten und meistgelesenen Fachbücher in diesem Themengebiet.

Die vielfältigen Chancen, aber auch Herausforderungen, die sich aus der Einführung und Anwendung agiler Methoden ergeben, kennt und erlebt er täglich aus nächster Nähe: in Softwareprojekten seiner Kunden, in der imbus-internen Test-*Bench*-Produktentwicklung, aber auch außerhalb der Softwareentwicklung, z.B. im imbus-Marketing, wo er ein an Kanban orientiertes agiles Marketing eingeführt hat.

Tilo Linz

Testen in Scrum-Projekten

Leitfaden für Softwarequalität in der agilen Welt

Tilo Linz
tilo.linz@imbus.de
www.softwaretest-knowledge.de

Lektorat: Christa Preisendanz
Copy Editing: Ursula Zimpfer, Herrenberg
Herstellung: Nadine Thiele
Umschlaggestaltung: Helmut Kraus, www.exclam.de
Druck und Bindung: M.P. Media-Print Informationstechnologie GmbH, 33100 Paderborn

Bibliografische Information der Deutschen Nationalbibliothek
Die Deutsche Nationalbibliothek verzeichnet diese Publikation in der Deutschen Nationalbibliografie;
detaillierte bibliografische Daten sind im Internet über http://dnb.d-nb.de abrufbar.

ISBN 978-3-89864-799-1

1. Auflage 2013
Copyright © 2013 dpunkt.verlag GmbH
Ringstraße 19B
69115 Heidelberg

Die vorliegende Publikation ist urheberrechtlich geschützt. Alle Rechte vorbehalten. Die Verwendung der Texte und Abbildungen, auch auszugsweise, ist ohne die schriftliche Zustimmung des Verlags urheberrechtswidrig und daher strafbar. Dies gilt insbesondere für die Vervielfältigung, Übersetzung oder die Verwendung in elektronischen Systemen.
Es wird darauf hingewiesen, dass die im Buch verwendeten Soft- und Hardware-Bezeichnungen sowie Markennamen und Produktbezeichnungen der jeweiligen Firmen im Allgemeinen warenzeichen-, marken- oder patentrechtlichem Schutz unterliegen.
Alle Angaben und Programme in diesem Buch wurden mit größter Sorgfalt kontrolliert. Weder Autor noch Verlag können jedoch für Schäden haftbar gemacht werden, die in Zusammenhang mit der Verwendung dieses Buches stehen.
5 4 3 2 1 0

Danksagung

Auch wenn nur ein Autor auf dem Cover genannt ist – ohne den Rat und die Unterstützung vieler Fachkollegen wäre dieses Buch nicht möglich gewesen.

Bedanken möchte ich mich an dieser Stelle bei den Autoren und Interviewpartnern der Fallstudien, die auch als Reviewer und Diskussionspartner mitgewirkt haben: Dr. Stephan Albrecht/Avid GmbH, Dierk Engelhardt/imbus AG, Andrea Heck/Siemens AG, Eric Hentschel/ImmobilienScout24, Sabine Herrmann/zooplus AG und Joachim Hofer/imbus AG. In den interessanten Unterhaltungen und Diskussionen mit ihnen konnte ich von ihren umfangreichen Praxiserfahrungen in der agilen Entwicklung und im Einsatz von Scrum profitieren, was maßgeblich zum Buch beigetragen hat.

Mein Dank gilt auch den fachlichen Reviewern für ihre wertvollen Anregungen, Kommentare und Korrekturen: Oliver Gradl/Siemens AG für seinen Input über agile Integrations- und Systemtests, Dr. Stefan Kriebel/BMW AG und Horst Pohlmann für ihr Feedback aus dem Blickwinkel »Embedded Systems«, Stefan Schmitz/iq-stz für seine fundierten Anmerkungen zum Thema ISO 9000 und Auditierung, Uwe Vigenschow/oose Innovative Informatik GmbH für die fruchtbare Diskussion über Akzeptanztests, Prof. Mario Winter/Fachhochschule Köln, der trotz parallelem eigenem Buchprojekt als Reviewer mitgewirkt und wichtige Hinweise zum Kapitel Integrationstest beigesteuert hat, und den anonymen Reviewern.

Nicht zuletzt danke ich allen Kollegen und Mitarbeitern meiner Firma imbus AG, die mir wertvolle Tipps und Hinweise gaben, insbesondere Arne Becher, Dr. Christian Brandes, Thomas Roßner und Carola Wittigschlager. Herzlichen Dank auch an Claudia Wissner, ohne deren Beitrag viele der Abbildungen im Buch im Stadium von Skizzen stecken geblieben wären. Besten Dank euch allen für die wertvolle Unterstützung und die geopferte Zeit.

Dem dpunkt.verlag und hier besonders Christa Preisendanz gilt mein Dank für die tatkräftige Unterstützung bei der Erstellung des Buches und die Geduld, auch wenn die Fertigstellung einige »Sprints« länger gedauert hat als geplant.

Und ein ganz großes Dankeschön geht an meine Frau Sabine und meine Kinder Lisa und Lena, die in der Erstellungsphase viele Wochenenden und Abende auf mich verzichten mussten.

Ich wünsche allen Lesern eine interessante Lektüre und ein gutes Gelingen bei der Umsetzung der im Buch beschriebenen Testansätze.

Tilo Linz
Möhrendorf, Dezember 2012

Inhalt

1	**Einleitung**	**1**
1.1	Zielgruppen	2
1.2	Zum Inhalt	3
1.3	Fallbeispiel	5
1.4	Webseite	7
2	**Agile und klassische Vorgehensmodelle**	**9**
2.1	Scrum	9
2.2	Kanban	18
2.3	Klassische Vorgehensmodelle	20
2.4	Gegenüberstellung der Modelle	25
3	**Planung im agilen Projekt**	**29**
3.1	Produktvision	30
3.2	Architekturvision	31
3.3	Product Backlog	32
3.4	Story Map	34
3.5	Sprint Backlog	36
3.6	Team Charta	38
3.7	Testplanung und Testmanagement	39
3.8	Agiles Planen einführen	43
3.9	Checkfragen und Übungen	43
4	**Unit Tests und Test First**	**45**
4.1	Unit Tests	45
4.2	Test First	63
4.3	Unit-Test-Frameworks	74
4.4	Stubs, Mocks und Dummies	76
4.5	Testmanagement im Unit Test	78
4.6	Checkfragen und Übungen	82

5 Integrationstests und Continuous Integration — 85
- 5.1 Integrationstests — 85
- 5.2 Einfluss der Systemarchitektur — 93
- 5.3 Integrationsstufen — 97
- 5.4 Klassische Integrationsstrategien — 101
- 5.5 Continuous Integration — 102
- 5.6 Testmanagement im Integrationstest — 112
- 5.7 Checkfragen und Übungen — 114

6 Systemtests und Test nonstop — 117
- 6.1 Systemtests — 117
- 6.2 Systemtestumgebung — 120
- 6.3 Manuelle Systemtests — 123
- 6.4 Automatisierte Systemtests — 126
- 6.5 Test First im Systemtest — 136
- 6.6 Nicht funktionale Tests — 138
- 6.7 Automatisierte Akzeptanztests — 142
- 6.8 Systemtests – wann? — 142
- 6.9 Sprint-Release und Deployment — 146
- 6.10 Testmanagement im Systemtest — 148
- 6.11 Checkfragen und Übungen — 150

7 Qualitätsmanagement und Qualitätssicherung — 153
- 7.1 Qualitätsmanagement klassisch — 153
- 7.2 Qualitätsmanagement agil — 159
- 7.3 Umgang mit Compliance-Anforderungen — 164
- 7.4 Qualitätssicherung klassisch — 169
- 7.5 Qualitätssicherung agil — 170
- 7.6 Testen agil — 177
- 7.7 Skills, Ausbildung, Werte — 180
- 7.8 Checkfragen und Übungen — 183

8	**Fallstudien**	**187**
8.1	Scrum in der Entwicklung von Video- und Audiosoftware	187
8.2	Systemtest nonstop – Scrum in der Test*Bench*-Toolentwicklung . . .	192
8.3	Scrum in der Webshop-Entwicklung	199
8.4	Scrum bei ImmobilienScout24	203
8.5	Scrum in der Medizintechnik	210
	Anhang	**221**
A	**Glossar**	**223**
B	**Quellenverzeichnis**	**229**
B.1	Literatur	229
B.2	Webseiten	231
B.3	Normen	232
	Index	**235**

1 Einleitung

Software ist allgegenwärtig. Nahezu jedes komplexere Produkt ist heute softwaregesteuert und auch viele Dienstleistungen stützen sich auf Softwaresysteme. Software und Softwarequalität sind daher ein entscheidender Wettbewerbsfaktor. Ein Unternehmen, das neue oder bessere Software in kürzerer Zeit in sein Produkt integrieren bzw. auf den Markt bringen kann (Time-to-Market), ist seinen Mitbewerbern überlegen.

Agile Entwicklungsmodelle versprechen eine schnellere »Time-to-Market« bei gleichzeitig besserer Ausrichtung an den Kundenanforderungen und nicht zuletzt bessere Softwarequalität. So erstaunt es nicht, dass heute in Unternehmen zunehmend agile Methoden eingesetzt werden – auch in großen, internationalen Projekten und in Produktentwicklungseinheiten großer Konzerne, quer durch alle Branchen. In den meisten Fällen bedeutet dies den Umstieg von der Entwicklung nach V-Modell auf die agile Entwicklung mit Scrum[1].

Die Umstellung auf »agil« und das nachhaltige produktive agile Arbeiten sind jedoch nicht ganz einfach. Insbesondere dann, wenn mehr als nur ein Team davon betroffen ist. Jedes Teammitglied, das Projektmanagement, aber auch das Management in der Linienorganisation muss teils gravierende Änderungen gewohnter Abläufe und Arbeitsweisen vollziehen. Dabei sind Softwaretest und Softwarequalitätssicherung ganz entscheidend daran beteiligt, ob ein Team, eine Softwareabteilung oder ein ganzes Unternehmen agiles Entwickeln langfristig erfolgreich beherrscht und so die erhofften Vorteile nachhaltig realisieren kann.

Zu den populären agilen Entwicklungsmethoden gibt es eine Fülle auch deutschsprachiger Literatur. Einige empfehlenswerte Einführungen, z.B. zu Scrum, finden sich im Literaturverzeichnis dieses Buches. In der Regel wird das Thema »agile Softwareentwicklung« in diesen

---

1. Umfrage [URL: Testpraxis] und Studie [URL: StatusQuoAgile].

Büchern aus Sicht des Entwicklers und Programmierers betrachtet. Demgemäß stehen agile Programmiertechniken und agiles Projektmanagement im Vordergrund. Wenn das Thema Testen erwähnt wird, geht es meistens um Unit Test und zugehörige Unit-Test-Werkzeuge, also im Wesentlichen um den Entwicklertest. Tatsächlich kommt dem Testen in der agilen Entwicklung aber eine sehr große und erfolgskritische Bedeutung zu und Unit Tests alleine sind nicht ausreichend.

Dieses Buch möchte diese Lücke schließen, indem es agile Softwareentwicklung aus der Perspektive des Testens und des Softwarequalitätsmanagements betrachtet und aufzeigt, wie »agiles Testen« funktioniert, wo »traditionelle« Testtechniken auch im agilen Umfeld weiter benötigt werden und wie diese in das agile Vorgehen eingebettet werden.

1.1 Zielgruppen

Verstehen, wie Testen in agilen Projekten funktioniert.

Das Buch richtet sich zum einen an Leser, die in das Thema agile Entwicklung erst einsteigen, weil sie künftig in einem agilen Projekt arbeiten werden oder weil sie Scrum in ihrem Projekt oder Team einführen wollen oder gerade eingeführt haben:

- Entwicklungsleiter, Projektmanager, Testmanager und Qualitätsmanager erhalten Hinweise und Tipps, wie Qualitätssicherung und Testen ihren Beitrag dazu leisten können, das Potenzial agiler Vorgehensweisen voll zu entfalten.
- Professionelle (Certified) Tester und Experten für Softwarequalität erfahren, wie sie in agilen Teams erfolgreich mitarbeiten und ihre spezielle Expertise optimal einbringen können. Sie lernen auch, wo sie ihre aus klassischen Projekten gewohnte Arbeitsweise umstellen oder anpassen müssen.

Wissen über (automatisiertes) Testen und agiles Qualitätsmanagement erweitern

Ebenso angesprochen werden aber auch Leser, die bereits in agilen Teams arbeiten und eigene »agile« Erfahrungen sammeln konnten und die ihr Wissen über Testen und Qualitätssicherung erweitern wollen, um die Produktivität und Entwicklungsqualität in ihrem Team weiter zu erhöhen:

- Product Owner, Scrum Master, Qualitätsverantwortliche und Mitarbeiter mit Führungsfunktion erfahren in kompakter Form, wie systematisches, hoch automatisiertes Testen funktioniert und welchen Beitrag Softwaretester im agilen Team leisten können, um kontinuierlich, zuverlässig und umfassend Feedback über die Qualität der entwickelten Software zu liefern.

▪ Programmierer, Tester und andere Mitglieder eines agilen Teams erfahren, wie sie hoch automatisiertes Testen realisieren können, und zwar nicht nur im Unit Test, sondern auch im Integrations- und im Systemtest.

Das Buch beinhaltet viele praxisorientierte Beispiele und Übungsfragen, sodass es auch als Lehrbuch und zum Selbststudium geeignet ist.

1.2 Zum Inhalt

Kapitel 2 gibt einen knappen, vergleichenden Überblick über die derzeit populärsten agilen Vorgehensmodelle Scrum und Kanban. Leser mit Managementaufgaben, die ihr Projekt oder ihre Unternehmenseinheit auf »agil« umstellen wollen, erhalten hier eine Zusammenfassung der wichtigsten agilen Managementinstrumente. Dem gegenübergestellt wird das Vorgehen in Projekten, die sich an klassischen Vorgehensmodellen orientieren. Dies vermittelt einen Eindruck über die Veränderungen, die mit der Einführung agiler Ansätze einhergehen. Leser, die Scrum und Kanban schon kennen, können dieses Kapitel überspringen.

Kapitel 2

Kapitel 3 zeigt auf, welche leichtgewichtigen Planungs- und Steuerungsinstrumente in Scrum anstelle des klassischen Projektplans zum Einsatz kommen. Denn »agil« zu arbeiten, bedeutet keineswegs »planlos« zu arbeiten. Auch Kapitel 3 richtet sich primär an Leser, die auf agile Entwicklung umsteigen. Die Erläuterungen und Hinweise, welchen Beitrag die jeweiligen Planungsinstrumente zur »konstruktiven Qualitätssicherung« und damit zur Fehlervermeidung liefern, sind jedoch auch für Leser mit agiler Projekterfahrung wertvoll.

Kapitel 3

Kapitel 4 behandelt das Thema Unit Tests und »Test First«. Es erklärt, was Unit Tests leisten und wie Unit Tests automatisiert werden. Systemtester, Fachtester oder Projektbeteiligte ohne oder mit geringer Erfahrung im Unit Test finden hier Grundlagen über die Techniken und Werkzeuge im entwicklungsnahen Test, die ihnen helfen, enger mit Programmierern und Unit-Testern zusammenzuarbeiten. Programmierer und Tester mit Erfahrung im Unit Test erhalten hilfreiche Tipps, um ihre Unit Tests zu verbessern. Ausgehend von diesen Grundlagen wird Test First (testgetriebene Entwicklung) vorgestellt und die hohe Bedeutung dieser Praktik für agile Projekte erklärt.

Kapitel 4

Kapitel 5 erklärt Integrationstests und »Continuous Integration«. Auch Programmierer, die ihren Code intensiv mit Unit Tests prüfen, vernachlässigen dabei oft Testfälle, die Integrationsaspekte überprüfen. Daher werden in diesem Kapitel zunächst wichtige Grundlagen

Kapitel 5

über Softwareintegration und Integrationstests vermittelt. Anschließend wird die Continuous-Integration-Technik vorgestellt und erläutert, wie ein Continuous-Integration-Prozess im Projekt eingeführt und angewendet wird.

Kapitel 6

Kapitel 6 erörtert Systemtests und »Test nonstop«. Aufbauend auf den Grundlagen über Systemtests werden wichtige agile Techniken für manuelles Systemtesten erläutert. Anschließend wird aufgezeigt, wie auch Systemtests effizient automatisiert und in den Continuous-Integration-Prozess des Teams eingebunden werden können. Kapitel 6 ist dabei nicht nur für Systemtester und Fachtester gedacht, sondern auch für Programmierer, die besser verstehen wollen, welche Testaufgaben jenseits des entwicklungsnahen Tests im agilen Team gemeinsam zu bewältigen sind.

Kapitel 7

Kapitel 7 stellt klassisches und agiles Verständnis von Qualitätsmanagement und Qualitätssicherung gegenüber und erläutert die in Scrum »eingebauten« Praktiken zur vorbeugenden, konstruktiven Qualitätssicherung. Der Leser erhält Hinweise und Tipps, wie Qualitätsmanagement »agiler« realisiert werden kann und wie Mitarbeiter aus Qualitätssicherungsabteilungen, Qualitätsmanagementbeauftragte und andere Qualitätssicherungsspezialisten ihr Know-how in agilen Projekten einbringen und so einen wertvollen Beitrag für ein agiles Team leisten können.

Kapitel 8

Kapitel 8 präsentiert fünf Fallstudien aus Industrie, Onlinehandel und Unternehmen der Softwarebranche. Diese spiegeln Erfahrungen und Lessons Learned wider, die die Interviewpartner bei der Einführung und Anwendung agiler Vorgehensweisen in ihrem jeweiligen Unternehmen gesammelt haben.

Kapitelstruktur

Die Kapitel 2, 3, 7 und 8 erörtern Prozess- und Managementthemen und sprechen demgemäß den an Managementaspekten interessierten Leser an. Die Kapitel 4, 5 und 6 erörtern das (automatisierte) »agile Testen« auf den verschiedenen Teststufen und sprechen den (auch) technisch interessierten Leser an. Dabei werden die Ziele und Unterschiede von Unit Tests, Integrations- und Systemtests ausführlich angesprochen. Denn wie bereits erwähnt, wird Testen leider in vielen agilen Projekten oft mit Unit Tests gleichgesetzt. Abbildung 1–1 illustriert die Kapitelstruktur nochmals:

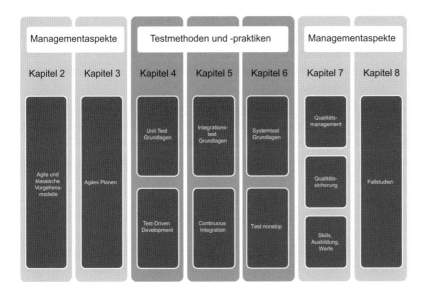

Abb. 1–1
Kapitelstruktur

Viele, wenn nicht die meisten agilen Ideen, Techniken und Praktiken sind, wenn man den Ausführungen in der entsprechenden Literatur folgt, einfach nachzuvollziehen. Auch die Ideen, Hinweise und Tipps der folgenden Kapitel werden dem Leser vielleicht zunächst einfach erscheinen. Die Knackpunkte stellen sich erst in der Praxis bei der Umsetzung heraus. Das Buch geht auf diese Hürden ein, und damit der Leser praktisch nachvollziehen und »erleben« kann, wo die Herausforderungen stecken, sind folgende Elemente im Text zu finden:

Fallbeispiel, Checkfragen und Übungen

- Ein durchgängiges Fallbeispiel, anhand dessen die jeweils vorgestellten Methoden und Techniken veranschaulicht werden.
- Checkfragen und Übungen, anhand derer der Leser am Ende eines Kapitels den besprochenen Stoff rekapitulieren kann, aber auch seine Situation und sein Agieren im eigenen Projekt kritisch hinterfragen kann.

1.3 Fallbeispiel

Dem Fallbeispiel des Buches liegt folgendes fiktives Szenario zugrunde: Die Firma »eHome-Tools« entwickelt Systeme zur Hausautomation. Das Funktionsprinzip solcher Systeme ist folgendes:

- **Aktoren:**
  Lampen und andere elektrische Verbraucher werden mit elektronischen Schaltern verbunden (sog. Aktoren). Jeder Aktor ist (per Kabel- oder Funkverbindung) an einen Kommunikationsbus angeschlossen und über diesen »fernsteuerbar«.

Fallbeispiel eHome-Controller

- **Sensoren:**
  An den Bus können zusätzlich elektronische Temperaturfühler, Windmesser, Feuchtigkeitssensoren usw. angekoppelt werden, aber auch einfache Kontaktsensoren, die z.B. geöffnete Fenster erkennen und melden.
- **Bus:**
  Schaltkommandos an die Aktoren, aber auch Statusmeldungen der Aktoren und Messwerte der Sensoren werden in Form von sogenannten Telegrammen über den Bus von und zum Controller übertragen.
- **Controller:**
  Der Controller sendet Schaltkommandos an die Aktoren (z.B. »Licht Küche ein«) und empfängt Statusmeldungen der Sensoren (z.B. »Temperatur Küche 20 Grad«) und Aktoren (z.B. »Licht Küche eingeschaltet«). Er ist in der Lage, ereignisgesteuert (also abhängig von eingehenden Meldungen) oder auch zeitgesteuert Folgeaktionen auszulösen (z.B. »20:00 Uhr → Rollo Küche schließen«).
- **Bedienoberfläche:**
  Der Controller bietet den Bewohnern des eHome auch eine geeignete Bedienoberfläche. Diese visualisiert den aktuellen Status des eHome und ermöglicht es den Bewohnern, Befehle (z.B. »Licht Küche aus«) per »Mausklick« an die Hauselektrik zu senden.

»eHome-Tools« steht mit seinen Produkten im harten Wettbewerb zu einer Vielzahl von Anbietern. Um in diesem Wettbewerb zu bestehen, wird beschlossen, eine neue Controller-Software zu entwickeln. Allen Beteiligten ist klar, dass Schnelligkeit ein wesentlicher Erfolgsfaktor für das Vorhaben ist. Denn immer mehr Interessenten und Kunden fragen »eHome-Tools« nach einer Bediensoftware, die auf Smartphones und anderen mobilen Geräten läuft. Auch die Offenheit und Erweiterbarkeit des Systems für Geräte von Fremdherstellern ist enorm wichtig, um Marktanteile hinzuzugewinnen. Wenn das neue System Geräte konkurrierender Hersteller steuern kann, rechnet man sich Chancen aus, auch Kunden dieser Hersteller z.B. beim Ausbau ihrer Systeme für eigene Geräte begeistern zu können. Dazu muss man nicht nur möglichst schnell eine möglichst breite Palette von Wettbewerbs-Hardware unterstützen, sondern auch künftig in der Lage sein, neu am Markt auftauchende Gerätemodelle kurzfristig zu unterstützen.

Daher wird entschieden, den Controller »agil« zu entwickeln und monatlich eine verbesserte, neue Version des Controllers herauszubringen, die mehr Geräte und weitere Protokolle unterstützt.

1.4 Webseite

Die im Buch enthaltenen Codebeispiele sind auf der Webseite zum Buch unter [URL: SWT-knowledge] veröffentlicht und herunterladbar. Der Leser kann diese Beispiele so auf seinem eigenen Rechner nachvollziehen und mit eigenen Testfällen experimentieren.

Auch die Übungsfragen sind dort veröffentlicht und kommentierbar. Über eine rege Onlinediskussion im Leserkreis über mögliche Lösungsalternativen freue ich mich.

Trotz der hervorragenden Arbeit des Verlags und der Reviewer und mehrerer Korrekturläufe sind Fehler im Text nicht auszuschließen. Notwendige Korrekturhinweise zum Buchtext werden ebenfalls auf der Webseite veröffentlicht werden.

2 Agile und klassische Vorgehensmodelle

Dieses Kapitel gibt eine knappe Charakteristik des agilen Projektmanagementframeworks Scrum und der inzwischen auch populären, aus dem Lean Product Development stammenden und zu Scrum einige Ähnlichkeiten aufweisenden Projektmanagementmethode Kanban. Beiden gegenübergestellt wird das Vorgehen in Projekten, die sich an klassischen Vorgehensmodellen orientieren. Leser mit Managementaufgaben, die ihr Projekt oder ihre Unternehmenseinheit auf eine agile Vorgehensweise umstellen wollen, erhalten hier einen Überblick und Eindruck von den organisatorischen Veränderungen, die mit der Einführung agiler Ansätze im Unternehmen, der betroffenen Abteilung und den betroffenen Teams einhergehen. Leser, die Scrum und Kanban schon kennen, können dieses Kapitel überspringen.

2.1 Scrum

Scrum ist ein agiles[2] Projektmanagementframework, das von Ken Schwaber erstmalig 1999 mit seinem Artikel »Scrum: A Pattern Language for Hyperproductive Software Development« [Beedle et al. 99] eingeführt wurde und das ab 2002 mit seinem Buch »Agile Software Development with Scrum« [Schwaber/Beedle 02] breiter bekannt wurde.

Scrum regelt nicht, welche Softwareentwicklungstechniken (wie beispielsweise Refactoring) die Entwickler einzusetzen haben, um Software zu schreiben. Dies überlässt Scrum der Selbstorganisation des Teams, das dann meistens geeignete Praktiken, die aus dem Extreme Programming[3] (XP) stammen, auswählt und im Zuge des Umstiegs auf

---

2. Mit »agil« werden »leichtgewichtige« Vorgehensweisen zur Softwareentwicklung bezeichnet, in Abgrenzung zu klassischen als »schwergewichtig« angesehenen Prozessmodellen. Der Begriff wurde 2001 bei einer Konferenz in Utah geprägt, wo auch das *Agile Manifest* formuliert wurde (s. [URL: Agiles Manifest]).

Scrum mit einführt. Ebenso wenig gibt Scrum vor, wie das Testen in einem nach Scrum ablaufenden Projekt gestaltet werden soll.

Agile Praktiken für das Management

Das Scrum-Rahmenwerk beschreibt Praktiken für das Management von (Software-)Projekten und verändert dieses Projektmanagement radikal! Es ersetzt den klassischen deterministisch vorausplanenden Ansatz durch eine empirisch adaptive Projektsteuerung [Schwaber/Beadle 02]. Das Ziel ist, auf Änderungen schnell, unkompliziert und dennoch angemessen zu reagieren, anstatt Zeit und Energie auf die Erstellung, Durchsetzung und Nachführung veralteter Pläne zu verschwenden. Die wesentlichen Projektmanagementinstrumente in Scrum[4] dafür sind:

- **Kurze Iterationen:**
  Scrum gliedert ein Projekt in kurze Iterationen fester Länge. Eine solche Iteration heißt in Scrum »Sprint«[5]. Jede Iteration soll ein potenziell auslieferbares Produkt erzeugen, dessen Funktionsumfang mit jeder Iteration wächst. Die Idee dahinter: Wenn der zu planende Zeitraum – also ein Sprint – kurz ist, z.B. ein bis drei oder vier Wochen (vgl. [Schwaber/Beedle 02, S. 52]), dann ist das Planen und Steuern per se einfacher und funktioniert zuverlässiger als bei langen (Release-)Zyklen von z.B. ½ bis 1 Jahr oder gar länger.

- **Product Backlog:**
  Wenn man die Planung auf nur eine Dimension reduziert, auf eine simple Liste der Arbeitsergebnisse, die erreicht werden sollen, dann verschwindet eine Menge Komplexität. Genau dies passiert in Scrum. Der Product Owner (s.u.) führt ein sogenanntes Product Backlog: »Es enthält alle bekannten Anforderungen und Arbeitsergebnisse, die zur Erreichung des Projektziels umgesetzt oder erbracht werden müssen. Hierzu zählen funktionale und nicht funktionale Anforderungen sowie Anforderungen an die Benutzerschnittstelle. Außerdem kann das Product Backlog Arbeitsergebnisse wie das Aufsetzen der Test- und Entwicklungsumgebung oder das Beseitigen von Defekten (Bugs) enthalten« [Pichler 08, Abschnitt 4.2]. Die Einträge in dieser Sammlung aller bekannten

---

3. Extreme Programming (XP) ist eine Sammlung von Werten, Prinzipien und Praktiken (Values, Principles, Practices) zur agilen Softwareentwicklung, die Kent Beck 1999 eingeführt hat. Die meisten agilen Ansätze gehen auf XP bzw. dessen Werte, Prinzipien und Praktiken zurück. Die aktuelle »Version« von XP erklärt Kent Beck in [Beck/Andres 04].
4. Lesenswerte deutschsprachige Einführungen in Scrum bieten [Koschek 10] oder [Pichler 08].
5. Die Sprint-Metapher ist dabei nicht im Sinne »hohe Geschwindigkeit« zu verstehen, sondern im Sinne »kurze Strecke«.

oder in Betracht stehenden Produktanforderungen und Arbeitsergebnisse werden relativ zueinander priorisiert. Weitere gegenseitige Abhängigkeiten oder eine bestimmte zeitliche Reihenfolge werden nicht betrachtet. Das Product Backlog hat nicht den Anspruch, vollständig zu sein. Es entwickelt und verändert sich über die Sprints hinweg. Dieses Arbeiten am Backlog wird auch »Backlog Grooming« genannt: Der Product Owner ergänzt es um neu erkannte Anforderungen oder zerlegt diese wenn nötig in kleinere Teile, sobald er und das Team die Anforderung dazu gut genug verstanden haben. Anforderungen werden neu bewertet und umpriorisiert. Obsolete Anforderungen werden gestrichen. Zugespitzt heißt das: Planen wird einfach und zuverlässig, weil alles, was Planen fehlerträchtig macht, vermieden wird.

Sprint Backlog:
Ganz so einfach ist es natürlich nicht. Nur mit einem Sack voll priorisierter Anforderungen kann ein Softwareprojekt nicht gesteuert werden. Auch im Scrum-Projekt muss entschieden werden, wer im Team wann welche Anforderung umsetzt und welche Aufgaben er dazu erledigen muss. Aber in Scrum entscheidet das nicht ein einsamer Projektleiter vorab für alle Aufgaben. Sondern die Entscheidungen trifft das Team zusammen mit dem Product Owner »portionsweise« je Sprint. Zu Beginn eines jeden Sprints »zieht« das Team diejenigen Anforderungen, die im priorisierten Product Backlog an der Spitze stehen und die es in diesem Sprint umsetzen will, aus dem Product Backlog in ein kleineres Sprint Backlog. Dabei achtet das Team darauf, dass diese Anforderungen gut genug verstanden und genau genug formuliert sind. Anforderungen, die diese Kriterien (»Definition of Ready«) nicht erfüllen, sind noch nicht reif für die Übernahme in den Sprint. Alle Überlegungen und Entscheidungen über Abhängigkeiten zwischen diesen Anforderungen, resultierende Aufgaben und Aufwände sowie sinnvolle zeitliche Reihenfolgen werden erst jetzt angestellt und getroffen. Alle Aufgaben, die das Team als nötig identifiziert, um die für diesen Sprint ausgewählten Anforderungen umzusetzen, werden im Sprint Backlog eingetragen. Um abzusichern, dass am Sprint-Ende tatsächlich ein fertiges Produktinkrement vorliegen wird, formuliert das Team Kriterien, anhand derer es überprüfen und entscheiden kann, »ob die Arbeit an dem Inkrement abgeschlossen ist« [URL: Scrum Guide]. Diese »Fertig«-Kriterien werden als »Definition of Done« des Teams (DoD) bezeichnet. Sie können global als Checkliste für alle Aufgaben des Sprints formuliert werden oder auch für einzelne Aufgaben spezifisch. Die gemeinsame Diskussion

über angemessene »Fertig«-Kriterien trägt ganz wesentlich dazu bei, den Inhalt einer Anforderung oder einer Aufgabe zu klären und im Team ein gemeinsames, gleiches Verständnis über jede Aufgabe zu erhalten. Alle diese Überlegungen erfolgen dabei aber nur für die Aufgaben, die den anstehenden Sprint betreffen. Der Planungshorizont ist kurz. Die Aufgabenmenge ist (verglichen mit dem Gesamtprojekt) klein. Das Team hat einen klaren Fokus. Und der Sprint ist geschützt! Das bedeutet, dass während des laufenden Sprints das Sprint Backlog nicht mehr verändert oder gar erweitert werden darf (s.a. [Pichler 08, Abschnitt 6.2.2]). Eine solche Sprint-Planung hat sehr gute Chancen, eingehalten zu werden!

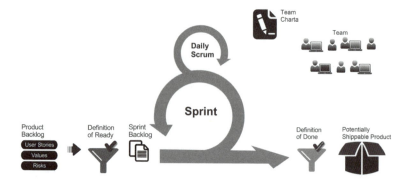

Abb. 2–1
Scrum

- **Timeboxing:**
In Scrum hat jeder Sprint die Pflicht, lieferfähige Software zu produzieren (»potentially shippable product«)[6]. Das bedeutet: In das Sprint Backlog kommen nur Aufgaben, die zu diesem potenziell einsetzbaren Produkt beitragen – nichts anderes. Produktteile, die zum Sprint-Ende nicht fertig werden, fallen weg. Um das zu vermeiden, versucht das Team am Sprint-Anfang Produkteigenschaften (Features) auszuwählen, die im Sprint zum Abschluss gebracht und realisiert werden können. Im Zweifel gilt: Am Stichtag »auslieferbar« geht vor »Funktionsumfang«. Dieses Prinzip nennt man »Timeboxing«. Um Timeboxing möglich zu machen, muss am Sprint-Anfang für alle zur Debatte stehenden Produktfeatures, die im Sprint realisiert werden könnten, der Realisierungsaufwand geschätzt werden. Features mit zu hohem Aufwand werden weggelassen, zerlegt oder so weit wie nötig funktional abgespeckt. Natürlich stellt sich dem Team hier genau wie bei klassischem Vor-

---

6. »Incremental deliveries of ›Done‹ product ensure a potentially useful version of working product is always available« [URL: Scrum Guide].

gehen das Problem der Aufwandsschätzung. Zwei Dinge sorgen aber dafür, dass die Aufwandsschätzung in Scrum-Projekten besser gelingt als klassisch:

- Es muss »nur« der kurze direkt anliegende Sprint betrachtet werden. Die fraglichen Aufgaben sind »kleinteilig« und durch die vorangehenden Sprints in der Regel relativ gut gedanklich vorbereitet.
- Die Schätzung erfolgt durch das Team per »Planning Poker« (s. Abschnitt 3.5). Auch diese Technik stammt ursprünglich aus XP. Die Schätzungen der einzelnen Teammitglieder können untereinander stark variieren. Aber im Mittel erhält man erstaunlich zutreffende Gesamtschätzungen.

Timeboxing wird in Scrum nicht nur auf Ebene der Sprints angewendet, sondern in vielen Situationen, wo es darum geht, »fertig« zu werden. So ist Timeboxing ein nützliches Instrument, um z.B. in Meetings einen pünktlichen Beginn und strikte Einhaltung des geplanten Endezeitpunkts durchzusetzen und zur Meetingkultur zu machen.

Transparenz:
Das vielleicht mächtigste Werkzeug in Scrum ist Transparenz. Das Sprint Backlog wird auf einem Whiteboard[7] öffentlich geführt. Inhalt und Fortschritt des aktuellen Sprints sind so für das gesamte Team, aber auch für das Management und alle anderen Interessierten jederzeit sichtbar. Das Board enthält zeilenweise die Anforderungen und die zugehörigen Entwicklungsaufgaben. Die Spalten bilden den Fortschritt ab (z.B. offen, in Arbeit, erledigt). Der Sprint-Status wird täglich (im »Daily Scrum«, der täglichen Statusrunde des Teams) aktualisiert und abgebildet, indem die Aufgabenkärtchen gemäß ihrem Fortschritt von links nach rechts durch die Spalten des Boards wandern. Abbildung 2-2 zeigt als Beispiel das Whiteboard des Test*Bench*-Teams (vgl. Fallstudie 8.2). Die über das Board im Daily Scrum hergestellte Transparenz hat zwei Effekte: Jeder im Team weiß tagesaktuell, was um ihn herum passiert. Fehler durch »aneinander vorbei arbeiten« werden so von vornherein minimiert. Und jeder sieht die Aufgaben und den Fortschritt des anderen. Das erzeugt einen nicht zu unterschätzenden Erfolgsdruck. Es zwingt, Probleme aus- und anzusprechen[8]. Sind Schwierigkeiten erst einmal angesprochen, wird es auch einfacher,

---

7. Alternativ auf einer Stellwand. Werden IT-Tools eingesetzt, dann sollte das Sprint Backlog im Teamraum über einen großen Monitor sichtbar gemacht werden.
8. Verbergen lassen sie sich ohnehin nicht.

Hilfe und Unterstützung den Teamkollegen anzubieten oder selbst anzunehmen. Andererseits erzeugt das Besprechen der Aufgaben und das Präsentieren der erreichten Ergebnisse täglich viele kleine Erfolgserlebnisse für jeden Einzelnen im Team und für das Team als Ganzes.

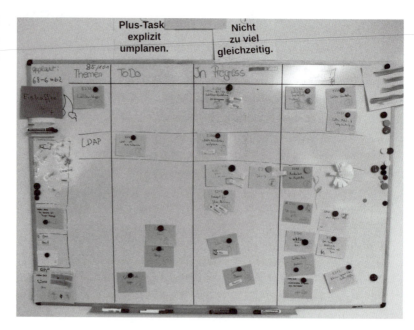

Abb. 2–2
Whiteboard des TestBench-Teams

Rollenverteilung im Team

Neben den Projektmanagementinstrumenten sind auch die Rollenverteilung im Team und der Stellenwert des Teams in Scrum im Vergleich zu den klassischen Vorgehensmodellen anders definiert. Scrum unterscheidet begrifflich nur drei Rollen (nach [Schwaber/Beedle 02, Kap. 3]):

- Beim **Scrum Master** handelt es sich um eine neu entwickelte Managementrolle. Er ist verantwortlich, dass die Scrum-Praktiken umgesetzt und durchgesetzt werden. Wenn sie verletzt oder überdehnt werden oder andere praktische Hindernisse (engl. impediments) auftreten, ist es Aufgabe des Scrum Master, dies abzustellen bzw. eine Lösung herbeizuführen. Der Scrum Master hat allerdings keine (disziplinarische) Teamleitungsfunktion, sondern er agiert als Coach. Bei Prozessfragen kann die Lösung darin bestehen, dem Team das »richtige« Vorgehen zu erklären oder wieder in Erinnerung zu rufen oder einen Workshop zur Lösungsfindung zu organisieren. Bei anderen »impediments«, wie z.B. einer schlecht funktionierenden Build-Umgebung, kann es nötig sein, in der Organisation zusätzliche Ressourcen zu organisieren, z.B. einen schnelleren

Build-Server oder ein besseres Tool. Es kann auch bedeuten, dafür zu sorgen, dass sich künftig kompetentere Leute um Builds kümmern als bisher. Was der Scrum Master nicht tun darf, ist, das Problem ungelöst an das Team zurück delegieren. Wo das (zu oft) passiert, ist die Lösung ein besserer Scrum Master.

- Der **Product Owner** ist die Person, die das Product Backlog verantwortet und führt. Er agiert gegenüber dem Team als Vertreter des oder der Kunden[9]. Der Product Owner trifft die Entscheidungen darüber, welche Features umgesetzt werden. Er verantwortet die Produkteigenschaften! Die Rolle wird in der Praxis unterschiedlich besetzt, z. B. durch den bisherigen Produktmanager, einen bisherigen Teamleiter oder Projektleiter[10]. Aber er ist nicht der (disziplinarische) Leiter des Teams und er verantwortet auch den Scrum-Prozess nicht. Letzteres ist Aufgabe des Scrum Master, seines Counterparts.

- Das **Entwicklungsteam**[11] umfasst meistens zwischen fünf bis neun Personen, die das Produkt realisieren. Sie erledigen gemeinsam Sprint für Sprint alle nötigen Aufgaben, um die Anforderungen und das Produkt zu realisieren. »Ein Scrum-[Entwicklungs-]Team sollte Personen mit allen Fähigkeiten, die zur Erreichung des Sprint-Ziels notwendig sind, umfassen. Scrum vermeidet vertikal organisierte Teams aus Analysten, Designern, Qualitätssicherungsspezialisten und Programmierern. Ein Scrum-[Entwicklungs-]Team organisiert sich so, dass jedes Teammitglied zum Ergebnis gleichermaßen beiträgt. Dabei steuert jedes Teammitglied seine spezielle Expertise bei, zu allen anliegenden Aufgaben. Die dadurch entstehende Synergie in der Zusammenarbeit eines Testers, der einem Designer hilft, Programmcode zu entwerfen, verbessert die Codequalität und steigert die Produktivität. Ungeachtet der Teamzusammensetzung ist das [Entwicklungs-]Team als Ganzes für alle Arbeitsschritte verantwortlich: von der Analyse, dem Design, der Codierung über das Testen bis zur Erstellung der Anwenderdokumentation« (nach [Schwaber/Beedle 02])[12].

---

9. Wenn es sich nicht um Produktentwicklung mit breiter Kundenbasis, sondern um kundenspezifisch angepasste Produkte oder Dienstleistungen handelt, wird der Product Owner manchmal auch vom Kunden selbst gestellt.
10. Je nach Background wird die Person ihre Rolle als Product Owner anders ausfüllen und auch das Backlog selbst wird anders aussehen. Gerade bei der Einführung von Scrum muss den Beteiligten das bewusst sein.
11. »Das Scrum-Team besteht aus dem Product Owner, dem Entwicklungsteam und dem Scrum Master« [URL: Scrum Guide]. In [Schwaber/Beedle 02] ist diese Unterscheidung begrifflich noch nicht vollzogen und wurde im obigen Zitat deshalb in Klammern nachgetragen.

Das Team soll demnach interdisziplinär[13] aufgestellt sein. Das ist schwierig und gelingt nicht vollständig. Es bedeutet nicht, dass jeder alles gleich gut können muss, sondern dass jeder grundsätzlich bereit ist, an jeder Aufgabe mitzuwirken, seinen Fähigkeiten und Erfahrungen gemäß. Es geht um die Fähigkeiten und die Performance des Teams als Ganzes.

Interdisziplinäre Teams

Die Tatsache, dass Scrum interdisziplinäre Teams propagiert und innerhalb des Teams keine weiteren Rollen unterscheidet, wird oft missverstanden. »Interdisziplinär« bedeutet, dass die Personen im Team funktionsübergreifend arbeiten: Architekt und Programmierer erarbeiten eine Architektur. Anschließend hilft der Architekt dem Programmierer bei der Codierung und lernt dabei z.B., dass sein theoretisch schönes Konstrukt leider sehr umständlich umzusetzen ist. Der Tester hilft dem Programmierer beim Finden guter Unit Tests. Und der Programmierer automatisiert sie und bringt das auch dem Tester bei. Es bedeutet nicht, dass niemand im Team Spezialqualifikationen besitzt, mitbringt und einbringt! Das Gegenteil ist der Fall: Der Architekt hat eine Ausbildung als Softwarearchitekt, der Programmierer kann routiniert und sicher programmieren und der Tester ist z.B. Certified Tester. Und je nach aktueller Aufgabe geht einmal der eine und ein andermal der andere führend voran. Aber keiner wird sagen können: »Ich bin Architekt« oder »Ich bin Tester« – »Mit anderen Sachen habe ich nichts zu tun«. Fallstudie 8.1 und 8.4 illustrieren einige dieser Stolpersteine, die in der Phase des Umstiegs auf Scrum zu berücksichtigen sind.

---

12. »A Scrum Team should include people with all of the skills necessary to meet the Sprint goal. Scrum eschews vertical teams of analysts, designers, quality control, and coding engineers. A Scrum Team self-organizes so that everyone contributes to the outcome. Each team member applies his or her expertise to all of the problems. The resultant synergy from a tester helping a designer construct code improves code quality and raises productivity. ... Regardless of the team composition, it is responsible for doing all the analysis, design, coding, testing, and user documentation« [Schwaber/Beedle 02, Abschnitt 3.3.3].
13. In XP [Beck/Andres 04] heißt diese Idee »One Team Principle«, in Scrum [Schwaber/Beedle 02]»cross-functional Team«.

Fallbeispiel eHome-Controller 2–1: Projekt-Setup

Nach der Entscheidung, das Projekt zu starten, gibt die Geschäftsleitung das Personalbudget für drei Entwickler, einen Testingenieur, einen Product Owner und einen Teilzeit-Scrum Master frei.

Bei der Frage, welche Mitarbeiter in das Team kommen sollen und für welche Rolle, gibt es die unterschiedlichsten Ansichten: »unsere Besten«, »die Erfahrensten«, »neue Leute mit neuen Ideen«. Aber auch unter den Mitarbeitern der bisherigen Teams wird die Einführung von Scrum kontrovers diskutiert: »Das wurde ja Zeit«, »Alter Wein in neuen Schläuchen«, »In unserem Team arbeiten wir längst agil«, »Unsere Systeme müssen jeden Tag rund um die Uhr funktionieren. Bei den Busprotokollen müssen wir vorgegebene Normen und Standards bitgenau einhalten. Wie soll das gehen, ohne Dokumente und Spezifikationen?«, stehen stellvertretend für die unterschiedlichen Positionen.

Bei der Besetzung der Rollen geben letztlich Know-how und Verfügbarkeit von Mitarbeitern den Ausschlag: Klar ist, dass einer der Entwickler Know-how auf der Ebene der Busprotokolle und der Gerätehardware (sowohl der firmeneigenen Geräte als auch der wichtigsten Wettbewerbsprodukte) besitzen muss. Dieses Know-how hat man »im Haus«. Die Bedienoberfläche soll ein kreativer Webentwickler übernehmen. Die Stelle wird neu ausgeschrieben. Neuer Product Owner wird der Teamleiter des bisherige Softwareteams.

Da man noch keinerlei praktische Erfahrung mit Scrum besitzt, wird ein externer Berater als Scrum Master engagiert. Dieser soll dem Team möglichst schnell alle nötigen Scrum-Techniken und Fähigkeiten beibringen, für Fragen zur Verfügung stehen und Geschäftsleitung und Team davor bewahren, unbewusst in alte Verhaltensmuster zurückzufallen.

Das Budget wird für zunächst 12 Monate bereitgestellt. Auf Wunsch der Marketingabteilung werden vom Team vier externe Releases erwartet – Release 1 in drei Monaten!

Bei größeren, komplexen Produkten muss die Arbeit auf mehrere Scrum-Teams verteilt werden. Das kann entlang der Systemarchitektur passieren. Man hat dann komponentenorientiert arbeitende Teams. Ein anderes Modell sind sogenannte »Feature-Teams«. Ein Feature-Team setzt über ein oder mehrere Sprints hinweg eine Gruppe von Anforderungen um und arbeitet dabei an allen betroffenen Systemkomponenten (»global code ownership«). Fallstudie 8.5 »Scrum in der Medizintechnik« stellt ein Projekt vor, das diese Vorgehensweise verfolgt.

Feature-Teams

Der (theoretische) Vorteil ist, dass das Feature-Team die Anforderungen als Ganzes im Blick hat und daher kundengerechter umsetzt. Der (theoretische) Nachteil ist, dass ein Feature-Team nicht die Tiefe im Verständnis jeder betroffenen Softwarekomponente besitzt, die ein Komponententeam erreichen kann oder besitzt, und deshalb langsamer oder fehlerhafter entwirft, codiert und testet. Welches Modell in der Praxis das richtige ist, muss jede Organisation individuell für sich abwägen, beobachten und lernen.

2.2 Kanban

Projekt- und Change-Management-Methode

Kanban (jap. Signalkarte) bezeichnet einen Managementansatz aus dem Lean Product Development, der einige Gemeinsamkeiten mit Scrum aufweist. Erstmals beschrieben wird (Software-)Kanban als Projekt- und Change-Management-Methode für IT-Projekte in [Anderson 11]. Die Ideen gehen zurück auf Prinzipien und Erfahrungen des Lean Management [URL: Lean]. Das Ziel ist, den »Fluss« zu bearbeitender Produkte durch die Fertigung zu optimieren. Oder allgemeiner: den »Fluss« von Aufgaben (Tasks) durch eine Wertschöpfungskette. Kanban verwendet dazu im Wesentlichen zwei Instrumente:

- **Kanban-Board:**
  Die zu steuernde Wertschöpfungskette wird auf einem sogenannten Kanban-Board visualisiert. Die »Bearbeitungsstationen« bzw. Prozessschritte werden als Spalten dargestellt. Die zu erledigenden Aufgaben (Tasks) werden durch Karten (Tickets) symbolisiert, die auf dem Board von links nach rechts wandern.

- **WIP-Limit:**
  Die Menge der gleichzeitig zu erledigenden Aufgaben (Work-in-Progress, WIP) wird limitiert. Dies geschieht durch Limits für die Anzahl der Tickets, die je Bearbeitungsstation und/oder im gesamten Board erlaubt sind. Hat eine Bearbeitungsstation freie Kapazität, dann »zieht« sich diese Station ein neues Ticket von ihrer Vorgängerstation (»Pull«- statt »Push«-Prinzip).

Dieses Vorgehen ist Scrum sehr ähnlich. In beiden Ansätzen sorgt die Visualisierung am Whiteboard für hohe Transparenz über Inhalt und Bearbeitungsstand aller Aufgaben. Aktuell nicht in Bearbeitung befindliche Aufgaben werden in einer vorgeschalteten Auftragsliste (Backlog) gesammelt. Aus dieser werden Aufgaben ausgewählt und auf das Whiteboard übertragen, sobald dort Platz (d. h. Kapazität) frei wird.

Kanban kennt weder Iterationen noch Sprints.

Im Gegensatz zu Scrum kennt Kanban jedoch keine Iterationen oder Sprints. Denn Kanban zielt darauf ab, *kontinuierlich* möglichst viele Aufgaben mit (im Mittel) minimalen Durchlaufzeiten zu erledigen. Also einen stetigen hohen Aufgabendurchsatz (Flow) zu erreichen und aufrechtzuerhalten. Ein Kanban-Prozess liefert Einzelergebnisse (Deliverables), die zusammengenommen kein »Release« ergeben müssen. Jedes Deliverable ist unabhängig vom »Rest« auslieferbar und verwertbar. Timeboxing als Synchronisationsmechanismus und die für Timeboxing nötige Aufwandsschätzung entfallen deshalb in Kanban. Scrum hingegen zielt darauf ab, Arbeitsergebnisse in einem fest getakteten Rhythmus zu liefern. Das Sprint-Ende »synchronisiert« dabei alle abgearbeiteten Tasks und liefert dann ein einziges resultierendes Gesamtergebnis: das lieferfähige Release (»potentially shippable product«).

Wenn es wie in der Softwareentwicklung darauf ankommt, Releases auszuliefern, ist daher Scrum das geeignete Projektmanagementframework. Wenn es darum geht, voneinander unabhängige Einzelaufgaben durchsatzoptimiert zu steuern, dann bietet sich Kanban als Methode an.

Scrum vs. Kanban

Ein Einsatzbeispiel von Kanban im IT-Umfeld ist die Steuerung eines Supportteams, wobei jede Einzelaufgabe einem Supportauftrag (Ticket) entspricht. Ein anderes Beispiel ist die Steuerung eines Maintenance-Teams (s. [Anderson 11]). Das Maintenance-Team erstellt Software-Patches. Ziel ist, jeden Patch schnellstens zu erstellen und so frühzeitig wie möglich dem Kunden bereitzustellen. Da jeder Patch als unabhängiger Ein-Personen-Programmierauftrag isoliert bearbeitet werden kann, ist Kanban hier die passende Managementmethode.

Fallbeispiel eHome-Controller 2–2: Adapter-Entwicklung per Kanban

Der als Scrum Master bestellte externe Berater lädt die Mitglieder des neuen Scrum-Teams, aber auch alle anderen Hard- und Softwareentwickler sowie das Supportteam zu einer Informationsveranstaltung ein. Ziel ist, über das neue Vorgehen zu informieren und so Fehlinformationen oder Missinterpretationen entgegenzutreten. Der Berater gibt eine Einführung in Scrum und stellt zum Vergleich auch Kanban kurz vor.

Daraus entwickelt sich eine Diskussion, ob es nicht besser wäre, Kanban statt Scrum anzuwenden, oder ob Kanban für andere Teams geeignet wäre. Es kristallisiert sich heraus, dass das Supportteam gesteuert durch sein Support-Ticket-System schon heute einige Elemente aus Kanban zur Arbeitssteuerung nutzt. Von der Adaption weiterer Kanban-Elemente, wie z. B. WIP-Limits, könnte es aber profitieren. →

> Man überlegt, ob sich die Entwicklung von Busadaptern eventuell per Kanban besser steuern lässt als mit Scrum. Denn ein Adapter kann erfahrungsgemäß »isoliert« entwickelt werden. Es gibt dabei keine Abhängigkeiten zu anderen Adaptern und nur selten Rückwirkungen auf das Gesamtsystem. Ein überarbeiteter oder neuer Adapter kann im Prinzip zu jedem beliebigen Zeitpunkt in das System aufgenommen werden. Die Adapter-Entwicklung muss also nicht unbedingt mit einem festen Sprint-Rhythmus synchron laufen. Man einigt sich daher darauf, Kanban genauer zu betrachten, sobald das Thema Adapter-Entwicklung im Product Backlog erstmals an die Reihe kommt.

2.3 Klassische Vorgehensmodelle

Klassische Vorgehensmodelle unterteilen ein Projekt in Phasen, die jeweils bestimmte Zwischenergebnisse (Meilensteine) produzieren, und definieren Rollen, denen bestimmte Aufgaben im Projekt zugeordnet werden und die von den im Projekt mitwirkenden Personen auszufüllen sind.

Phasen als Abstraktionsebenen

Die Projektphasen beschreiben dabei aber nicht nur zeitliche Abschnitte des Projektverlaufs, sondern sie definieren unterschiedliche Abstraktionsebenen, auf denen das zu entwickelnde System jeweils betrachtet wird. Besonders deutlich wird dies im V-Modell[14]:

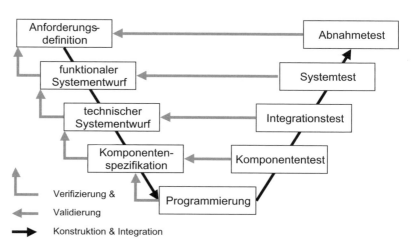

Abb. 2–3 Abstraktionsebenen und Teststufen im V-Modell

---

14. Eine konkrete »V-Modell«-Ausprägung ist das in der öffentlichen Verwaltung in Deutschland verbreitete »Vorgehensmodell des Bundes und der Länder« (erstmals 1992 publiziert und 1997 überarbeitet), das oft auch kurz als »V-Modell« bezeichnet wird. Das aktuelle Modell trägt die Bezeichnung »V-Modell XT« und steht seit 2005 zur Verfügung. Beschreibungen sind unter [URL: V-Modell-XT] abrufbar.

»Der linke Ast steht für die immer detaillierter werdenden Entwicklungsschritte, in deren Verlauf das gewünschte System schrittweise entworfen und schließlich programmiert wird. Der rechte Ast steht für Integrations- und Testarbeiten, in deren Verlauf elementare Programmbausteine sukzessive zu größeren Teilsystemen zusammengesetzt (integriert) und jeweils auf richtige Funktion geprüft werden. Integration und Test enden mit der Abnahmeprüfung des auf diesem Weg entstandenen Gesamtsystems« [Spillner/Linz 12, Abschnitt 3.1]. Damit verbunden ist die Modellvorstellung, dass als Phasenergebnis jeweils ein Satz von Dokumenten oder Artefakten entsteht, die das System auf der jeweiligen Abstraktionsebene vollständig beschreiben. Als Konsequenz wird die Softwareentwicklung als vorwiegend dokumentbasiertes Arbeiten verstanden.

Phasen vs. Sprints

Die Arbeitsweise in Scrum ist eine andere. Das System wird in jedem Sprint auf all seinen Abstraktionsebenen simultan betrachtet und inkrementell fortentwickelt: Die Anforderungen werden ergänzt, die Architektur wird verbessert, der Code wird erweitert und die Tests werden ergänzt. Für zeitlich kurze Iterationen wird der Umfang der Dokumente stark reduziert und das dokumentbasierte Arbeiten tritt zugunsten direkter Kommunikation und Diskussion zwischen allen Beteiligten in den Hintergrund.

Klassisches Projektmanagement versucht ein Projekt in allen relevanten Aspekten (inhaltliche Arbeitspakete, Zeitbedarf, Kosten und Ressourcenbedarf) möglichst exakt und vollständig vorauszuplanen und die Projektdurchführung dann so zu steuern, dass dieser Plan bestmöglich eingehalten wird: vom Projektstart bis zum Projektabschluss.

Projektmanagement und Planung

Basierend auf der durch das Vorgehensmodell gegebenen Projektstruktur erstellt der Projektmanager am Projektbeginn seinen Projektplan. In diesem listet er möglichst alle Projektaufgaben auf und bringt diese unter Beachtung gegenseitiger Abhängigkeiten in eine bestimmte sinnvolle zeitliche Reihenfolge. Er schätzt vorab den vermeintlichen Projektaufwand ab und plant und allokiert frühzeitig die aus seiner Schätzung oder Sicht heraus nötigen Ressourcen. Wenn der eHome-Controller des Fallbeispiels weiterhin klassisch entwickelt werden würde, könnte der initiale Projektplan etwa wie folgt aussehen:

Fallbeispiel eHome-Controller 2–3:
eHome-Controller klassisch geplant

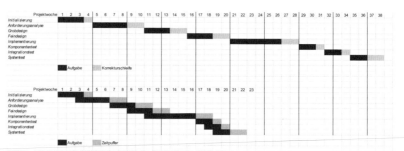

Schwächen des klassischen Planungsansatzes

An diesem Beispielplan lassen sich die Schwächen des klassischen, deterministischen Planungsansatzes gut erkennen:

- Über die zeitlich nahen Arbeiten ergibt sich ein relativ klares, detailreiches Bild. Die frühen Phasen bzw. Arbeitspakete (hier z. B. Initialisierung) werden deshalb, im Vergleich zum Plan insgesamt, oft genauer als notwendig geplant und aufwandseitig übergewichtet.
- Die für die Zeitplanung eigentlich notwendige Aufwandsschätzung erfolgt oft nicht ausreichend. Denn viele zur fundierten Aufwandsschätzung nötigen Inputdaten entstehen ja erst im zu planenden Projektverlauf (z. B. Anforderungen an das User Interface und Entscheidungen über die zu unterstützenden Busprotokolle). Deshalb stellt der Plan nicht die »vom Team benötigte« Zeit dar, sondern die »vom Management zur Verfügung gestellte« Zeit und alle Plantermine sind mit hoher Unsicherheit behaftet.
- Um die ursprüngliche Vorgabe »Release 1 in 3 Monaten ab Projektstart« nicht völlig zu ignorieren, legt der Projektleiter einen Plan B mit einem ersten Release nach 5 Monaten vor. Sein Kunstgriff dabei ist, die Pufferzeiten rauszurechnen.
- Der Inhalt der im Plan aufgelisteten Arbeitspakete ist nicht klar definiert. Im besten Fall haben Projektleiter und Team dieselben Vorstellungen dazu im Kopf. Der Projektleiter muss beim Start der Arbeitspakete dafür sorgen, dass die Bearbeiter und er selbst zu einem gemeinsamen Verständnis der Aufgabenpakete gelangen. Andererseits gibt ihm diese Ungenauigkeit der Arbeitspakete auch den notwendigen Spielraum, um Planabweichungen und Planungsfehler »abzufedern«.
- Der Tatsache, dass die vorgesehenen Qualitätssicherungsmaßnahmen sehr wahrscheinlich Mängel und Fehler aufdecken werden, wird über Pufferzeiten für »Rework« Rechnung getragen. Allerdings ist reichlich unklar, ob und warum z. B. zwei Wochen »Rework« eine angemessene Zeitspanne sind. Ist das optimistisch oder pessimistisch geplant? So oder so: »Rework« bezieht sich auf

»lokale« Korrekturen des betroffenen Meilensteins. Eine unter Umständen notwendig werdende Überarbeitung von Ergebnissen einer Vorphase ist nicht eingeplant.
- Bis zum fundierten Prüfen und Testen und bis zur ersten Auslieferung des Produkts kann eine lange Zeitspanne vergehen. Im Beispiel liegen zwischen dem Abschluss der Designphase und dem Integrationstest, wo das Design einen ersten wirklichen Realitätscheck bestehen muss, 20 bzw. 38 Wochen und die Produktauslieferung ist nach frühestens 5 bzw. 9 Monaten avisiert.

Auch wenn der initiale Projektplan realistisch und fehlerfrei sein sollte, wird jeder Planungsaspekt (Aufgaben, Zeit, Ressourcen) im Projektverlauf Veränderungen unterworfen sein. Jeder noch so sorgfältig erstellte Projektplan ist daher schnell veraltet und muss aufwendig nachjustiert oder umgeplant werden. Klassisches Projektmanagement ist daher (überspitzt ausgedrückt) ein fortwährender Kampf gegen unvorhergesehene, aber unausweichliche Veränderungen, der oft verloren wird.

Scrum löst dieses Dilemma, indem auf einen solchen Projektplan verzichtet wird und stattdessen die oben beschriebenen agilen Projektmanagementinstrumente zum Einsatz kommen. Aber abhängig vom Projektumfeld kann es Gründe geben, warum auch in einem Scrum-Projekt ein Projektplan erforderlich ist. So kann ein sprintübergreifender Meilenstein- oder Zeitplan hilfreich oder notwendig sein zur frühzeitigen oder langfristigen vertraglichen Abstimmung mit Kunden, Lieferanten, Mitarbeitern und ggf. parallel laufenden Projekten. Und wenn Ressourcen beantragt oder beschafft werden müssen, kann es hilfreich oder unter Umständen notwendig sein, genau begründen zu können, wann und warum welche Ressourcen gebraucht werden. Ein schriftlicher Ressourcenplan, der mit einer systematischen Aufwandsschätzung unterlegt ist, hilft dabei.

Auch im Scrum-Projekt kann ein Projektplan erforderlich sein.

Den oben genannten Schwächen kann durch iteratives und inkrementelles Entwickeln entgegengewirkt werden. Iterative und inkrementelle Entwicklung sind daher auch im klassischen Vorgehen bekannt und üblich.

Iterative Modelle definieren ebenfalls unterschiedliche Projektphasen, sehen aber modellseitig explizit[15] vor, dass einzelne Phasen oder Phasensequenzen wiederholt durchlaufen (iteriert) werden. Eine Iteration dient dazu, eventuelle Schwächen oder Fehler im Phasenergebnis

Iterative Entwicklung

---

15. Auch wenn ein lineares Modell zugrunde liegt, kann der Projektleiter eine Phase wiederholen, also iterieren lassen. Das kann gute, pragmatische Gründe haben, ist dann aber streng genommen eine Abweichung bzw. Variation des vom linearen Modell geforderten Vorgehens.

beim erneuten Phasendurchlauf zu korrigieren. Oder sie kann dazu dienen, das Phasenergebnis inhaltlich zu erweitern, also ein Produktinkrement zu erstellen. Ein bekannter Vertreter dieser Art von Modell ist der »Rational Unified Process« [URL: RUP].

Manchmal wird iteratives Entwickeln fälschlicherweise mit agilem Entwickeln gleichgesetzt. Innerhalb eines Scrum-Sprints kommen Aufgaben (Tasks) jeglichen Typs vor (von »Architektur verbessern« bis »Feature implementieren und testen«). Eine klassische Projektphase »kapselt« hingegen Aufgaben eines ganz bestimmten Aufgabentyps (z. B. »Architektur entwerfen«). Und auch die Forderung, dass jede Iteration (wie ein Sprint in Scrum) ein potenziell auslieferbares Produkt hervorbringt, muss iteratives Entwickeln nicht erfüllen.

==Durch die Iteration einer klassischen Projektphase entsteht daher kein Sprint, wie Scrum ihn kennt!== Wer iterativ entwickelt und auf Scrum umstellen will, muss diesen elementaren Unterschied verstehen und beachten. Auch eine Iteration in Extreme Programming (XP) ist nicht gleichzusetzen mit einem Sprint in Scrum. Ausgeliefert wird in XP nach einer beliebig festlegbaren Anzahl von Iterationen. Abhängig vom angepeilten Ziel kann ein anderer Aufgabenmix je Iteration anstehen, z. B. die Verbesserung der Architektur (Umbau des Systems durch Refactoring) oder die Ergänzung einer bestimmten Funktionalität (Design und Implementierung neuer Funktionen).

Inkrementelle Entwicklung

Inkrementelle Entwicklung ist das heute dominierende, übliche Verfahren und bedeutet, dass der Kunde oder Anwender das Produkt in wachsenden Ausbaustufen erhält. Oder aus Sicht des Herstellers: dass in gewissen zeitlichen Abständen neue, funktional erweiterte Produktreleases erstellt und ausgeliefert werden. Inkrementelle Entwicklung setzt iteratives Entwickeln voraus, weshalb auch von inkrementell-iterativer Entwicklung gesprochen wird.

Die zeitliche Taktung, in der die Inkremente bzw. Releases entstehen, ist dabei je nach Vorgehensmodell unterschiedlich. Wird nach einem klassischen Modell gearbeitet, dann sind Releases im Bereich halbjährlich, jährlich oder länger üblich bzw. erreichbar. Agile Vorgehensweisen reduzieren die Releasezykluszeit drastisch. In Scrum soll jeder Sprint ein Release liefern, das an den Kunden ausgeliefert werden könnte, wenn dies gewünscht wird. In der Praxis wird zwischen internen (Release Candidates) und extern auszuliefernden Releases unterschieden. Die externe Releasefrequenz vieler Scrum-Projekte ist vierteljährlich bei monatlichen Sprints. Teams, die Continuous Integration (s. Kap. 5) zu Continuous Delivery perfektioniert haben, können eine tägliche Lieferung (Deployment) erreichen. Das setzt voraus, dass das Deployment automatisiert in eine vollständig kontrollierte Produktivumgebung erfolgt. Das ist bei manchen firmeninternen IT-Systemen möglich oder bei Webseiten oder Webshops, die so per »Nightly Deployment« aktuell gehalten werden.

2.4 Gegenüberstellung der Modelle

Zur zusammenfassenden Gegenüberstellung der Modelle ist es hilfreich, die Dimensionen Projektmanagement, Personal-/Teamführung, Entwicklungstechniken und Qualitätsmanagement zu unterscheiden.

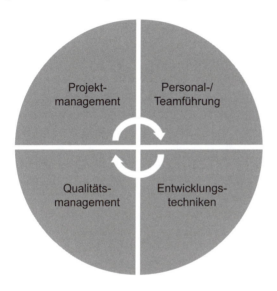

Abb. 2–4
Dimensionen eines Vorgehensmodells

Jedes Modell »kümmert« sich um diese Dimensionen unterschiedlich intensiv und propagiert je Dimension unterschiedliche methodische Ansätze und Philosophien:

- **Scrum** ist ein empirisch, adaptiver Projektmanagementansatz. Ausführliches Planen wird ersetzt durch die Fähigkeit, schnell, flexibel und angemessen zu reagieren. Bestimmte Entwicklungstechniken werden nicht gefordert. Aber es ist üblich, Techniken aus XP einzusetzen. Qualität entsteht durch fachliches Können und konsequentes Anwenden der vereinbarten Entwicklungstechniken. Das Team arbeitet eigenverantwortlich (im Idealbild ohne fachlich weisungsbefugten Vorgesetzten). Über vorgeschriebene »Routinehandlungen« (wie z.B. Retrospektive) ist ein kontinuierlicher, auf Projektebene laufender Verbesserungsprozess integriert.

- **Kanban** ist ein Ansatz zur Aufgabensteuerung in dauerhaft organisierten Gruppen oder Abteilungen und nicht primär für die Projektsteuerung gedacht. Arbeitstechniken werden nicht vorgegeben. Das Team arbeitet in einer gemeinsamen Wertschöpfungskette, in der jeder spezialisiert ist auf »seine Arbeitsstation« im Prozess. Qualität entsteht durch fachliches Können und sofortiges Ausmerzen und Korrigieren von Fehlern. Über »Routinehandlungen« (wie z.B. Retrospektive) ist ein kontinuierlicher Verbesserungsprozess integriert.
- **Klassische Modelle** basieren auf einem deterministisch, vorausplanenden Projektmanagementansatz. Das Team arbeitet auf Weisung des Projektleiters (als fachlichen Vorgesetzten). Der Projektleiter überprüft den Fortschritt und ist für die Einleitung von Korrekturmaßnahmen verantwortlich. Welche Entwicklungstechniken genutzt werden, hängt vom Umfang des zugrunde liegenden Modells ab und von ggf. zu beachtenden firmenspezifischen Prozessvorgaben (Qualitätsmanagementsystem). Ein kontinuierlicher Verbesserungsprozess ist in der Regel vorgesehen und wirkt auf Ebene des Qualitätsmanagementsystems über regelmäßige interne und externe Audits.

Tabelle 2–1 stellt die wichtigsten Unterschiede nochmals gegenüber[16].

Tab. 2–1 Gegenüberstellung der Modelle

		Scrum	Kanban	klassisches Vorgehensmodell
Projektmanagement	Produktplanung	Produktvision, Roadmap, Product Backlog	–	Roadmap
	Projektplanung	Product Backlog	–	Projektplan mit Meilensteinen
	Aufgabenplanung	Sprint Backlog je Iteration	Backlog	Arbeitspakete
	Iteration	Iterationen fester Länge (Sprints)	kontinuierlich	gemäß Projektplan
	Iterationsdauer	typ. 1-4 Wochen	–	gemäß Projektplan
	Statusverfolgung	täglich, im Team, am Whiteboard	täglich, im Team, am Whiteboard	Meilensteinorientiert, durch den Projektleiter

---

16. Eine Gegenüberstellung speziell von Kanban und Scrum findet sich in [URL: Kanban].

2.4 Gegenüberstellung der Modelle

		Scrum	Kanban	klassisches Vorgehensmodell
Projektmanagement	Timeboxing	ja	nein	individuelle Entscheidung des Projektleiters
	Auslieferung	je Iteration, am Sprint-Ende	kontinuierlich, jede erledigte Aufgabe	je Release oder am Projektende
	Änderungsmanagement	per Backlog-Update	per Backlog-Update	per Änderungsmanagement (CR)
	Metriken	Burndown Chart	Work-in-Progress (WIP)	Termineinhaltung, Aufwand, Kosten
Qualitätsmanagement	Prozessverbesserung	Retrospektive, Überprüfung und Anpassung (bottom-up)	Kaizen	interne und externe Auditierung (z.B. nach ISO 9001), Prozessverbesserungsprogramme (top-down)
	Verifikation/Test	im Sprint kontinuierlich	je Task	in den jeweiligen Testphasen gegen korrespondierende Spezifikation
	Validierung/Abnahme	User-Demo am Sprint-Ende gegen Akzeptanzkriterien	je Task gegen Akzeptanzkriterien	Abnahmetest am Projektende
Entwicklungstechniken	Techniken	üblich, aber nicht vorgeschrieben: Pair Programming[a], Continuous Integration (CI)[b], Test First Programming[c], Incremental Design[d], Clean Code[e], Refactoring[f]	nicht vorgeschrieben	abhängig vom Modell; schwergewichtige Modelle enthalten teilweise Vorgaben zu Codierrichtlinien, Tooling etc.
Personalführung	Werte und Prinzipien	Agiles Manifest, Scrum Values: Commitment, Focus, Openess, Respect, Courage	Kaizen, Lean Management, Agiles Manifest	Projektmanagement, Prozessmodell, kontinuierliche Verbesserung (ISO 9000)
	Organisation	Scrum-Team, Product Owner, Scrum Master		Teamleitung, Projektleitung, Projektorganisation

		Scrum	Kanban	klassisches Vorgehensmodell
Personalführung	Weiterbildung	Eigeninitiative, »besser werden wollen«, Lernen des Teams	Lernen des Teams	Weiterbildungspläne, Personalentwicklung
	Arbeitsteilung	interdisziplinär	Spezialisten je »Station« im Prozess	Spezialistentum

a. Aus XP: »Write all production code with two people sitting at one machine« [Beck/Andres 04, S. 42].
b. Aus XP: »Integrate and test changes after no more than a couple of hours« [Beck/Andres 04, S. 49].
c. Aus XP: »Write a failing automated test before changing any code« [Beck/Andres 04, S. 50].
d. Aus XP: »Invest in the design of the system every day« [Beck/Andres 04, S. 51].
e. »We'll know how to write good code. And we'll know how to transform bad code into good code« [Martin 08, S. 2].
f. »For each few lines of code we add, we pause and reflect on the new design. Did we just degrade it? If so we clean it up ...« [Martin 08, S. 172].

3 Planung im agilen Projekt

Kapitel 3 beschreibt, welche leichtgewichtigen Planungs- und Steuerungsinstrumente in Scrum anstelle des klassischen Projektplans zum Einsatz kommen. Denn »agil« Arbeiten bedeutet keineswegs »planlos« zu arbeiten. Das Kapitel richtet sich primär an Leser, die auf agile Entwicklung umsteigen. Die Erläuterungen und Hinweise, welchen Beitrag die jeweiligen Planungsinstrumente zur konstruktiven Qualitätssicherung und damit zur Fehlervermeidung liefern, sind jedoch auch für Leser mit agiler Projekterfahrung wertvoll.

Agiles Projektmanagement setzt darauf, dass das Team von Sprint zu Sprint dazulernt. Entscheidungen, die sich als suboptimal oder falsch erweisen, können im folgenden Sprint revidiert werden. Auf veränderte Rahmenbedingungen kann von Sprint zu Sprint reagiert werden. Jedes neue Produktinkrement, das Sprint für Sprint entsteht, liefert dem Team, aber auch dem Kunden neue Einsichten und tieferes Verständnis der Produktanforderungen. Und natürlich generiert jedes Inkrement neue und eventuell bessere Ideen, was das Produkt leisten sollte, aber auch neue Ideen und zusätzliche Erfahrungen dazu, wie das Produkt am besten und elegantesten implementiert werden kann.

All diese Ideen und Erfahrungen kann und muss das Team regelmäßig auswerten. Punkte, die einen Nutzen versprechen, werden in das Product Backlog aufgenommen. In jeder Sprint-Planung besteht dann die Möglichkeit, die aktuell am nützlichsten bewerteten Ideen zu realisieren, indem man entsprechende Entwicklungsaufgaben (Tasks) formuliert und diese in den Sprint aufnimmt.

Diese adaptive, empirische Planung schafft eine sehr hohe Flexibilität. »Ständiges Dazulernen« ist im Prozess verankert. Ebenso die Bereitschaft, aber eben auch die Fähigkeit, kurzfristig auf veränderte Kundenwünsche und neue Rahmenbedingungen zu reagieren.

Adaptive, empirische Planung

Die Fähigkeit, in jedem Sprint die Richtung ändern zu können, bedeutet aber nicht, dass dem Team keine Richtung vorgegeben werden muss. Wer nur reagiert, wird auch mit Scrum kein erfolgreiches

Projekt zustande bringen. Auch ein Scrum-Team benötigt Zielvorgaben, die über den aktuellen Sprint hinausreichen und auf die es über mehrere Sprints hinweg hinarbeiten kann. Die Instrumente, die helfen, eine Richtung vorzugeben, werden in den folgenden Abschnitten vorgestellt.

3.1 Produktvision

Die Produktvision ist ein Bild, das möglichst prägnant zusammenfasst, wie das Produkt einmal »aussehen« und was es einmal in Summe leisten soll. Je knapper und anschaulicher diese Botschaft formuliert wird, umso einprägsamer und besser. Eine Skizze am Flipchart kann ausreichen, eine Liste der Top-10-Features, die der Kunde sich wünscht, oder ein Bild des Wettbewerbsprodukts, das man übertreffen möchte.

Product Backlog als »Vision« ungeeignet

Das Product Backlog (s. Abschnitt 3.3) ist als »Vision« in der Regel ungeeignet. Dazu ist es zu detailliert und enthält zu viele Einträge. Im Gegenteil: Ein umfangreiches Backlog kann dazu führen, dass das Projektziel in der Masse der Backlog Items verloren geht. Außerdem muss die Produktvision ja gerade dabei helfen, die Backlog Items zu priorisieren und zielführende von weniger relevanten Items unterscheiden zu können. Das eHome-Team formuliert Folgendes:

> **Fallbeispiel eHome-Controller 3–1: Produktvision**
>
> Der Product Owner hat das Entwicklungsteam zu einem Workshop eingeladen, um den Projektauftrag zu besprechen und gemeinsam eine Produktvision zu entwickeln. Das Team geht dabei von den Vorgaben der Geschäftsleitung und wichtigen Kundenwünschen aus.
>
> Das System soll auf Smartphones und anderen mobilen Geräten laufen und es muss Geräte von Fremdherstellern steuern und jederzeit neu am Markt erscheinende Geräte einbinden können. Darauf basierend formuliert der Product Owner in Zusammenarbeit mit seinem Team im Laufe des Workshops folgende Entwicklungsziele:
>
> - Webbrowser-basierte Bedienoberfläche: Das heißt, der Bewohner des eHome kann seine Wohnung oder sein Haus per Browser vom PC aus steuern oder auch per Smartphone oder Tablet. Da die Software im Browser läuft, entfällt für den Endanwender eine aufwendige und komplizierte Softwareinstallation.
> - Einfache, anschauliche Bedienung: Alle im Haus vorhandenen Zimmer und die dort steuerbaren Geräte sollen durch Icons oder (vom Anwender hochladbare) Fotos dargestellt werden. Die Bedienoberfläche soll nicht »technisch« aussehen. Auch IT-Laien sollen das System bedienen können.

■ **Herstellerübergreifend:** Der Controller soll grundsätzlich die Aktoren und Sensoren verschiedenster Hersteller ansprechen können. Über geeignete Adapter kann das System deshalb mit den Busprotokollen verschiedener Hersteller kommunizieren.

3.2 Architekturvision

Wenn über die Produktvision geklärt ist, was das Produkt einmal sein und können soll, dann kann das Team darüber nachdenken, wie dies technisch zu realisieren ist. Auch hier ist es nötig, dass das Team ein gemeinsames Verständnis der technischen Realisierung entwickelt. Dies leistet die Architekturvision. Sie schafft bereits zu Beginn des Projekts ein Übersichtsbild des Produkts und seiner »Baugruppen«. Basierend auf der Produktvision entwirft das eHome-Team folgende grobe Zielarchitektur für sein Produkt und hält diese in einem Architekturdiagramm[17] grafisch fest:

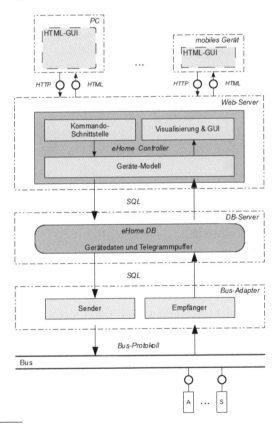

Fallbeispiel eHome-Controller 3–2:
eHome-Controller-Architektur

---

17. Notation angelehnt an FMC [URL: FMC].

Wie schon bei der Produktvision ist hier keine umfangreiche Spezifikation verlangt. Ein Diagramm der wichtigsten Systemkomponenten am Flipchart kann ausreichend sein. Dieses Architekturdiagramm muss auch kein UML-Diagramm sein oder einer anderen komplexen, formalen Notation folgen. Entscheidend ist, dass alle im Team (einschließlich Product Owner und Scrum Master) es verstehen.

Architekturvision als Wegweiser für Programmierung und Test

Je anschaulicher es ist, umso besser. Wie die Produktvision ist die Architekturvision ein Wegweiser durch das Product Backlog und durch alle weiteren Sprints. Sie hilft, eine tragfähige Realisierung zu finden, die eben nicht in jedem Sprint völlig neu zur Debatte steht. Und sie hilft, aus technischer Sicht sinnvolle Aufgabenpakete zu schnüren und diese im Team und über die Sprints vernünftig zu verteilen.

Auch für das Testen, insbesondere für die Integrationstests, legt die Architekturvision frühzeitig wichtige Grundlagen, indem sie die wichtigsten Systemkomponenten und deren Schnittstellen als einzuplanende Testobjekte und Testschnittstellen sichtbar macht. Tests und andere Qualitätssicherungsmaßnahmen können so ab dem ersten Sprint an der Architektur des entstehenden Systems ausgerichtet werden.

Emergente Architektur

Dass das Team die Architektur des zu bauenden Systems frühzeitig durchdenkt und im Architekturdiagramm festhält, bedeutet nicht, dass diese Architektur damit in Stein gemeißelt ist. Natürlich kann bei Bedarf auch die Architektur überarbeitet und Sprint für Sprint angepasst werden. Das soll sogar so passieren. Erfahrungen aus der fortschreitenden Implementierung und Feedback aus den Produkt-Demos müssen wenn nötig in besseren Versionen der Architektur ihren Niederschlag finden. Aber es ist etwas anderes, eine wohlüberlegte Architektur schrittweise zu verbessern, als ohne abgesprochene Architektur die Entwickler planlos eine Reihe von Klassen programmieren zu lassen.

3.3 Product Backlog

Im Product Backlog sammelt und priorisiert der Product Owner alle Anforderungen, die vom zu entwickelnden Produkt einmal erfüllt werden sollen oder dafür in Betracht kommen. Das Product Backlog ist allerdings kein Projektplan und auch keine Aufgabenliste. Es ist lediglich eine Sammlung oder ein »Merkzettel« aller bekannten Wünsche an das Produkt. Durch Priorisierung werden diese Wünsche nach ihrer Relevanz bzw. ihrem Wertbeitrag zum Produkt geordnet. Aber auch diese Priorisierung ist noch keine verpflichtende Festlegung, ob und wann ein Punkt tatsächlich realisiert wird. Der Product Owner des eHome-Controllers hat folgendes initiale Product Backlog zusammengestellt und die Einträge nach dem von ihm eingeschätzten Geschäftswert[18] priorisiert:

Fallbeispiel eHome-Controller 3–3: Initiales Product Backlog für den eHome-Controller

Bezeichner	Prio	Beschreibung / *Akzeptanzkriterien*
Steuern und Messen		Als eHome-Bewohner kann ich über den eHome-Controller alle angeschlossenen elektrischen Geräte steuern und Messdaten von Sensoren abrufen, damit ich alle Geräte einheitlich, einfach und von zentraler Stelle aus bedienen kann.
	2	☐ *In der GUI wird für jedes angeschlossene Gerät (Aktor oder Sensor) dessen aktueller Zustand angezeigt.*
	1	☐ *Aktor: Durch Anklicken können die Schaltfunktionen des jeweiligen Aktors ausgeführt werden.*
	2	☐ *Sensor: Durch Anklicken werden die aktuellen Messdaten vom Sensor abgerufen und angezeigt.*
Busadapter		Als eHome-Bewohner möchte ich Geräte verschiedener Hersteller anbinden können, damit ich nicht von einem einzigen Hersteller abhängig bin.
	1	☐ *Ein Busadapter übersetzt die eHome-Controller-Steuerbefehle in das Protokoll des jeweiligen Busstandards oder Herstellers.*
	1	☐ *Alle »eHome-Tools«-Geräte lassen sich über den »eHome-Tools-Adapter« ansprechen.*
Geräte steuern		Als eHome-Bewohner kann ich Geräte unterschiedlicher Klassen (z.B. Lampen, Dimmer, Rollos) steuern, wobei der eHome-Controller nur die für eine Geräteklasse gültigen Steuerbefehle zulässt, damit Fehlbedienung verhindert wird. *Als eHome-Bewohner kann ich:*
	1	☐ *angeschlossene Lampen an- und ausschalten*
	3	☐ *die Helligkeit einer Lampe über einen Dimmer von 0% ...100% einstellen*
	2	☐ *Rollos auf- und abfahren oder um einen bestimmten Winkel kippen*
GUI		Als eHome-Bewohner möchte ich mein e-Home-System über einen Webbrowser bedienen, damit ich auf dem Endgerät (PC oder mobiles Gerät) keine spezielle Software installieren muss. *Die GUI läuft in folgenden Browsern auf dem PC:*
	1	☐ *Firefox ab Version 15.0*

→

---

18. Über die Priorität wird die gewünschte Fertigstellungsreihenfolge nicht eindeutig festgelegt und auch nicht erzwungen. Das Team kann, orientiert an der Priorität, in der Sprint-Planung unter Anforderungen auswählen und erhält so mehr Spielraum in seiner Planung.

Bezeichner	Prio	Beschreibung / *Akzeptanzkriterien*
GUI-Icons	2	Als eHome-Bewohner möchte ich, dass jede Geräteklasse im Browser durch ein passendes Icon symbolisiert wird, damit ich die Geräte leicht finden und bedienen kann und die Bedienoberfläche cool aussieht.
Schaltprogramme	3	Als eHome-Bewohner möchte ich Schaltprogramme definieren und starten, z.B. »an Wochentagen alle Rollos um 7:00 kippen; um 8:30 an der Südseite alle Rollos vollständig hochfahren; um 20:30 alle Rollos schließen«, damit ich mich um Routineabläufe nicht mehr kümmern muss.

Wie alle Planungsdokumente in Scrum ändert sich auch das Product Backlog von Sprint zu Sprint. Neue Wünsche und Ideen kommen hinzu, die Prioritäten werden umverteilt, obsolete Anforderungen werden gestrichen, Einzelpunkte werden in Cluster gruppiert, grobe Ideen werden verfeinert und in genauere Einzelanforderungen aufgesplittet usw. Verantwortlich für die Pflege des Product Backlog ist der Product Owner. Der Scrum Master als Counterpart stellt sicher, dass ein Product Backlog gemäß Scrum-Prozess geführt wird. Im Fallbeispiel merkt er an, dass zu den beiden letzten Backlog Items keine Akzeptanzkriterien formuliert wurden und beauftragt den Product Owner dies nachzuholen (s.a. Abschnitt 3.9.3).

Tester helfen, Akzeptanzkriterien zu formulieren.

Die Tester im Team können und sollten ihm dabei helfen. Dies führt zu klareren Akzeptanzkriterien und die Tester tun sich leichter, später im Sprint die zugehörigen Akzeptanztests abzuleiten.

3.4 Story Map

Ausgehend von Produkt- und Architekturvision und Product Backlog kann der Product Owner zusammen mit dem Team in Form einer sogenannten »Story Map« eine Übersicht erstellen, die aufzeigt, welche Sprint-Ziele in den kommenden Sprints erreicht werden sollen. Ein Sprint-Ziel kann eine wichtige Anforderungen sein, die implementiert werden soll, oder auch ein Anforderungscluster bzw. Thema, dem sich ein Sprint schwerpunktmäßig widmen soll. Auch Prozessverbesserungsziele, die das Team erreichen möchte, können als Sprint-Ziel formuliert werden. Für die ersten drei Sprints hat das eHome-Team folgende Story Map erstellt:

3.4 Story Map

Sprint 1	Sprint 2	Sprint 3
Produkt: Simulation/Demo für Vertrieb und Marketing • »Anklickbare« Prototypen der Bedienoberfläche (PC, Smartphone, Tablet) • Datenbankschema für Geräte und Telegrammpuffer • Noch kein Busadapter	**Produkt:** »eHome-Tools«-Geräte mit an-/aus-Funktion lassen sich bedienen. • Anklicken im PC-Browser löst Schaltfunktion aus. • Busadapter verarbeitet an-/aus-Telegramme (senden) und einfache Quittungstelegramme (empfangen).	**Produkt:** Alle »eHome-Tools«-Geräte lassen sich bedienen. • Bedienoberfläche für PC-Browser mit Visualisierung des Gerätezustands (z.B. an/aus) • Busadapter für alle eHome-Tools-Geräte (senden und empfangen)
Prozess: • Unit-Test-Framework ist installiert und wird verwendet.	**Prozess:** • Unit-Test-Umgebung steht auf CI-Server zentral zur Verfügung. • Systemtestumgebung mit »eHome-Tools«-Geräten	**Prozess:** • Automatisierte Codeanalyse • Messung der Testabdeckung • Automatisierte Systemtestfälle

Fallbeispiel eHome-Controller 3–4: Initiale Story Map des eHome-Teams

Die Story Map ist aber lediglich eine Absichtserklärung. Das Team garantiert nicht, dass alle diese Ziele in den jeweiligen Sprints angegangen und erreicht werden. Sowohl die Ziele als auch deren Zuordnung zu den Sprints können sich ändern, und zwar aufgrund von neuem Kundenfeedback, aber auch aufgrund zunehmender technischer Erfahrung, die das Team bei der Implementierung gewinnt.

Story Map ist nicht verpflichtend.

Wenn der Product Owner die Story Map an seine Kunden kommuniziert, muss er klarmachen, dass damit keine Zusagen verbunden sind, dass bestimmte Funktionsinhalte in bestimmten Releases enthalten sein werden. Natürlich darf dies auch nicht (evtl. am Team vorbei) vertraglich zugesichert werden. Passiert so etwas, dann würden diese Zusagen die agile Arbeitsweise untergraben und das Team ziemlich schnell auf ein klassisch inkrementelles Softwareentwicklungsvorgehen zurückwerfen.

Obwohl der Product Owner seinen Kunden keinerlei Garantien gibt, wann das Produkt welchen Funktionsstand erreicht, hat eine agile Story Map gegenüber einer klassischen Roadmap für beide Seiten Vorteile:

Vorteile gegenüber klassischer Roadmap

- Vertrieb oder Product Owner geben keine Terminzusagen, die das Team nicht einhalten kann. In klassischen Projekten sind solche Zusagen aus Sicht der Entwicklungsmannschaft ja ohnehin oft unrealistisch und nur einseitig »vom Vertrieb« versprochen, ohne Commitment des Teams. Gerät das Projekt in Verzug, muss der Vertrieb zurückrudern und eine neue Roadmap präsentieren. Eine agile Story Map ist der stressfreie Weg und leistet am Ende dasselbe wie eine vermeintlich verbindliche Roadmap.
- Der Kunde erhält ein realistisches Bild, welche Features er in welcher Reihenfolge erwarten kann und welche Features das Team mit

welcher Priorität umsetzt. Da der Kunde erfährt, zu welchen anderen Themen »seine« Lieblingsfeatures in Konkurrenz stehen, kann er fundierter Feedback geben, mit welchen Planvarianten er leben kann und mit welchen nicht.

- Der Kunde erhält die Möglichkeit, aktiv Einfluss auf die Priorisierung zu nehmen. Das Team kann einen Bewertungsprozess aufsetzen, um die Wünsche verschiedener Kunden oder Anwendergruppen zu gewichten und in einem nachvollziehbaren Verfahren in die Priorisierung einfließen zu lassen.
- Der Hersteller hat mehr Spielraum, um widerstreitende Interessen durch Umpriorisieren und durch neues Zuordnen zu früheren oder späteren Sprints auszugleichen. In klassischen Projekten sind diese Möglichkeiten oft eingeschränkt oder blockiert, weil die Roadmap einigen Kunden schon »zugesagt« wurde. Und eine solche Zusage ist natürlich kaum oder nur sehr schwer zurücknehmbar.

3.5 Sprint Backlog

Zu Beginn eines Sprints, im Sprint-Planungsmeeting, »zieht« das Team diejenigen Einträge aus dem Product Backlog in das Sprint Backlog, die im anstehenden Sprint erledigt werden sollen. Dabei identifiziert das Team alle Aufgaben (Tasks), die zu erledigen sind, um die ausgewählten Anforderungen oder Arbeitsergebnisse zu entwickeln und um das Sprint-Ziel (das in der Story Map vereinbart ist) zu erreichen.

Pull-Prinzip

Das Team übernimmt nicht mehr Aufgaben (Tasks) in den Sprint, als es mit der verfügbaren Kapazität innerhalb des Sprints erfahrungsgemäß abarbeiten kann. Das heißt, das Team bestimmt, was es leisten kann (Pull-Prinzip)! Um dies zu gewährleisten, ist es notwendig, den Aufwand jedes Tasks möglichst genau abzuschätzen. Auch dieses Abschätzen vollzieht sich als Teamprozess, im sogenannten »Planning Poker«.

Planning Poker

Jedes Teammitglied schätzt für sich, wie viel Aufwand jeder der vorgesehenen Tasks verursachen wird. Liegen alle Schätzungen vor, wird je Task ein Durchschnittswert[19] gebildet. Werden grob differierende Schätzungen sichtbar, wird geklärt, ob die Aufgabeninhalte evtl. unterschiedlich interpretiert wurden, und die Aufgabe nochmals besprochen. Danach wird ein zweites Mal geschätzt. Auf diese Art erhält das Team erfahrungsgemäß gute Schätzungen.

---

19. Oft wird der »Median« der Schätzwerte herangezogen anstatt des »arithmetischen Mittelwerts«, da dann Schätzwerte, die sehr stark nach oben oder unten ausreißen, weniger ins Gewicht fallen.

Im Gegensatz zum klassischen Projektplan, wo der Projektleiter dem Projektteam vorgibt, was bis wann zu erledigen ist, stellt das Sprint Backlog eine Selbstverpflichtung des Teams gegenüber dem Product Owner dar. Das Team bestätigt, dass es das Sprint-Ziel erreichen wird und die zur Erreichung des Ziels nötigen Aufgaben[20] innerhalb des Sprints erfolgreich erledigen kann und wird. Diese Selbstverpflichtung ist die Gegenleistung für die Möglichkeit, selbst die Aufgaben auswählen und selbst den Aufwand schätzen zu können. Ohne diese beiden »Freiheiten« kann das Team diese »Selbstverpflichtung« nicht leisten!

Am Ende des Sprints soll als Ergebnis ein potenziell nutzbares bzw. auslieferbares Produkt (potentially shippable product) vorliegen. In frühen Sprints muss dazu zumindest ein Prototyp entstehen, der dem Kunden vorführbar ist. In späteren Sprints muss ein Releasestand resultieren, der Verbesserungen enthält und (auch beim Kunden) den vorherigen Stand jederzeit ersetzen kann. Dieser Anspruch, ausliefern zu können, hat einige Konsequenzen – gerade auch für Qualitätssicherung (QS) und Test im Scrum-Projekt:

potentially shippable product

- Die Implementierung der im Sprint zu realisierenden Features muss getestet sein! Alle nötigen Test- und QS-Arbeiten müssen daher immer im Sprint zwingend miteingeplant werden. Es gibt keine »Testphase nach dem Sprint«.
- Das versprochene Feature muss für den Kunden anwendbar sein. Das heißt, alle nötigen Teilfunktionen vom z. B. Treiber bis zur GUI müssen vorhanden sein und ineinandergreifen. Das Produkt entsteht nicht (wie klassisch oft üblich) »schichtweise« (von der niedrigsten zur höchsten Architekturschicht), sondern »säulenartig«.
- Eine Gefahr ist, dass Funktionen zu generisch programmiert werden. Natürlich kann und soll das Team in der Architektur generische Funktionen oder generische Bibliotheksklassen vorsehen, die anderen Klassen gemeinsame Dienste anbieten. Das kann mittelfristig den Implementierungsaufwand erheblich reduzieren. Aber oft werden solche Klassen zu umfangreich angelegt, weil sie alle nur denkbaren künftigen Anwendungsfälle unterstützen sollen. Am Ende eines Projekts zeigt sich dann, dass von all den generisch angelegten Möglichkeiten die Applikation tatsächlich nur 10%, 20% oder 30% wirklich verwendet. Alles andere wird nicht wirklich gebraucht und die dort investierte Arbeitszeit war verschwendet. Und zu den ungenutzten Teilen liegt dann auch keinerlei

---

20. Im Laufe des Sprints können einzelne Aufgaben durchaus umformuliert werden, wenn sich herausstellt, dass das Sprint-Ziel so einfacher erreichbar ist.

belastbares Feedback vor. Deshalb ist es wichtig, darauf zu achten, dass solche Bibliotheksklassen im Sprint nur so weit ausgebaut werden, wie es die anderen Systemteile im gleichen Sprint auch sofort nutzen.

- Es muss eingeplant werden, dass ein Task erst fertig ist, wenn seine »Fertig«-Kriterien erfüllt sind. Das bedeutet, dass »hinter« jedem Task weitere Einzelschritte stehen (wie z. B. »Codereview durchführen«, »Testfälle entwerfen«, »Testfälle automatisieren«, »Anwenderdokumentation aktualisieren«, ...), die früher im klassischen Vorgehen übersehen wurden oder eben in einer späteren Projektphase stattfanden. In der Scrum-Sprint-Planung muss auch an alle diese »begleitenden« Tasks (explizit oder implizit als »Fertig«-Kriterium) gedacht werden! Daher ist der Aufwand für scheinbar dieselbe Aufgabe plötzlich wesentlich höher. Die Netto-Featuremenge, die bearbeitet wird, ist geringer. Aber diese Features sind am Sprint-Ende dann eben auch wirklich »fertig«.

3.6 Team Charta

In klassisch arbeitenden Projekten ist es Stand der Technik, einen Qualitätssicherungsplan nach [IEEE 730] sowie einen Gesamttestplan mit ggf. weiteren Teststufenplänen nach [IEEE 829] zu erstellen und als Arbeitsgrundlage zu verwenden. Sowohl QS-Plan als auch der Testplan können viele Seiten umfassende, schwergewichtige Dokumente sein. Und in der Praxis sind gerade bei QS- und Testplan zwischen der geplanten »Wunschwelt« und der Projektrealität oft sehr gravierende Umsetzungslücken zu beobachten. Auch sind Themen wie »Projektorganisation«, »Verfahren/Konventionen« oder »Zeitplan«, die in den genannten Normen als Gliederungspunkte[21] im QS- bzw. Testplan gefordert werden, im Scrum-Projekt hinfällig. Denn diese Aspekte werden vom Scrum-Framework bereits ausreichend vorgegeben. Andere Themen wie z. B. »Lieferantenmanagement«, »Teststrategie« oder »Testinfrastruktur« sind jedoch – nur weil nach Scrum gearbeitet wird – nicht einfach obsolet.

IEEE 730 und IEEE 829 als Checklisten einsetzen

Sofern keine externen regulatorischen Anforderungen (vgl. Abschnitt 7.3) normkonforme Pläne fordern, kann im Scrum-Projekt auf beide Pläne verzichtet werden. Stattdessen werden [IEEE 730] und [IEEE 829] im Sinne von Checklisten eingesetzt, die der Scrum Master mit dem Team durchgeht (beispielsweise im Rahmen der Retrospektiven), um zu überprüfen, welche Normforderungen für das eigene Pro-

---

21. In Kapitel 7 werden die Inhalte dieser Pläne näher vorgestellt und erläutert.

jekt als relevant erachtet werden und explizit zu regeln sind. Dort, wo Regelungsbedarf bejaht wird, formuliert dann das Team in knapper Form »seine« jeweiligen Spielregeln. Punkte, zu denen kein Regelungsbedarf gesehen wird, werden weggelassen. Das Dokument, in dem das Team seine Spielregeln festhält, ist die sogenannte »Team Charta«. Hier werden auch die QS-/testbezogenen Spielregeln festgehalten (vgl. Kap. 7). Der entscheidende Unterschied zu klassischen QM-Dokumenten ist: Die »Team Charta« enthält keine »von außen« auferlegten Regeln, sondern sie ist (wie auch das Sprint Backlog) eine Selbstverpflichtung des Teams. Da es »freiwillige« Spielregeln sind und die vereinbarten Vorgehensweisen sich natürlich vielfach auf bekannte agile Praktiken stützen, kann die schriftliche Beschreibung kurz und knapp ausfallen. Das eHome-Team hat sich folgende Spielregeln gegeben:

Team Charta
– wie wir Scrum im Projekt eHome-Controller leben –

Sprint
- Dauer: 4 Wochen
- Der Sprint startet mit der Sprint-Planung
- und endet mit der Retrospektive.

Meetings
- Daily Scrum: täglich 11:00, max. 15 min, Product Owner soll teilnehmen
- Sprint-Planung: Mittwoch (Sprint-Anfang) 9:00, höchstens 1 Tag
- Retrospektive: Dienstag (Sprint-Ende) 11:00

Praktiken
- Planning Poker:
  - Abschätzung in Story Points (SP), Mindestpunktzahl: 1 SP pro Task, Höchstpunktzahl: 13 SP pro Task,
  - zu große Tasks aufbrechen,
  - Akzeptanzkriterien klären und protokollieren.

Fallbeispiel eHome-Controller 3–5: Team Charta

3.7 Testplanung und Testmanagement

3.7.1 Klassische Aufgaben

In klassischen, beispielsweise nach V-Modell arbeitenden Projekten hat der Testmanager üblicherweise folgende Verantwortlichkeiten und Aufgaben:

- Den Test organisieren: Benötigte Ressourcen (Personal, Testinfrastruktur inkl. Testwerkzeuge) planen und beschaffen, Testteam(s) aufbauen, Qualifikation sicherstellen.

- Die Teststrategie festlegen: Testziele, Testobjekte, adäquate Testmethoden auswählen, Kriterien für Teststart und Testende festlegen, Aufwand und Kosten schätzen, Risiken und Wirtschaftlichkeit abwägen, Teststrategie auf Basis der Testergebnisse und des Projektverlaufs angemessen anpassen bzw. fortentwickeln.
- Den Test inhaltlich planen: Inhalt, Umfang und Priorität der Testfälle festlegen.
- Die Testarbeiten leiten: Testaufgaben verteilen und mit den Entwicklungsarbeiten koordinieren, den Fortschritt anhand geeigneter Metriken überwachen, Testergebnisse auswerten und kommunizieren.
- Beraten: Die Projektleitung bezüglich Produktqualität und Produktfreigaben beraten und ggf. mitentscheiden.

Der klassische Testmanager ist demnach in zwei Rollen tätig:

- Als »Teilprojektleiter Test« organisiert und leitet er das oder die Testteam(s).
- Als »Experte für Softwaretest« plant und verantwortet er inhaltlich, wie und was getestet wird.

3.7.2 Testmanagement in Scrum

Ein Scrum-Team ist ein sich selbst organisierendes, interdisziplinäres Team. Es gibt keinen Projektleiter, der dem Team sagt, was zu tun ist, sondern Scrum vertraut darauf, dass ein Team sich selbst steuert. Das Team ist gemeinsam für alle Arbeiten zuständig. Programmierung und Testen sind nicht getrennt, sondern werden im selben Team gemeinsam erledigt.

Ein Scrum-Team hat keinen »Teilprojektleiter Test«.

Dementsprechend gibt es in einem Scrum-Team auch keinen »Teilprojektleiter Test«. Die o.g. Testmanagementaufgaben existieren natürlich dennoch und müssen anders verteilt werden.

Die organisatorischen Aufgaben (»Den Test organisieren«) fallen in den Aufgabenbereich des Scrum Master. Wenn Testinfrastruktur oder Testwerkzeuge unzureichend sind oder fehlen oder die softwaretestspezifische Ausbildung von Teammitgliedern verbessert werden muss, dann sind das typische »impediments«, die der Scrum Master abstellen muss.

Die Leitungsaufgaben werden im Rahmen der Sprint-Planungspraktiken abgedeckt. So werden Testaufgaben entweder explizit über eigene Tasks geplant und überwacht oder implizit als Teil der Done-Kriterien anderer Aufgaben. Die Erfassung und Auswertung von Testfortschritt und Testergebnissen erfolgen bei funktionierender Continuous Integration (s. Abschnitt 5.5) hoch automatisiert, sodass manuelle Aufgaben in diesem Bereich minimiert sind. Der »klassische Testmanager« wird hier in der Tat weitgehend überflüssig.

Anders sieht es bei den testfachlichen Aufgabenbereichen »Teststrategie festlegen« und »Test inhaltlich planen« aus. Scrum erwartet theoretisch, dass alle diese mit Testen zusammenhängenden Sachentscheidungen vom Team gemeinsam vorbereitet und getroffen werden. Wie in anderen Fachgebieten, so sind aber auch im Softwaretest ein ausreichendes Know-how und eine gewisse Erfahrung im Fachgebiet eine Voraussetzung für sachgerechte Entscheidungen.

Deshalb sollte mindestens eine Person im Team »hauptamtlich« für Testen zuständig sein und über eine Ausbildung[22] und Erfahrung als professioneller Softwaretester verfügen. Diese Person steuert dann ihre spezielle Expertise bei, um die Softwaretests inhaltlich fachgerecht, risikoorientiert und wirtschaftlich aufzusetzen und über alle Sprints hinweg zu realisieren, und sie berät den Product Owner bezüglich Produktqualität und Produktfreigaben. Es spricht nichts dagegen, diese Person auch im Scrum-Team »Testmanager« zu nennen. Einen guten Beitrag können auch externe Testspezialisten leisten, die zur methodischen Unterstützung angefordert und eingesetzt werden.

Ein Teammitglied mit Testexpertise wird benötigt.

In agilen Projekten, und damit auch in Scrum, spielt das Fehlermanagement eine untergeordnetere Rolle als in klassischen Projekten. Das hat im Wesentlichen drei Gründe: Erstens kann ein Fehler durch die automatisierten Tests in der Regel beliebig reproduziert werden; zweitens arbeiten alle Teammitglieder eng zusammen und stehen in einem ständigen, gegenseitigen Austausch[23], auch über aktuell bekannte Fehler und Codeprobleme. Und drittens werden Fehler im Idealfall sofort nach Entdeckung behoben. Aus diesen Gründen entfällt oftmals die Notwendigkeit, einen Fehler zu dokumentieren. Der Eintrag des Fehlers in das Fehlermanagementsystem brächte keinen Zusatznutzen. Denn der für die Behebung Verantwortliche kennt den Fehler oder kann ihn jederzeit reproduzieren und die Information über den Fehler muss auch nicht aufgehoben werden bis zur viel später erfolgenden Korrektur. Diese ideale Situation besteht zwar oft, aber eben auch in Scrum nicht immer! Deshalb ist es auch in Scrum-Projekten nötig, einen toolgestützten Prozess für das Fehlermanagement[24]

Fehlermanagement

---

22. Der internationale Standard ist hier die Ausbildung und Zertifizierung zum ISTQB® Certified Tester. Weitere Informationen finden sich in Abschnitt 7.7.
23. Ursprung sind auch hier »Primary Practices« aus XP, wie »Sit Together« oder »Pair Programming« (vgl. [Beck/Andres 04]).
24. Anforderungen an den Fehlermanagementprozess und den Inhalt von Fehlermeldungen liefert [IEEE 829].

aufzubauen und zu leben. Ein Eintrag in das Fehlermanagementsystem muss dann erfolgen, wenn einer der folgenden Gründe zutrifft:

- Wenn der Fehler nicht durch einen automatisierten Test aufgedeckt worden ist, sondern durch einen manuellen Test oder in einem sonstigen Kontext, dann dient die Fehlermeldung dazu, den Fehler reproduzieren zu können.
- Wenn der Fehler weiter gehende Analysen oder Entscheidungen erfordert, die weitere Programmierer oder Personen (in oder auch außerhalb des Teams) betreffen, dann wird eine Fehlermeldung benötigt, um die betroffenen Personen zuverlässig zu informieren (bei Integrationstests oder Systemtests ist dies sehr häufig der Fall).
- Wenn der Fehler nicht im selben Sprint behoben werden kann oder soll, dann stellt die Fehlermeldung sicher, dass die Behebung nicht vergessen wird.

3.7.3 Teststufen in Scrum

Auch in einem agilen bzw. mit Scrum gesteuerten Projekt werden Tests auf jeder der aus dem V-Modell (s. Abb. 2–3) bekannten Teststufen benötigt! Diese Teststufen charakterisieren technisch unterschiedliche Tests, die unterschiedliche Ziele verfolgen und bei denen deshalb unterschiedliche Testmethoden und unterschiedliche Testwerkzeuge zum Einsatz kommen und spezialisiertes Test-Know-how benötigt wird.

V-Modell-Prinzipien gelten weiter.

Die Prinzipien, die das V-Modell eingeführt hat, sind auch im agilen Projekt wichtig und gültig:

- Konstruktions- und Testaktivitäten (linke Seite/rechte Seite des »V«) tragen gleichberechtigt zum Produkt bei.
- Tests einer Teststufe prüfen das Produkt auf einer ganz bestimmten Abstraktionsebene.
- Prüfungen können den Charakter einer »Verifizierung« (haben wir das Produkt richtig entwickelt?) oder einer »Validierung« (haben wir das richtige Produkt entwickelt?) besitzen.

Teststufen: parallel statt nacheinander

Allerdings laufen im Scrum-Projekt diese Tests nicht nacheinander in aufeinanderfolgenden Projektphasen ab, sondern parallel innerhalb jedes Sprints. Im Idealfall täglich! Wie dies funktioniert, wird in den folgenden Kapiteln 4, 5 und 6 ausführlich dargestellt.

3.8 Agiles Planen einführen

Wenn ein Scrum-Projekt startet, und erst recht, wenn Scrum erstmalig eingeführt wird, dann muss der Scrum Master sicherstellen, dass zu Beginn des agilen Projekts alle drei oben besprochenen Pläne, Produktvision, Architekturvision und Story Map, vom Product Owner in Zusammenarbeit mit dem Team tatsächlich erarbeitet werden. Dabei geht Prägnanz vor Detailtiefe:

- Eine kurze Liste der Top-10-Features ist hilfreicher als ein umfangreiches Lastenheft.
- Eine grobe Skizze der Systemarchitektur ist hilfreicher als ein ausgefeiltes UML-Diagramm.
- Die Zuordnung der Prio-1-Themen zu den nächsten drei Sprints ist hilfreicher als der Versuch, das gesamte Backlog auf die Serie aller künftigen Sprints abzubilden.

Beim Führen der Backlogs ist immer wieder darauf zu achten, dass alle Aufgaben, die für das Team und das Produkt eine Rolle spielen, in das Backlog aufgenommen werden.

Passiert das nicht, entstehen schnell »Schatten-Backlogs«, also private Arbeitspunktelisten der Teammitglieder. Wenn einzelne Mitarbeiter dem Team nur Teilzeit zuarbeiten bzw. andere Aufgabenbereiche parallel verantworten, dann muss in der Sprint-Planung dieser reduzierten Teamkapazität realistisch Rechnung getragen werden. Wenn beispielsweise ein Teammitglied nebenbei auch Kundensupportaufgaben wahrnimmt, dann kann es nicht mit 100% Kapazität im Sprint eingeplant werden. Das Team sollte nicht darauf spekulieren, dass »in diesem Sprint weniger Support anfallen wird als sonst«.

Schatten-Backlogs verhindern

Und der Scrum Master muss darauf achten, dass testbezogene Aufgaben nicht vergessen oder vernachlässigt werden.

3.9 Checkfragen und Übungen

3.9.1 Self-Assessment

Fragen, anhand derer der Leser nach jedem Kapitel seine eigene Situation bzw. sein Projekt hinsichtlich »wie agil sind wir« beurteilen kann.

1. Sind Produkt- und Architekturvision für mein Projekt/Produkt explizit formuliert? Wie lauten diese?
2. Wer hat diese Dokumente erstellt? Wer pflegt diese?
3. Wie sieht das Product Backlog meines Projekts aus? Wie ist es strukturiert? Wer führt das Product Backlog?

4. Anhand welcher Kriterien werden die Product-Backlog-Einträge priorisiert?
5. Gibt es eine sprintübergreifende Planung? Wird eine Story Map eingesetzt? Wie verbindlich ist diese Planung?
6. Wie sieht das Sprint Backlog meines Projekts aus? Wie ist es strukturiert?
7. Wer führt das Sprint Backlog? Wer darf Einträge verändern? Ist der Sprint geschützt?
8. Wie sieht die »Definition of Done« meines Teams aus?
9. Besitzt mein Team eine »Team Charta«? Wenn nein, wo und durch wen wurden die »Spielregeln« des Teams festgelegt?
10. Wie sieht das »Testmanagement« aus? Gibt es einen Testmanager? Wer erledigt die Aufgaben dieser Rolle?
11. Welche Teststufen unterscheiden/praktizieren wir?

3.9.2 Methoden und Techniken

Fragen, anhand derer der Leser nach jedem Kapitel den Stoff rekapitulieren kann.

1. Wozu dient die Architekturvision?
2. Was ist der Unterschied zwischen Product Backlog und Sprint Backlog?
3. Wozu dient die Story Map?
4. Warum muss in der Sprint-Planung eine genaue Aufwandsschätzung aller für den Sprint vorgesehenen Tasks vorgenommen werden?
5. Was bedeutet die Formulierung »der Sprint ist geschützt«?
6. Wie werden Test- und QS-Arbeiten im Sprint Backlog dargestellt?
7. Wozu dient die »Team Charta«?

3.9.3 Weiterführende Übungen

Fragen, anhand derer der Leser einige Punkte, die im Kapitel evtl. nur angerissen wurden, weiter durchdenken kann.

1. Erläutern Sie, in welchen Aspekten die Architekturvision bzw. die Sollarchitektur des Produkts die Sprint-Planung beeinflusst.
2. Formulieren Sie die im Backlog aus Fallbeispiel 3–3 fehlenden Akzeptanzkriterien.
3. Formulieren Sie Tests, die Sie durchführen würden, um festzustellen, ob eine Produktversion diese Akzeptanzkriterien erfüllt?
4. Auf welcher Ebene im V-Modell ordnen Sie diese Tests ein?

4 Unit Tests und Test First

Kapitel 4 erklärt, was Unit Tests leisten und wie Unit Tests automatisiert werden. Systemtester, Fachtester oder Projektbeteiligte ohne oder mit geringer Programmiererfahrung finden hier Grundlagen über Techniken und Werkzeuge im entwicklungsnahen Test, die ihnen helfen, enger mit Programmierern und Unit-Testern zusammenzuarbeiten. Teammitglieder mit Erfahrung im Unit Test erhalten Hinweise, die ihnen helfen, ihre Unit Tests zu verbessern. Ausgehend von diesen Grundlagen wird »Test First« vorgestellt und die hohe Bedeutung dieser Praktik für agile Projekte erklärt.

4.1 Unit Tests

Der Begriff »Unit Test« wird häufig mit dem Begriff »Entwicklertest« gleichgesetzt und subsumiert dann alle Arten von Tests, die von den Entwicklern einer Software selbst durchgeführt werden. Diese Unterscheidung anhand des verantwortlichen Personenkreises mag in klassischen Projekten (mit getrennten Testteams für Integrations- und Systemtest) teilweise sinnvoll gewesen sein. Im Scrum-Projekt, wo alle Aufgaben vom Team gemeinsam erledigt werden, ist diese Unterscheidung nicht mehr zielführend. Sinnvoller ist es, die Tests nach den unterschiedlichen Testobjekten einzuordnen, die den jeweiligen Tests unterzogen werden.

Mit Unit Tests[25] werden alle dynamischen[26] Tests bezeichnet, die einen einzelnen Softwarebaustein prüfen. Nach [Spillner/Linz 12] ist kennzeichnend, dass der betreffende Softwarebaustein isoliert von

Unit Tests prüfen interne Aspekte eines isolierten Softwarebausteins.

---

25. Das ISTQB Glossary [URL: ISTQB 2.1] verwendet das Synonym »Komponententests« (engl. »Component Tests«). Der Begriff »Unit Test« ist allerdings, insbesondere in der Entwicklergemeinde, nach wie vor der mehrheitlich verwendete Begriff.
26. Ein »dynamischer« Test ist ein Test, bei dem das Testobjekt durch den Test ausgeführt wird. Im Gegensatz dazu gibt es »statische Prüfungen«, die das Testobjekt bzw. dessen Struktur lediglich analysieren, aber das Testobjekt nicht ausführen (vgl. [Spillner/Linz 12]).

anderen Bausteinen des Systems überprüft wird. Die Isolierung hat dabei den Zweck, bausteinexterne Einflüsse auszuschließen. Deckt der Test eine Fehlerwirkung auf, lässt sich diese dann klar dem getesteten Baustein zuordnen und die Suche nach der Fehlerursache wird so erleichtert.

Bei nicht objektorientierter Programmierung können Funktionen, Module oder Skripte als Bausteine bzw. elementare Einheiten auftreten. In der objektorientierten Programmierung[27] sind »Klassen« und deren Methoden die kleinsten Bausteine, die isoliert ausführbar und somit isoliert testbar sind. Da die objektorientierte Programmierung heute der Regelfall ist, wird in diesem Kapitel das Thema Unit Tests am Beispiel des Tests von Klassen erklärt[28].

4.1.1 Klassen und Objekte

Eine Klasse besteht aus einem Satz von Variablen (auch »Attribute« oder »Eigenschaften« genannt) und einem Satz von Methoden (in verschiedenen Programmiersprachen auch »Funktionen« genannt). Die Variablen können abhängig von ihrem Typ mit verschiedenen Werten belegt werden. Die Methoden operieren auf den Variablen und manipulieren deren Werte.

Eine Klasse ist allerdings »nur« ein abstraktes Schema. Bei der Programmausführung werden aus dem abstrakten Klassenschema konkrete (im Speicher des ausführenden Rechners vorhandene) Objekte erzeugt. Diese Objekte sind Instanzen des jeweiligen durch die Klasse definierten Schemas. Ihr Verhalten ist durch die Programmanweisungen, also die Methoden der Klasse, festgelegt. Aus der Belegung aller Variablen eines Objekts zu einem bestimmten Zeitpunkt resultiert der Zustand des betreffenden Objekts zu diesem Zeitpunkt. Ein Objekt kann, verursacht durch wertändernde Zugriffe auf seine Variablen, seinen Status über die Zeit ändern. Verschiedene Objekte, erzeugt aus ein und derselben Klasse, besitzen somit in aller Regel voneinander abweichende Zustände. Anhand der Klasse Device[29] des eHome-Controllers lässt sich das sehr gut veranschaulichen:

---

27. Eine Einführung in das Thema »Test objektorientierter Software« bietet z.B. [Vigenschow 10].
28. Die zu testende »Unit« kann auch eine aus mehreren (elementaren) Bausteinen zusammengesetzte Einheit sein und auch solche zusammengesetzten Einheiten können Unit Tests unterzogen werden. Alle Ausführungen dieses Kapitels gelten daher sinngemäß auch für den Test solcher zusammengesetzten Einheiten.

> **Fallbeispiel eHome-Controller 4–1a: Klasse »Device«**
>
> In der GUI des eHome-Controllers soll der aktuelle Schaltzustand jedes angeschlossenen elektrischen Geräts angezeigt werden (vgl. Product Backlog »Steuern und Messen«, Fallbeispiel 3–3).
> Um das zu erreichen, programmiert das Team eine Klasse Device, wobei jedes Objekt dieser Klasse ein Gerät (z. B. eine bestimmte Lampe im eHome) repräsentieren soll. Dazu besitzt die Klasse die Variable $status, die den aktuellen Schaltzustand des betreffend Geräts darstellen soll. Über die Methoden set_status() und get_status() kann der Schaltstatus verändert bzw. ausgelesen werden:
>
> ```
> class Device {// version 1
>     public $name   ='';
>     public $status ='';
>     public function __construct($my_name) {
>         $this->name  = $my_name;
>     }
>     public function set_status ($new_status) {
>         $this->status = $new_status;
>     }
>     public function get_status () {
>         return $this->status;
>     }
> }
> ```
>
> Die Klasse Device existiert als Programmcode im eHome-System nur einmal, kann aber zur Laufzeit beliebig viele Device-Objekte erzeugen, z. B. ein Objekt »Küchenlicht« oder eine »Steckdose Flur«. Alle diese Objekte verhalten sich gleichartig, wie auch von der Klasse Device vorgesehen. Dennoch kann jedes individuelle Gerät zu einem bestimmten Zeitpunkt einen unterschiedlichen Status besitzen, z. B. das Küchenlicht ist *ein*, die Steckdose im Flur *aus*.

Aus den oben erläuterten grundlegenden Eigenschaften von Klassen und Objekten lässt sich die Aufgabenstellung im Unit Test unmittelbar ableiten: Es muss getestet werden, ob die Klasse korrekt arbeitet, und zwar unter Beachtung der unterschiedlichen Objektzustände, die die Klassenobjekte einnehmen können. Die beiden folgenden Abschnitte erklären die dazu nötigen Testmethoden.

---

29. Die Beispielklasse ist, wie alle Codebeispiele in diesem Buch, in »PHP« geschrieben. Obwohl es vollwertige Methoden sind, werden diese in »PHP« mit dem vorangestellten Schlüsselwort »function« definiert. Bezeichner für Variablen müssen mit einem einleitenden »$« beginnen. Der Operator für den Zugriff auf Objekte, Variablen oder Methoden ist »->«. Eine Einführung in »PHP« bietet z.B. [Gutmans et al. 05]. Weiterführende Konzepte erklärt z.B. [Schlossnagle 06]. Online findet man Informationen unter [URL: PHP]. (Unit-)Testen von PHP-Programmen wird in [Bergmann/Priebsch 10] erklärt.

4.1.2 Test der Methoden einer Klasse

Was ist nötig, um durch Unit Tests zu prüfen, ob eine Klasse »korrekt« arbeitet? Eine naheliegende Antwort lautet »jede Methode der Klasse muss getestet werden«. Im eHome-Beispiel schreibt das Team dazu eine zur Klasse `Device` korrespondierende Testerklasse, die die Testfälle für `Device` enthält, und nennen diese `DeviceTest`:

Fallbeispiel eHome-Controller 4–1b: Testerklasse DeviceTest

```
include 'Device.php';                               // the class to be tested
class DeviceTest {                                  // version 1
    public function test_KitchenLightOn() {
        $device = new Device('kitchen light');              // setup
        $device->set_status('on');                          // test procedure
        if ($device->status == 'on')                        // check
            $myResult = TRUE;
        else $myResult = FALSE;
        unset($device);                                     // teardown
        return $myResult;
    }
}
$myTestSuite = new DeviceTest();
$myTestResult = $myTestSuite->test_KitchenLightOn();
                                                    // execute test case
if ($myTestResult == TRUE)
    echo 'passed';
else echo 'failed';
```

Die Klasse `DeviceTest` im obigen Beispiel enthält mit `test_KitchenLightOn` nur einen einzigen, sehr einfachen Testfall. Dieser macht aber den prinzipiellen Aufbau eines Unit Test schon gut sichtbar:

- Ein Testfall wird nach einem festen Schema aufgebaut:
    - **setup**: Das Testobjekt wird erzeugt bzw. initialisiert, im Beispiel ein Objekt mit Namen `kitchen light`.
    - **test procedure**: Die eigentlichen Testschritte werden ausgeführt. Im Beispiel wird über die Methode `set_status()` der Status des `kitchen light`-Objekts auf on gesetzt und anschließend der resultierende Wert gelesen.
    - **check**: Ein Soll-Ist-Vergleich prüft, ob der Test geglückt oder fehlgeschlagen ist (passed/failed). Da der Testfall im Beispiel prüfen soll, ob die Methode `set_status()` korrekt arbeitet, wird einfach verglichen, ob der Wert der Objektvariablen status derselbe ist, der per `set_status()` vorher gesetzt wurde.

- **teardown:** Durch geeignete »Aufräum«-Schritte wird der Ausgangszustand wiederhergestellt. Zweck ist, dass der Testfall sein Testobjekt und die Testumgebung so hinterlässt, wie er es »vorgefunden« hat. Wird dies diszipliniert gemacht, sind alle Testfälle voneinander unabhängig und können deshalb in beliebiger Reihenfolge ausgeführt werden. Im Beispiel wird das im **setup** erzeugte kitchen light-Objekt wieder gelöscht[30].

Ein Testfall dient zum Test genau einer Methode!

- Wenn in den Abschnitten **test procedure** und **check** des Testfalls folgende Anweisungen ergänzt werden, kann die zweite Klassenmethode get_status() im selben Testfall mit überprüft werden:

```
...
    $device = new Device('kitchen light');                  // setup
    $device->set_status('on');                  // test procedure step 1
    $status_read = $device->get_status();       // test procedure step 2
    if ($status_read == 'on')                               // check
            $myResult = TRUE;
        else    $myResult = FALSE;
    unset($device);                                         // teardown
...
```

- Wenn der Testfall scheitert und failed zurückliefert, sieht der Tester am Ergebnis dann aber nicht, ob set_status() oder get_status() die Ursache für das Fehlverhalten war. Das erschwert die Fehleranalyse. Deshalb ist es guter Stil, jeden Testfall möglichst auf einen einzigen Prüfaspekt zu beschränken.

Wenn test_KitchenLightOn ausgeführt wird, dann werden 6 von 8 Codezeilen der Klasse Device durchlaufen, was 6/8=75% Line Coverage entspricht. In der Version mit eingebautem Test von get_status() (mittels $status_read = $device->get_status()) werden sogar 100% Line Coverage erreicht! Das liegt natürlich daran, dass die Klasse Device derart einfach ist. Aber die Schlussfolgerung, dass das Testobjekt deshalb korrekt ist, wäre ein fataler Irrtum. Die Klasse Device weist erhebliche Mängel auf:

---

30. Im Beispiel ist dieser »teardown«-Abschnitt eigentlich nicht nötig, denn das Aufräumen bzw. Zerstören des (im 'setup') zuvor erzeugten Objekts erledigt PHP beim Verlassen der Methode test_KitchenLightOn() automatisch. In Programmiersprachen (wie z.B. in C oder C++), die keine solche automatische Speicherbereinigung besitzen, muss das Zerstören erzeugter Objekte – wie im Beispiel – von Hand codiert werden.

- Die Variable $status soll laut ihrer Spezifikation den aktuellen Schaltzustand eines Geräts darstellen, und zwar über die Werte on oder off. Das funktioniert auch. Nur leider kann an $status auch jeder beliebige andere Wert zugewiesen werden, z.B. '30%'. Für eine Steckdose macht das aber keinerlei Sinn. Die Klasse Device muss daher sicherstellen, dass $status ausschließlich die beiden Zustandswerte on oder off annehmen kann. Dazu muss in der Methode set_status() eine entsprechende Sicherheitsabfrage ergänzt werden.

- Wenn diese Sicherheitsabfrage eingebaut ist, muss anschließend noch verhindert werden, dass $status direkt (also unter Umgehung von set_status()) manipuliert werden kann. Derzeit sind alle Variablen der Klasse public also von außen zugänglich. Selbst wenn ein verbessertes set_status() garantiert, dass $status nur noch mit on oder off belegt werden kann, so wäre es immer noch möglich, mit $device->status='30%' einen eigentlich unzulässigen Statuswert zuzuweisen. Die Klasse könnte dann Zustände annehmen, die ihre Methoden nicht verarbeiten können oder die der gewollten Funktionsweise der Klasse zuwiderlaufen. Deshalb muss jeder direkte Zugriff auf $status verhindert werden, indem diese Klassenvariable als private deklariert wird.

- Auch die Variable $name ist public und muss als private deklariert werden. Ein weiterer Schwachpunkt bzgl. $name ist, dass $name zwar beim Erzeugen eines Objekts über den Klassenkonstruktor __construct() gesetzt wird, aber später nicht mehr ausgelesen werden kann. Offensichtlich fehlt eine Methode get_name(). Sobald $name als private deklariert ist, stellt sich dann die Frage, ob nun auch eine Methode set_name() benötigt wird. Die Spezifikation sagt dazu nichts aus. Ob set_name() erforderlich ist, hängt davon ab, wie man elektrische Verbraucher modellieren möchte: Geht man davon aus, dass Geräte ihren Platz wechseln können, dann wird man den Namen änderbar machen (kitchen light könnte dann z.B. zu floor light verändert werden); meint man mit kitchen light aber »die Lampe, die am Stromkabel in der Mitte der Küchendecke hängt«, dann ist ein konstanter Name vermutlich »realitätsnäher«.

Keiner dieser Mängel der Beispielklasse Device ist von obigem Unit Test adressiert, geschweige denn aufgedeckt worden. Folgendes lässt sich daraus lernen:

- Eine Codezeilenabdeckung (Line Coverage) kleiner 100% zeigt an, dass Testfälle fehlen. Aber der Umkehrschluss ist unzulässig! Eine Coverage von 100% bedeutet nicht, dass die Testfälle ausreichen.
- Bereits im Unit Test werden anforderungs- oder spezifikationsbasierte Testfälle benötigt. Werden Unit Tests ausschließlich codestrukturbasiert (Whitebox-Tests) entworfen, lässt sich nicht feststellen, ob Anforderungen fehlinterpretiert oder vergessen wurden.
- Um gewisse Codeeigenschaften (z.B. »alle Variablen sind `private`«) zu prüfen, sind statische Codeanalysen oder Codereviews geeignetere Maßnahmen als ein dynamischer Test.
- Die Faustregel »Jede Methode muss getestet werden« ist nicht falsch. Aber nur ein Testfall je Methode ist (außer bei parameterfreien Methoden) viel zu wenig! Selbst zum Test der trivialen Methode `set_status()` sind mindestens 4 Testfälle nötig, und zwar je einer für die Werte `'on'`, `'off'`, `'30%'` und `''`[31]. Das heißt, je Methode müssen über Äquivalenzklassenanalyse und Grenzwertanalyse[32] ausreichend viele Testfälle systematisch ermittelt werden.

Wie in den obigen Ausführungen deutlich wird, hängt im Unit Test die Anzahl der nötigen Testfälle und damit der Testaufwand stark vom Design des Sourcecodes ab. Aufwandstreiber sind hier insbesondere eine hohe Anzahl von Methodenparametern und komplexe, verschachtelte Bedingungsabfragen innerhalb der Methode. Das Team sollte deshalb in seinen Codereviews für jede Methode prüfen, ob diese ggf. so überarbeitet (refaktorisiert) werden können, dass die Zahl der Methodenparameter verringert werden kann und Bedingungsabfragen vereinfacht werden können.

Codedesign und Testaufwand

Nachdem das eHome-Team die oben geschilderten Probleme erkannt hat, wird die Klasse `Device` zu der folgenden zweiten Version verbessert:

---

31. Die beiden gültigen Werte, ein ungültiger Wert und eine Variante mit einem nicht gesetzten Parameter (»leere« Zeichenkette).
32. Eine Beschreibung dieser Testentwurfsverfahren findet sich z.B. in [Spillner/Linz 12].

Fallbeispiel eHome-Controller 4–2a: verbesserte Klasse Device

```
class Device {                                              // version 2
   private $name;
   private $status;
   public function __construct($my_name) {
      $this->name   = $my_name;
      $this->status = 'unknown';
   }
   public function get_name () {
      return $this->name;
   }
   public function set_status ($new_status) {
      if (is_validStatus($new_status)){
         $this->status = $new_status;
         return TRUE;
      }
      else return FALSE;
   }
   public function get_status () {
      return $this->status;
   }
   private function is_validStatus ($status) {
      if ($status=='on' OR $status=='off')
         return TRUE;
      else return FALSE;
   }
}
```

Die public-Methoden der verbesserten Klasse bilden das öffentliche Interface (API) der Klasse Device und müssen durch hinreichend viele Testfälle abgedeckt werden. Der Leser möge zur Übung selbst durchspielen, welche Line Coverage sich ergibt, wenn man obigen Testfall test_KitchenLightOn nun auf diese neue Version 2 der Klasse Device ausführt (vgl. Abschnitt 4.6.2). Auch das eHome-Team diskutiert diese Frage und verbessert die Klasse DeviceTest:

Fallbeispiel eHome-Controller 4–2b: verbesserte Testerklasse DeviceTest

Der zuständige Programmierer ergänzt in DeviceTest einen Testfall für den Statuswert '30%'. Da die Variable $status der Klasse Device jetzt als private deklariert ist, kann ein Testfall die Variable $status nicht mehr direkt abfragen, sondern muss dazu die passende API-Methode des Testobjekts getStatus() verwenden.

Die Klasse DeviceTest (Version 2.1) enthält nun zwei Testfälle, die nach gleichem Schema aufgebaut sind und die sich eigentlich nur im Abschnitt test procedure unterscheiden. Alle anderen Codezeilen wiederholen sich. Zur Verbesserung der Codequalität lagert der Programmierer redundanten Code in eine übergeordnete Klasse TestFrame aus[a]. Zusätzlich ergänzt er die noch fehlenden Testfälle für 'off' und ''. Version 2.2 der Klasse DeviceTest sieht jetzt folgendermaßen aus:

```
include 'Device.php';                    // the class to be tested
include 'TestFrame.php';    // simple home made Unit Test Framework
class DeviceTest extends TestFrame {              // version 2.2
    public function test_KitchenLightOn() {
        $device = new Device('kitchen light');        // setup
        $device->set_status('on');              // test procedure
        $this->assertEquals('on', $device->get_status(),
            'KitchenLightOn');                          // check
        unset($device);                              // teardown
    }
    public function test_KitchenLightOff() {
        $device = new Device('kitchen light');        // setup
        $device->set_status('off');             // test procedure
        $this->assertEquals('off', $device->get_status(),
            'KitchenLightOff');                         // check
        unset($device);                              // teardown
    }
    public function test_setStatusInvalid30() {
        $device = new Device('kitchen light');        // setup
        $device->set_status('30%');             // test procedure
        $this->assertEquals('unknown', $device->get_status(),
            'setStatusInvalid30');                      // check
        unset($device);                              // teardown
    }
    public function test_setStatusInvalidEmpty() {
        $device = new Device('kitchen light');        // setup
        $device->set_status('');                // test procedure
        $this->assertEquals('unknown', $device->get_status(),
            'setStatusInvalidEmpty');                   // check
        unset($device);                              // teardown
    }
}
$myTestSuite  = new DeviceTest();
$myTestSuite->test_KitchenLightOn();        // execute test case 1
$myTestSuite->test_KitchenLightOff();       // execute test case 2
$myTestSuite->test_setStatusInvalid30();    // execute test case 3
$myTestSuite->test_setStatusInvalidEmpty(); // execute test case 4
$myTestSuite->printResult();
```

> Aus dem Ablauf der Tests resultieren 100% Line Coverage. Im anschließenden Review der Testfälle weist ihn sein Testerpartner jedoch darauf hin, dass diese Testfälle das Testobjekt trotzdem nicht adäquat prüfen! Denn gegenüber Version 1 der zu testenden Klasse `Device` wurden drei Codeänderungen vorgenommen:
>
> - Im Konstruktor wird der initiale Status mit dem (hierdurch neu eingeführten) Wert unknown initialisiert.
> - `set_status()` lässt nur noch gültige Statuswerte zu.
> - Die Gültigkeitsprüfung der Statuswerte wird in der neuen Methode `is_validStatus()` erledigt.
>
> Die wesentliche, neue Funktionalität der Klasse `Device` ist in der neuen Methode `is_validStatus()` enthalten, die darüber »entscheidet«, welche Werte »gültige« Statuswerte sind. Ein ausreichender Test von `is_validStatus()` muss überprüfen, ob die Methode gültige Werte als »gültig« erkennt und alle ungültigen Werte abweist.
> Genau das prüfen die Testfälle aber nicht! Sie prüfen lediglich das Verhalten von `set_status()`. Zwar wird `is_validStatus()` dabei indirekt aufgerufen und »mitgetestet«. Aber eben zu oberflächlich. Und so fällt nicht auf, dass der neu eingeführte Statuswert 'unknown' von `is_validStatus()` als ungültiger Statuswert klassifiziert wird. Welches Verhalten hier wirklich gewünscht ist, ist unklar. Aber es spricht einiges dafür, dass `is_validStatus('unknown')` den Wert TRUE zurückliefern sollte.
> In Übung 4.6.2-3. kann der Leser dies selbst durchdenken.

a. Der Sourcecode dieser Klasse `TestFrame` ist, wie der Code der anderen Klassen, auf der Webseite zum Buch [URL: SWT-knowledge] zu finden.

Oben wurde die Faustregel aufgestellt: »Jede Methode muss getestet werden.« Gilt das auch für `private`-Methoden? Die Antwort lautet:

- **Theoretisch »ja«:**
  Denn andernfalls werden die `private`-Methoden nur implizit getestet über Aufrufe aus den `public`-Methoden. Und ob die `private`-Methoden dabei ausreichend geprüft werden, ist sehr unklar, auch dann, wenn alle Testfälle mit passed durchlaufen. Denn eine `private`-Methode könnte ja (fehlerhaften) Code enthalten, der von den aufrufenden `public`-Methoden nicht ausgelöst wird, oder aber auch Code, der nur im Kontext der jetzigen `public`-Methoden korrekt erscheint, in »Wirklichkeit« aber Lücken oder Fehler enthält, die sich erst bemerkbar machen, wenn die Klasse später erweitert wird oder durch neue Klassen anders genutzt wird.
- **Praktisch »nein«:**
  In der Praxis begnügt man sich damit, nur das API einer Klasse (also dessen `public`-Methoden und ggf. `public`-Variablen) zu testen[33]. Man geht dabei allerdings (oft unreflektiert) von zwei Annahmen aus:

a) Die public-Methoden werden so umfassend getestet, dass die indirekt ausgelösten Aufrufe alle private-Methoden ausreichend mittesten.
b) Wenn eine private-Methode verändert wird, werden fehlerhafte Änderungen über das Fehlschlagen mindestens eines Tests der public-Methoden erkannt.

Wenn die Testfälle der public-Methoden »umfassend« sind, ist das zwar immer noch nicht gesichert, aber immerhin mit passabler Wahrscheinlichkeit gegeben. »Umfassend« bedeutet dabei:

- Für jede public-Methode sind Testfälle zu erstellen mittels Äquivalenzklassenanalyse und Grenzwertanalyse über sämtliche Methodenparameter.
- Für jede private-Methode ist (per Review der Testfälle) zu prüfen, ob deren Parameter bzgl. Äquivalenzklassen und Grenzwerten (implizit) ebenfalls hinreichend abgedeckt werden[34]. Ist dies nicht der Fall und findet man keinen zusätzlichen API-Testfall, dann ist dies ein Indiz für einen Designfehler. Eventuell ist eine private-Methode zu generisch angelegt oder sie gehört in eine andere oder eine neue Klasse »verlegt«.

Falls private-Methoden nicht nur indirekt, sondern (zusammen mit den API-Tests) auch explizit getestet werden sollen, dann stellt sich das Problem, dass ein Testfall die privaten Methoden des Testobjekts nicht aufrufen kann[35]. Wie geht man damit um? Man könnte den nötigen Testcode in der zu prüfenden Klasse codieren oder den Testcode während des Testlaufs in das Testobjekt »injizieren«. Damit verändert man aber für Testzwecke den Produktivcode. Die Gefahr ist groß, dass solcher Testcode irgendwann unbeabsichtigt im Produktiveinsatz aktiviert werden könnte und dann eventuell ein sehr unangenehmes Produktverhalten erzeugt. Eingeschleuster Testcode erhöht das Risiko von Fehlfunktionen im Produktivsystem. Testen hat aber das Ziel, Risiko zu mindern.

Test von private-Methoden

Deshalb sollte vermieden werden, dass der Produktivcode mit Testcode instrumentiert wird. Mit »Don't Modify the SUT«[36] und »Keep

Don't Modify the SUT

---

33. [Meszaros 07, S. 40] nennt diese Strategie das »Use the Front Door First«-Prinzip.
34. 100% Line Coverage als Kriterium ist zu schwach. Eine private-Methode p(x) könnte einen Parameter x besitzen, der im Code der Methode z.B. nur für Werte x<100 verarbeitet wird. Der Zweig x>=100 wurde weggelassen oder vergessen. Wenn die API-Tests diesen Parameter nur mit Werten <100 aufrufen, wird das nicht entdeckt. Auch wenn die resultierende Line Coverage 100% ist.
35. Je nach Programmiersprache kann das auf unterschiedlichen Wegen umgangen werden. In C++ kann eine Testerklasse in der Testobjektklasse als friend deklariert werden. In PHP kann mittels der Methode setAccessible des Reflection API eine private-Variable von außerhalb zugänglich gemacht werden.

Test Logic Out of Production Code« widmet [Meszaros 07] dieser Problematik zwei seiner 13 »Principles« für gute Testautomatisierung.

4.1.3 Test der Objektzustände

Im voranstehenden Abschnitt wurde betrachtet, wie man sinnvolle und ausreichend viele Testfälle zum Test der öffentlichen Methoden einer Klasse findet. Die gefundenen Testfälle wurden dann genutzt, um jede Methode einzeln zu testen.

Leider genügt ein solches isoliertes Prüfen jeder einzelnen Methode einer Klasse aber nicht, um ausreichend zu testen, ob eine Klasse insgesamt korrekt funktioniert. Denn wie in Abschnitt 4.1.1 erläutert, definiert eine Klasse nicht nur Methoden, sondern auch einen Satz von Variablen. Jedes aus der Klasse erzeugte Objekt besitzt damit zu jedem Zeitpunkt einen ganz bestimmten Zustand, der durch die aktuelle Belegung aller Variablen des jeweiligen Objekts festgelegt ist.

Die Funktion bzw. Reaktion einer Methode hängt deshalb im Allgemeinfall nicht nur davon ab, mit welchen Parameterwerten die Methode aufgerufen wird, sondern auch davon, welche Wertbelegung andere Objektvariablen gerade besitzen, die methodenintern ausgewertet werden. Das Verhalten eines Objekts und somit auch die Reaktion auf einen Testfall kann daher unterschiedlich ausfallen, je nachdem welche »Historie« das Objekt durchlaufen hat und in welchem Zustand es sich vor Aufruf des Testfalls gerade befindet. Zur Definition und Veranschaulichung des gewünschten Verhaltens werden Zustandsmodelle verwendet.

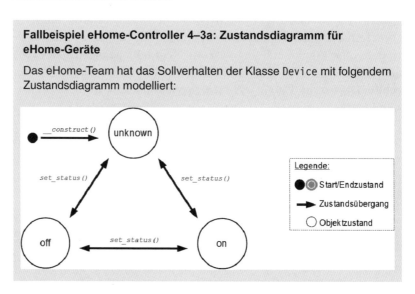

Fallbeispiel eHome-Controller 4–3a: Zustandsdiagramm für eHome-Geräte

Das eHome-Team hat das Sollverhalten der Klasse Device mit folgendem Zustandsdiagramm modelliert:

36. SUT = system under test

> Das Diagramm zeigt die drei möglichen Schaltzustände (im Programmcode realisiert durch die Klassenvariable $status) eines Device.
> Wenn ein Device-Objekt neu erzeugt wird, befindet es sich zunächst im Status unknown. Über die Methode set_status lässt sich der Status umschalten. Die Methode get_status kann in jedem Status aufgerufen werden, nimmt aber keinerlei Veränderung am Status vor. Aus Gründen der Übersichtlichkeit wurde sie im Diagramm daher weggelassen. Ebenfalls nicht dargestellt wird die Klassenvariable $name.
> Aus theoretischer Sicht ergibt sich der Zustandsraum eines Objekts aus der Kombination aller Werte aller Klassenvariablen. Im Beispiel sind das die Werte der beiden Variablen $status und $name. Da aber im Falle des Beispiels zwischen $status und $name keinerlei funktionaler Zusammenhang, also keine Wechselwirkung besteht, »zerfällt« Device in zwei voneinander unabhängige Zustandsräume. Fachlich »interessant« ist (im aktuellen Sprint) nur der Zustandsraum, der durch $status »aufgespannt« wird. Nur diesen hat das Team im Diagramm modelliert.

Ein Objekt (oder allgemeiner ein System), dessen Verhalten von seiner Historie abhängt, also zustandsabhängig ist, muss zustandsbezogen getestet werden. Man spricht dann von »zustandsbezogenem Testen«. Zur vollständigen Definition eines zustandsbezogenen (Unit-)Testfalls gehören folgende Informationen (nach [Spillner/Linz 12, Abschnitt 5.1.3]):

Zustandsbezogenes Testen

1. Der Ausgangszustand des Testobjekts
2. Die Parameterdaten, mit denen die zu prüfende Methode aufgerufen wird
3. Die erwartete Rückgabe bzw. Reaktion (inkl. möglicher Seiteneffekte) der Methode
4. Der erwartete neue Folgezustand des Testobjekts

Das Zustandsmodell zeigt dem Tester, welche Zustände ein Objekt während seiner Lebensdauer prinzipiell annehmen kann. Für jeden dieser Zustände ist zu prüfen, ob das Objekt sich gemäß seiner Spezifikation verhält. Dazu sind nach [Vigenschow 10] für jeden Zustand durch geeignete zustandsbezogene Testfälle folgende Aspekte zu prüfen:

- alle gültigen Methodenaufrufe, die im betreffenden Zustand akzeptiert werden sollen;
- aber auch alle Methodenaufrufe, die im betreffenden Zustand nicht erlaubt sind und deshalb durch die jeweilige Methode abzulehnen sind.

Mit diesem Vorgehen wird gewährleistet, dass jeder Zustand sowohl mit »Positiv«-Testfällen als auch mit »Negativ«-Testfällen abgedeckt wird. Erstere prüfen, ob das Testobjekt gemäß seiner Spezifikation arbeitet. Letztere prüfen, ob das Testobjekt auch bei Verwendung entgegen der Spezifikation sinnvoll und vor allem robust reagiert. Typische Fehler, die dabei aufgedeckt werden können, sind (vgl. [Vigenschow 10, Abschnitt 9.4.1]):

- Fehlender Zustandsübergang: Eine Methode wird abgelehnt, obwohl sie akzeptiert werden sollte.
- Unerlaubter Zustandsübergang: Eine Methode wird akzeptiert, obwohl sie abgewiesen werden sollte.
- Falsche Aktion: Eine Methode berechnet ein falsches Ergebnis.
- Falscher Folgezustand: Eine Methode setzt Variablenwerte falsch, sodass sich das Testobjekt anschließend nicht im spezifizierten Folgezustand befindet.

Fallbeispiel eHome-Controller 4–3b: zustandsbezogenes Testen der Klasse Device

Das eHome-Team reviewt die vorhandenen Testfälle, um zu sehen, inwieweit diese die Klasse Device bereits zustandsbasiert testen, und stellt dabei Folgendes fest:

Die Testfälle für set_status aus Abschnitt 4.1.2 erfüllen die Punkte 1, 2 und 4 der Definition: Über einen 'setup'-Abschnitt wird in jedem set_status-Testfall das Testobjekt in einen bestimmten Zustand versetzt und dann im check-Abschnitt überprüft, ob der durch $status repräsentierte, gewünschte Zielzustand erreicht wird.

Vollkommen vergessen hat das Team Punkt 3: Die Rückgabewerte (TRUE/FALSE) der set_status-Methode werden nicht überprüft. Beim Abgleich der Testfälle mit dem Zustandsdiagramm fällt außerdem auf, dass bisher kein einziger Testfall existiert, der einen Zustandswechsel zwischen on und off auslöst, weder in die eine noch in die andere Richtung. Im Betrieb des Systems ist das aber sicherlich der aus Anwendersicht wichtigste Use Case eines Device-Objekts.

Ebenso wird nicht geprüft, ob der gesamte Zustandsraum abgedeckt wird, und auch nicht, ob Zustände (bzw. Methodenaufrufe) eventuell in einer bestimmten Reihenfolge durchlaufen werden müssen.

4.1.4 Zustandsbezogene Coverage-Kriterien

Wenn jeder Zustand des Zustandsmodells durch Testfälle abgedeckt wird, ist das einfachste Coverage-Kriterium für zustandsbezogenes Testen, die Zustandsabdeckung, zu 100% erfüllt. Wie das Beispiel schön illustriert, bedeutet 100% Zustandsabdeckung allerdings nicht, dass jeder Zustandsübergang bzw. jede Kante ausgelöst wurde. Kantenabdeckung ist ein strengeres Kriterium[37].

Wie verhält es sich, wenn (gemäß der oben beschriebenen Teststrategie) in jedem Zustand alle gültigen und ungültigen Methodenaufrufe ausgeführt werden? Im Beispiel garantiert das, dass auch jede Kante ausgeführt wird. Denn in der Beispielklasse korrespondiert jeder Kantenübergang mit dem Aufruf einer Methode (set_status). Und da alle Klassenvariablen private sind, gibt es auch keinen Zustand, der ohne Methodenaufruf bzw. »an den Methoden vorbei« erreicht werden kann. Im allgemeinen Fall kann man sich als Tester aber weder auf das eine noch auf das andere verlassen: Wenn die Klasse public-Variablen aufweist, muss der direkte Variablenzugriff wie eine weitere Klassenmethode im Testablauf einbezogen werden. Und wenn das Zustandsmodell ein fachliches Zustandsmodell beschreibt (also nur die aus Anwendungssicht fachlich relevante Teilmenge des theoretisch durch alle Variablen aufgespannten Zustandsraums), dann muss zwischen den Aufrufen der Klassenmethoden und den (fachlichen) Zustandsübergängen keine offensichtliche, direkte Beziehung bestehen. In solchen Fällen garantiert obige Teststrategie keine volle Kantenabdeckung.

Zustands- und Kantenabdeckung

Das dritte für zustandsbezogenes Testen relevante Coverage-Kriterium ist die Pfadabdeckung. Hier wird gemessen, welche unterschiedlichen Wege durch das Zustandsmodell die Testfälle »durchschritten« haben. Wenn wie im eHome-Beispiel (fachliche) Zustandsübergänge mit einzelnen Methoden der Klasse assoziiert sind, dann erzeugen entsprechende Methodensequenzen entsprechende Pfade durch das (fachliche) Modell. Da Zustandsmodelle Zyklen aufweisen können, können Pfade beliebige Länge besitzen und somit können (auch bei endlich vielen Kanten) unendlich viele Pfade existieren. Will man eine zu erreichende Pfadabdeckung vorgeben, sollte daher auch eine maximale Pfadlänge angegeben werden.

Pfadabdeckung

> **Fallbeispiel eHome-Controller 4–3c: Pfadabdeckung der Klasse Device**
>
> Im eHome-Beispiel könnte mit 2 Pfaden der Länge 4 eine Pfadabdeckung von 25% (2 von 8 möglichen Pfaden der Länge 4) erreicht werden:
> _construct() → set_status('off') → set_status('on') → set_status('unknown');
> _construct() → set_status('on') → set_status('off') → set_status('on');

---

37. Kantenabdeckung umfasst die Zustandsabdeckung, sofern der Zustandsgraph zusammenhängend ist (also jeder Zustand durch mindestens eine Kante erreichbar ist). Aus Testsicht muss man davon ausgehen, dass in der Implementierung Kantenübergänge vergessen wurden und die erreichte Kantenabdeckung daher mit dem (fachlichen) Zustandsmodell vergleichen.

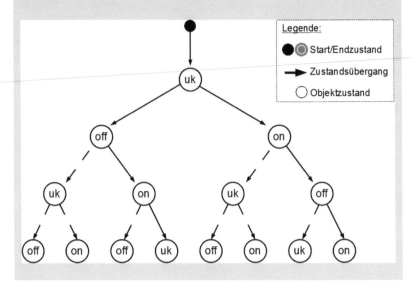

Sofern vorab oder anschließend für jeden möglichen Zustand alle möglichen »Negativ«-Tests (laut Spezifikation unzulässige Methodenaufrufe, die abgewiesen werden müssen) durchgeführt werden, ist es ausreichend, die Sequenzen nur aus »Positiv«-Tests zusammenzusetzen. Das heißt, für die »Negativ«-Tests ist Zustandsabdeckung ausreichend.

Zustandsbaum Um die möglichen Pfade eines Zustandsmodells systematisch zu ermitteln, transformiert man das Zustandsmodell in einen (in obiger Grafik zu sehenden) Zustandsbaum. Die entsprechende Prozedur ist in [Spillner/Linz 12], [Vigenschow 10] u. a. ausführlich beschrieben. Aus dem Zustandsbaum lassen sich dann alle Pfade bis zur gewählten Maximallänge unmittelbar ablesen.

Will man die Anzahl der zu prüfenden Pfade weiter beschränken, dann sollte dies orientiert an den Use Cases und risikobasiert erfolgen. In vielen Fällen spiegeln die Pfade verschiedene Nutzungsszenarien der Klasse wider und lassen sich hinsichtlich ihrer Nutzungshäufigkeit oder Kritikalität ordnen.

4.1.5 Test mittels Methodenpermutation

Im voranstehenden Abschnitt wurden Testfälle anhand eines Zustandsmodells abgeleitet. Das Zustandsmodell zeigte eine anwendungsfachliche Abstraktion des Programmcodes. Im eHome-Beispiel etwa wurde der Zustandsraum der Klasse nur ausschnittweise modelliert. Die Klassenvariable $name wurde als fachlich uninteressant gewertet und nicht weiter beachtet. Die zustandsbezogenen Tests waren in diesem Sinne spezifikationsbasierte Tests.

Wie kann man nun vorgehen, wenn kein Zustandsmodell als Spezifikation vorliegt oder eine Klasse aus anderen Gründen rein codebasiert getestet werden muss? [Bashir/Goel 99] beschreiben eine Methode, die dort »Method-interaction testing« genannt wird und die sich in solchen Fällen anwenden lässt oder zumindest eine gute Heuristik liefert, welche und wie viele Testfälle ausgewählt werden sollten. Diese Methode wird in diesem Abschnitt kurz vorgestellt.

Der Ausgangspunkt ist derselbe wie in Abschnitt 4.1.3 oben: Die zu testende Klasse verfügt über eine Reihe von öffentlichen Methoden und privaten Klassenvariablen. Objekte der Klasse besitzen deshalb einen Zustand und es muss zustandsbasiert getestet werden. Da alle Klassenvariablen privat sind, kann der Objektzustand ausschließlich durch Aufrufsequenzen der öffentlichen Methoden verändert werden.

Für eine Klasse mit z. B. 10 public-Methoden wäre die Anzahl aller möglichen Aufrufsequenzen dieser Methoden (wobei jede Methode nur einmal vorkommt, also keine Variationen der Methodenparameter und keine Mehrfachaufrufe berücksichtigt sind) bereits $S = 10! = 3.628.800$ (s. [Bashir/Goel 99, Abschnitt 6.2]).

Der Aufwand wächst exponentiell mit der Anzahl der Methoden. [Bashir/Goel 99] beschreiben nun ein Verfahren, das die Anzahl der zu verkettenden Methoden drastisch reduziert. Die Klasse wird dazu in sogenannte »Slices« zerlegt. Ein Slice besteht dabei aus je einer einzigen Klassenvariablen und allen Methoden, die auf dieser Variablen operieren (lesend oder schreibend). Eine Methode kann in mehreren Slices vorkommen, eine Variable aber nur in einem einzigen Slice. Statt alle Methoden miteinander zu Sequenzen zu kombinieren, werden nur noch die Methoden aus demselben Slice kombiniert.

Zerlegung einer Klasse in Slices

> **Fallbeispiel eHome-Controller 4–3d: Zerlegung der Klasse Device in Slices**
>
> Für Version 2 der Klasse Device errechnet sich die Anzahl möglicher Aufrufsequenzen bei vollständiger Kombination (ohne Konstruktoraufruf) zu:
>
> $S = 3! = 3*2*1 = 6;$
>
> Die Klasse Device kann in zwei »Ersatzklassen« bzw. Slices zerlegt werden: Sname={get_name()}; Sstatus={set_status(), get_status()}.
>
> Die Anzahl der nötigen Testsequenzen errechnet sich dann zu:
>
> $S = 1! + 2! = 3;$

Hat man die zu testende Klasse entsprechend in Slices zerlegt, dann schlagen [Bashir/Goel 99] für jede Slice folgende Teststrategie[38] vor:

1. Test der Konstruktoren und get-Methoden durch Sequenzen der Form: Konstruktor → Reporter[39]

   Der Reporter liest die entsprechenden Variablenwerte und übergibt diese an die Testerklasse. Die Testerklasse vergleicht diese Istwerte dann mit anzugebenden Sollwerten. So wird geprüft, ob der Konstruktor die Objekte richtig initialisiert.

2. Test der get-Methoden durch zufällig erzeugte Sequenzen der Form: Konstruktor → Transformer, ..., Transformer → Reporter

   Die Transformer manipulieren die Objektvariablen. Der Reporter muss nach jeder Sequenz ein Ergebnis liefern können. Dieses wird verglichen mit dem Inhalt der privaten Klassenvariablen. Dazu muss die Testerklasse als 'friend' deklariert werden. Damit ist es nicht nötig, für jede der unter Umständen einige Hundert oder Tausend Sequenzen manuell einen Sollwert vorzugeben.

3. Test der set-Methoden durch zufällig erzeugte Sequenzen der Form: Konstruktor → Transformer, ..., Transformer

   Die Transformer manipulieren die Objektvariablen und ändern damit den Objektstatus. Nach jedem Zustandsübergang wird geprüft, ob der richtige Folgezustand erreicht ist. Der Tester muss dazu in der Lage sein, zustandslokal passende »Delta-Checks« auszuführen, um zu vermeiden, für jede der unter Umständen einige Hundert oder Tausend Sequenzen manuell einen Sollwert vorzugeben.

Schlägt eine Sequenz fehl, dann ist zunächst unklar, welche Methode innerhalb der Sequenz die Ursache ist. Zur Fehlereingrenzung verkürzt man daher schrittweise die Sequenz so lange, bis der Test wieder mit »passed« durchläuft.

Diese Teststrategie hat natürlich auch Schwächen: Beispielsweise die Notwendigkeit, die Testerklasse als »friend« deklarieren zu müssen. Die größte Einschränkung besteht aber darin, dass das Verfahren nicht angibt, mit welchen Parametern die Transformer aufzurufen sind. Damit die vollautomatische Prüfung funktioniert, sind sehr viele automatisch durch Permutation generierte Aufrufketten nötig. Aber je mehr Ketten generiert werden, umso unmöglicher ist es, manuell die geeigneten Aufrufparameter in den Testcode einzutragen. Außerdem werden keine Varianten über diese Parameterwerte gebildet.

---

38. Hier verkürzt und vereinfacht dargestellt. Details entnehme man [Bashir/Goel 99].
39. [Bashir/Goel 99] nennen get-Methoden »Reporter« und set-Methoden »Transformer«.

Das Interessante an der Methode ist aber (und deshalb wird sie hier vorgestellt), dass sie eine Heuristik aufzeigt, wie rein codebasiert (also auch ohne fachliches Zustandsmodell) für den Klassentest nützliche Aufrufketten gebildet werden können. Und in Fällen, wo man es mit Methoden zu tun hat, die sehr einfache oder gar keine Aufrufparameter erwarten, zeigt sie einen Weg zur Testgenerierung und für einen vollautomatischen Brute-Force-Test auf.

4.2 Test First

Abschnitt 4.1 hat an einigen Beispielen wichtige Grundlagen über Unit Tests vorgestellt. Der Programmcode (im Beispiel die Klasse `Device`) wurde erstellt, dann wurden Testfälle entworfen, unter Nutzung von Informationen aus der Spezifikation des Systems, aber auch unter Nutzung von Wissen über die Struktur des Programmcodes. Anschließend wurden diese Testfälle programmiert und automatisiert ausgeführt. Und zu guter Letzt hatte der zuständige Programmierer die Aufgabe, alle Fehler und Mängel, die die Tests aufgedeckt haben, im Programmcode zu korrigieren. Danach begann der Testzyklus mit dem korrigierten Code erneut. Wird dieses Unit-Test-Vorgehen im Projekt konsequent angewendet, d.h. für jede Code-Unit und bei jeder Codeänderung befolgt, dann ist es ein wirksames Mittel, um Implementierungsfehler, aber auch Spezifikationsmängel frühzeitig aufzudecken und zu beheben.

Mit Test First steht allerdings eine noch wirksamere Vorgehensweise zur Verfügung. Test First stammt (wie viele agile Techniken) aus »XP« und ist eine der grundlegenden agilen Entwicklungspraktiken und dreht die klassische Reihenfolge »erst programmieren – anschließend testen« um 180 Grad um. Test First bedeutet, dass vor einer Codeänderung überlegt wird, welche Testfälle nötig sind, um zu zeigen, dass die geänderte Software das gewünschte neue Verhalten tatsächlich besitzt. Diese Tests werden entworfen und automatisiert. Erst danach werden diese Tests ausgeführt! Da der zu testende neue oder geänderte Programmcode zu diesem Zeitpunkt noch nicht existiert, scheitern diese Tests natürlich. Kurz gefasst lautet das Rezept: Bevor du Code änderst, schreibe einen automatisierten Test, der fehlschlägt[40].

Bevor du Code änderst, schreibe einen automatisierten Test, der fehlschlägt.

---

40. »Write a failing automated test before changing any code« [Beck/Andres 04, S. 50].

Erst nachdem die Testfälle automatisiert vorliegen, beginnt der Programmierer mit der Codierung des Programmcodes. Dann wird der Code mit den zuvor automatisierten Testfällen getestet. Laufen diese Tests ohne Fehler mit 'passed' durch, ist die Programmieraufgabe fertiggestellt. Scheitern Testfälle, verbessert der Programmierer seinen Code so lange, bis alle Testfälle fehlerfrei absolviert werden.

Testgetriebene Entwicklung

Die Tests »treiben« den Entwickler sozusagen an. Man spricht deshalb auch von »testgetriebener Entwicklung« (engl. »test-driven development«, »test-first programming« oder kurz »Test First«, s.a. [Link 02, Abschnitt 1.3]). Wie häufig der Programmierer diesen »write test → run test → change code«-Zyklus anwendet, ist von Team zu Team unterschiedlich oder auch der persönlichen Vorliebe des Programmierers überlassen. Das kann einmal oder mehrmals pro Tag sein, z.B. wenn der Programmierer seinen Code in das Konfigurationsmanagement des Teams einstellt, bis hin zum »kontinuierlichen Unit Test«, wo der Programmierer jede einzelne Codezeile, die er einbaut oder ändert, sofort durch automatisierte Unit Tests überprüft.

Ein Team, das Test First konsequent anwendet, erhöht noch einmal drastisch die Wirksamkeit von Unit Tests als Qualitätssicherungsinstrument! Und zwar aus folgenden Gründen:

- **Testen ersetzt Ausprobieren:**
  Üblicherweise lässt jeder Programmierer den Code, den er gerade schreibt, immer wieder in kürzeren Abständen auf seinem Entwicklungsrechner ablaufen, um »auszuprobieren«, ob der Code tut, was er soll. Verlangt der Code Eingabewerte, dann wird meistens ad hoc überlegt, welche Werte verwendet werden sollen. Im Programmcode wird an geeigneter Stelle ein entsprechend parametrisierter Methodenaufruf eingefügt. Über die zu erwartenden Sollwerte wird (wenn überhaupt) flüchtig nachgedacht. Statt Check-Abfragen einzubauen, die prüfen, ob eine Variable einen zuvor festgelegten Sollwert angenommen hat, wird der Wert der interessierenden Variable meistens per »print«-Befehl oder im Debugger ausgegeben und abgelesen. Wenn das Programm dann unerwartet nicht tut, was es soll, dann wird mit anderen Eingabewerten weiterprobiert und das »Ausprobieren« geht nahtlos ins »Debugging« über. Dieses »Ausprobieren« ist sehr ineffizient! Es ist zum einen zeitaufwendig, weil man immer aufs Neue Testaufrufe und Ergebnisausgabe-Anweisungen in seinen Code einfügen und wieder ändern muss. Zum anderen findet man in der Regel nur die allergröbsten Fehler. Denn diese Vorgehensweise entspricht in etwa dem Test mit einem einzigen »geradeaus«-Testfall. Sonderfälle, verschiedene Kombinationen von Eingabewerten oder Robustheits-

tests mit ungültigen Daten unterbleiben in aller Regel. Wenn der Programmierer sich stattdessen Zeit nimmt und sich eine Liste sinnvoller Testfälle (inkl. Eingabewerte und Sollwerte) überlegt und aufschreibt, dann wird aus planlosem, ineffizientem Ausprobieren schnell wirksames Testen. Bereits das Aufschreiben von Testfällen führt dazu, dass plötzlich Sonderfälle und eine Reihe »interessanter« Eingabekombinationen dem Programmierer bewusst werden. Oft erkennt der Programmierer schon, ohne diese Tests laufen zu lassen, was alles noch in seinem Code fehlt. Um Test First anzuwenden, muss man »lediglich« den Zeitpunkt, ab dem man seine Testfälle aufschreibt, vorverlegen: vom »mache ich irgendwann« über »parallel zum Programmieren« zu »vor der ersten Zeile Sourcecode«.

- **Testfälle liefern objektives Feedback über den Arbeitsfortschritt:**
Sind die nötigen Testfälle, die die Sollfunktion des zu erstellenden Codes prüfen, von Anfang an lauffähig vorhanden, dann zeigt jeder einzelne Testfall, den der Programmierer zum Durchlaufen bringt, objektiv und unbestechlich, dass er ein Stück weitergekommen ist auf dem Weg zum fertigen und funktionierenden Code. Der Programmierer kann die Testfälle von seiner ersten Programmzeile an als objektives »Fertig«-Kriterium nutzen. Die Gefahr, viele Stunden lang »in die falsche Richtung« zu programmieren, wird minimiert und die Testfälle helfen, sich darauf zu konzentrieren, entweder einen neuen zusätzlich notwendigen Testfall zu schreiben oder einen bestimmten Testfall, der noch fehlschlägt, zum Durchlaufen zu bringen[41].

- **Tests ersetzen Prosa-Spezifikationen:**
Ein Testfall prüft, ob das Testobjekt für einen bestimmten Eingabewert den korrekten Sollwert bzw. die korrekte Sollreaktion liefert. Man kann den Testfall aber nicht nur als Prüfanweisung lesen, sondern auch als Definition des Sollverhaltens. Jeder Testfall spezifiziert, welcher Input welchen Sollwert erzeugen muss. Test First bedeutet, dass man vor Beginn der Codierung das Sollverhalten des zu erstellenden Codes in Form von Testfällen spezifiziert. Und indem man diese Testfälle automatisiert, erzeugt man nichts anderes als eine maschinenlesbare, sehr genaue funktionale Spezifikation des zu erstellenden Codes. Spezifikation und Prüfanweisung werden zu ein und demselben Artefakt. Die Arbeitsschritte »Spezifikation erstellen« und »Prüfanweisung schreiben« werden zu

---

[41]. »It's clear what to do next: either write another test or make the broken test work« [Beck/Andres 04, S. 51].

einem Arbeitsschritt. Der Nachteil ist, dass Personen ohne Programmier-Know-how eine solche Spezifikation nur schwer oder gar nicht verstehen können. Das lässt sich entschärfen, wenn erläuternde Kommentare in die Testprogramme aufgenommen werden. Diese Kommentare müssen den Zweck der Testfälle zusammenfassend darstellen und zusätzlich Details je Testfall (z.B. bestimmte Inputdaten und warum diese »interessant« sind) erläutern. Eine weitere Möglichkeit, die Tests nicht nur maschinenlesbar, sondern auch für Menschen lesbar abzufassen, besteht darin, die Testfälle in einer geeigneten fachspezifischen »Kommandosprache« zu notieren. Ein »Kommando« repräsentiert dann jeweils eine bestimmte Teilfunktionalität. Diese Art der Notation eignet sich besonders für Systemtests und wird in Abschnitt 6.4 noch näher behandelt.

- **Test First verbessert die Qualität der öffentlichen Schnittstellen (API):**
Wie in Abschnitt 4.1.2 erläutert, testen Unit Tests das Testobjekt über den Aufruf von dessen public-Methoden. Wenn die Unit Tests geschrieben werden, bevor das Testobjekt existiert, dann bedeutet das, dass der Ersteller des Tests durch Hinschreiben der Testfälle definiert, wie die jeweiligen public-Methoden heißen sollen, welche Parameter sie besitzen sollen und wie sie zu verwenden sind. Testentwurf und Definition des API verschmelzen. In diesem Prozess betrachtet der Testfallersteller das Testobjekt ausschließlich »von außen«, aus Sicht eines künftigen Anwenders des Testobjekts. Die entstehenden Tests und Testsequenzen werden mit hoher Wahrscheinlichkeit diejenigen Methodenaufrufe enthalten, die Anwender des Testobjekts später benötigen. Aber auch nicht mehr! Denn Dinge, die zur Nutzung des Testobjekts nicht nötig sind, werden von den Tests nicht abgefragt werden. So entsteht ein API des Testobjekts, das anwendungsorientiert, schlank und überschaubar ist.

- **Test First verbessert die Testbarkeit:**
Sobald die Testfälle vorliegen, hat der Programmierer die Pflicht, seinen Code so zu schreiben und wenn nötig so lange zu verbessern, bis alle Testfälle fehlerfrei absolviert werden. Das bedeutet natürlich, dass sein Code die von den Tests verlangte Testschnittstelle bereitstellen und bedienen muss. Statt wie früher die Tests an den Programmcode anzupassen, gilt jetzt: Der Programmcode muss so geschrieben werden, dass er durch die vorliegenden Unit Tests testbar ist. Und solange der Code nicht testbar ist, ist er nicht fertig! Wird Test First konsequent eingesetzt (durch jeden Programmierer, für jede Code-Unit, bei jeder Änderung), dann tritt

dieser Effekt auf jeder Granularitätsstufe des Programmcodes ein. Als Ergebnis entsteht Programmcode, der auf jeder Ebene seiner Architektur über passende Testschnittstellen verfügt und auf jeder dieser Ebenen automatisiert testbar ist. Das ist nicht nur ein großer Vorteil für den Test. Das Produkt besitzt dann ein klarer strukturiertes Design und ist leichter zu warten und leichter zu erweitern.

4.2.1 Test First und Scrum

Test First ist eine der 13 Basispraktiken aus XP^{42}. Scrum selbst fordert nicht, dass Test First eingesetzt werden muss. Scrum funktioniert auch mit klassisch gehandhabten Unit Tests, ohne Test First. Ein Scrum-Team, das Test First anwendet, kann aber signifikante zusätzliche Vorteile ernten: zum einen alle im voranstehenden Absatz beschriebenen »technischen« Vorteile von Test First und darüberhinaus eine nochmalige »Beschleunigung« seines Feedbackzyklus.

Denn Test First liefert jedem Programmierer einen zusätzlichen »Mikro-Feedbackzyklus« innerhalb eines einzelnen Programmiertasks. Der Programmierer kann für jede einzelne Codezeile, die er bearbeitet, eine sofortige Rückmeldung erhalten über Erfolg oder Misserfolg jeder Änderung. Die Dauer der Feedbackschleife liegt (wenn gewünscht) im Sekunden- oder Minutenbereich. Nötig dazu ist allerdings eine performante Einbindung der automatisierten Unit Tests in das Continuous Integration des Teams (s. Kap. 5).

Mikro-Feedbackzyklus

Im Nachhinein erstellte »normale« Unit Tests leisten das nur teilweise! Denn »normale« Unit Tests prüfen nur die existierende Funktionalität. Sie können verhindern, dass existierende Funktionalität durch neuen Code oder durch Codeänderungen unbeabsichtigt beschädigt wird. Aber über die Funktion von neuem Sourcecode, der gerade eben erst geschrieben wird, können sie nichts aussagen. Die hierzu nötigen Testfälle fehlen ja noch und werden beim »normalen« Unit-Testen erst erstellt, nachdem der Programmierer seinen neuen Code abgeliefert hat.

Test First stattet den Programmierer demgegenüber auch mit allen nötigen Tests für die neue Funktionalität aus. Die Unit Tests des Teams decken also immer den neu entstehenden Code mit ab.

---

42. [Beck/Andres 04] erklären folgende 13 XP »Primary Practices«: Sit Together, Whole Team, Informative Workspace, Energized Work, Pair Programming, Stories, Weekly Cycle, Quarterly Cycle, Slack, Ten-Minute Build, Continuous Integration, Test-First Programming, Icremental Design.

4.2.2 Test First einführen

Die Idee hinter Test First ist leicht verständlich und der Nutzen, den Test First verspricht, ist überwältigend. Dennoch wird sich Test First nicht »von alleine« im Team durchsetzen. Denn die Anwendung erfordert nachhaltige Disziplin und Übung!

Denkweise umstellen

Es ist alles andere als einfach, Testfälle zu entwerfen und zu schreiben, wenn noch kein Testobjekt vorliegt. Programmierer und Tester müssen dazu ihre gewohnte Herangehensweise und Denkweise umstellen. Test First zwingt zu einem abstrakteren Denken als »herkömmliches« Unit-Testen. Alle Programmierer im Team müssen ihre Fähigkeiten ausbauen, »in APIs zu denken«. Einem Softwaredesigner, der es gewohnt ist, APIs zu entwerfen, wird es eventuell leicht fallen, passende Testfälle vorab zu schreiben. Einem Programmierer, der vielleicht seit Jahren gewohnt ist, nur fertig vorgegebene APIs zu implementieren, wird es schwerer fallen, Testfälle vorab zu schreiben. Aber ob routiniert oder nicht: Es wird immer wieder Situationen geben, wo es nicht auf Anhieb gelingt, einen passenden Testfall zu formulieren. Die Versuchung ist dann groß, doch mit dem Codieren des Programmcodes zu beginnen und vom »Test-First- Pfad« abzuweichen. Dieser Versuchung muss das Team widerstehen.

In der Taskplanung berücksichtigen

Das erfordert, dass Test First von der Taskplanung aktiv unterstützt wird, indem separate Tasks für Testentwurf und Testautomatisierung eingeplant werden und erst danach die Tasks zur Implementierung des Programmcodes. Wenn das Team noch wenig Praxis mit Test First gesammelt hat, ist das die empfehlenswerte Methode. Liegt mehr Erfahrung und Übung vor, dann kann dazu übergegangen werden, die Tests lediglich als »Fertig-Kriterien« der Feature-Tasks aufzuführen. Konsequenter und besser ist es, wenn das Taskboard entsprechend umstrukturiert wird und es die Arbeitsschritte »write test → run test → change code« in dieser neuen Reihenfolge abbildet. Dann wird Test First für das ganze Team sichtbar und täglich im Daily Scrum thematisiert.

Schulung und Coaching

Darüber hinaus muss der Scrum Master die Einführung und Umstellung auf Test First mit flankierenden Maßnahmen unterstützen. Ein wesentliches Element sind hier Schulungen und Coaching über Unit Tests und die in Abschnitt 4.1 behandelten Testtechniken. Test First bedeutet ja nicht nur, dass die Reihenfolge geändert wird, wann Tests zu schreiben sind. Viel öfter bedeutet es, dass Programmierer erstmals verpflichtet werden, für jede neue Funktionalität und für jedes neue Codestück Tests tatsächlich zu entwerfen. Damit werden plötzlich viel höhere Anforderungen gestellt an das Wissen, wie man verschiedene Aspekte sachgerecht und effizient testet. Vorher konnte man »schwierige« Tests vielleicht einfach beiseite schieben oder nachfolgenden Teststufen überlassen. Mit Test First ist man nun gezwungen, einen Testfall abzuliefern. Auf der anderen Seite hat das Team aber überhaupt keinen Nutzen, wenn diese Testfälle inhaltlich und handwerklich dann nicht gut gemacht sind. Im Gegenteil: Schlecht gemachte, lückenhafte Testfälle spiegln dem Team eine falsche Sicherheit vor, die nicht wirklich gegeben ist. Abschnitt 4.1 gibt einige Beispiele, die zeigen, dass es selbst für sehr simple Klassen, nicht trivial ist, angemessene und gute Testfälle zu entwerfen. Die Schlagkraft von automatisierten Unit Tests resultiert aber nicht aus der Menge der Tests. Automatisierte Tests nützen nur dann etwas, wenn die richtigen Testfälle entworfen und automatisiert werden. Und das erfordert solides Know-how über Testtechniken!

Die Einführung fällt leichter, wenn die Arbeitsweise im Team auf Pair Programming umgestellt wird, wobei jedes Paar dann als Tester-Programmierer-Paar arbeitet. Das bedeutet nicht, dass die Rollen fest und dauerhaft verteilt werden. Im Gegenteil: Die Rollen können taskweise oder in einem gewissen Rhythmus (z.B. alle zwei Stunden) getauscht werden. Und auch die Zuordnung der Personen zu Zweierteams kann beliebig wechseln. Welche Spielregeln gelten sollen, muss das Team für sich selbst ausprobieren und festlegen! Der Scrum Master muss diesen Findungsprozess aber anstoßen, beobachten und wenn nötig steuernd eingreifen. Eine weitere wichtige Maßnahme ist die Einführung von Testcode-Reviews, und zwar gerade am Anfang nicht nur innerhalb der Zweierteams, sondern auch in größerer Runde, um den Know-how-Transfer über Unit-Testentwurf und Unit-Testautomatisierung im Team zu fördern.

Pair Programming

==Test First hat massive Auswirkungen auf den Prozess und den Stil, in dem das Team Software entwirft.== Falls im Team Softwaredesigner mitarbeiten, die es gewohnt sind, »elitäre« Designs abzuliefern, und die vielleicht ungern akzeptieren, dass andere Teammitglieder in ihr Design »reinreden«, wird es zu Problemen kommen. Denn mit Einführung von Test First werden auch Designentscheidungen testgetrieben getroffen. Und auch der erfahrenste und beste Softwarearchitekt wird sich gefallen lassen müssen, dass ein Teammitglied, das gerade neue Tests entwirft, sich das Design vielleicht etwas anders und testfreundlicher vorstellt und dann so in die Testfälle codiert. Architekturdiskussionen, z.B. wie das API einer Klasse aufgebaut sein soll oder wie externe Objekte, die die Klasse benötigt, an die Klasse übergeben werden sollen, werden jetzt testgetrieben geführt. Alternativen und Entscheidungen werden viel stärker hinterfragt als vorher. Das Softwaredesign wird im Team entwickelt und nicht mehr wie bisher durch einzelne Designer oder durch willkürliche Entscheidungen einzelner Programmierer vorgegeben. Test First erfordert und beschleunigt somit die Entwicklung des Scrum-Teams hin zum interdisziplinären Team. Nicht jedes Teammitglied ist darüber eventuell gleichermaßen »erfreut«. Falls Mitglieder im Team sind, die diesen neuen Stil dauerhaft nicht akzeptieren, müssen diese Personen ausgetauscht werden.

Test First als Schlüsselkompetenz

Test First ist eine Schlüsselkompetenz für Scrum-Teams. Die Vorgehensweise muss bewusst und mit Nachdruck eingeübt werden. Der Scrum Master steht hier in der Verantwortung, die Einführung aufmerksam und angemessen zu begleiten und zu steuern.

4.2.3 Test First anwenden

Auch das eHome-Team hat beschlossen, nach Test First vorzugehen. Alle Implementierungsaufgaben erhalten ab sofort als »Eingangskriterium« den Verweis auf einen korrespondierenden Testentwurf- und Testautomatisierungs-Task:

> **Fallbeispiel eHome-Controller 4–4a: testgetriebene Entwicklung der Dimmer-Klasse**
>
> Nach dem morgendlichen Daily-Scrum-Meeting holt sich einer der Programmierer eine neue Implementierungsaufgabe vom Whiteboard. Da das Team beschlossen hat, ab sofort Test First und Pair Programming zu praktizieren, sucht er sich einen Tester als heutigen Partner aus. Der Task, den sie nun zusammen lösen müssen, lautet:
>
> »Zu entwickeln ist eine neue Klasse `Dimmer` als von `Device` abgeleitete Klasse. Ein Dimmer ist ein elektronischer Baustein (Aktor), mit dem die Helligkeit von Lampen von 0% bis 100% stufenlos geregelt werden kann. Ein `Dimmer`-Objekt dient dazu, einen solchen `Dimmer`-Aktor innerhalb des eHome-Controllers zu repräsentieren.«
>
> Als »Fertig-Kriterien« werden festgelegt:
>
> - Unit Tests als `class DimmerTest` automatisiert
> - PHPUnit als Testframework
> - `class Dimmer` codiert
> - `DimmerTest` 100% passed mit 100% Line Coverage für `class Dimmer`
>
> Routinemäßig beginnt der Programmierer damit, die ersten Zeilen der neuen `Dimmer`-Klasse in seinen Editor einzutippen. Doch sein Partner unterbricht ihn und erinnert daran, dass zuerst die Klasse `DimmerTest` erstellt werden muss! Gemeinsam erstellen sie daher folgenden Unit-Testcode:

```
include 'Dimmer.php';                       // the class to be tested
include 'TestFrame.php';                    // our simple 'home made'
                                            unit test framework
    class DimmerTest extends TestFrame {    // version 1
    public function test_createDimmer() {
                                            // check initial dim-level is 0%
        $dimmer = new Dimmer('lounge chair light');    // setup
        $dimLevel = $dimmer->get_dimLevel();           // test procedure
        $this->assertEquals($dimLevel,0,'createDimmer');  // check
        unset($dimmer);                                // teardown
    }
}
$myTestSuite = new DimmerTest();
$myTestSuite->test_createDimmer();          // execute test case 1
$myTestSuite->printResult();
```

Dieser erste Testfall `test_createDimmer()` läuft natürlich nicht durch. Beim Versuch, den Testcode laufen zu lassen, »beschwert« sich der Testcode, dass er die Klasse `Dimmer` nicht findet[43]. Da die Klasse ja erst noch programmiert werden muss, ist das zu erwarten. Genau wie von der Test-First-Praktik gefordert, hat das Zweierteam im Beispiel also einen »fehlschlagenden Testfall« erstellt. Der Testcode ist sehr einfach, aber er spezifiziert dennoch schon sehr genau, wie sich die neue `Dimmer`-Klasse verhalten soll:

- Über den Klassenkonstruktor wird (genauso wie in der Klasse `Device`) der Name des `Dimmer`-Objekts gesetzt.
- Es gibt eine API-Methode `get_dimLevel()`, über die abgefragt wird, welche »Helligkeit« eingestellt ist.
- Ein neu erzeugtes `Dimmer`-Objekt besitzt die Helligkeit 0[44].

Der Text der zugehörigen Taskkarte beschreibt die Sollfunktion auf einer viel groberen Ebene. Ohne Test First hätte der Programmierer jetzt hohe Freiheitsgrade und könnte bzw. müsste während des Programmierens entscheiden, wie er die `Dimmer`-Klasse implementiert, d. h., welche API-Methoden die Klasse haben soll und wie sich diese Methoden im Detail verhalten. In einem Scrum-Projekt ohne Test First wären diese Designentscheidungen des Programmierers nirgends explizit dokumentiert. Sie würden sich nur implizit im erstellten Sourcecode manifestieren. In klassisch ablaufenden Projekten, z. B. nach V-Modell, würden diese Entscheidungen in der Spezifikationsphase getroffen und

---

43. Der PHP-Interpreter meldet »PHP Fatal error: Class 'Dimmer' not found«.
44. Im Testcode wird das über die TestFrame-Methode `assertEquals()` geprüft. Die Erklärung dazu folgt im nächsten Kapitel.

Der Testcode ist die Spezifikation.

(wenn diszipliniert gearbeitet wird) in einer »Feinspezifikation« festgehalten werden.

Mit Test First ist die Situation anders: Der Testcode selbst ist die Spezifikation! Mit Test First besitzt das Team daher nicht nur eine Praktik, die sicherstellt, dass Tests entworfen und automatisiert werden. Sondern Test First überbrückt auch die andernfalls vorhandene Abstraktionslücke zwischen grober Feature-Task (die begrifflich eher auf Ebene der Systemarchitektur formuliert ist) und Sourcecode.

Ohne Test First bliebe die Alternative, eine Task »Feinspezifikation erstellen« als Vorbedingung der jeweiligen Feature-Task zu fordern. Test First leistet genau das und liefert aber zusätzlich (in Form der automatisierten Testfälle) eine vom Rechner automatisch ausführbare Feinspezifikation.

Fallbeispiel eHome-Controller 4–4b: testgetriebene Entwicklung der Dimmer-Klasse

Die beiden Partner besprechen miteinander den erstellten Unit-Testcode. Während der Tester vorschlägt, weitere Testfälle zu ergänzen, schlägt der Programmierer vor, die Dimmer-Klasse nun so weit zu implementieren, bis der gerade erstellte erste Testfall durchläuft. Dagegen spricht nichts, und so entsteht folgender Programmcode:

```
include 'Device.php';
class Dimmer extends Device {                               // version 1
private $dimLevel=0;
    public function get_dimLevel() {
    return $this->dimLevel;
    }
}
```

Nach Ausführung der Unit Tests meldet die Testerklasse folgendes Testergebnis:

```
Assertions: 1 / passed: 1 / failed: 0
```

Nach diesem Erfolgserlebnis möchte der Programmierer die Dimmer-Klasse sofort erweitern. Aber der Tester stoppt ihn und erinnert an die vereinbarte Spielregel: »Bevor du Code änderst, schreibe einen automatisierten Test, der fehlschlägt[a]«.

Die beiden befolgen die Spielregel und erweitern statt des Programmcodes erst einmal den Unit-Testcode. Außerdem nutzen sie ab sofort (statt des selbst erstellten TestFrame) das Unit-Test-Framework »PHPUnit« und stellen die Testfälle entsprechend um:

```
include 'Dimmer.php';                             // the class to be tested
class DimmerTest extends PHPUnit_Framework_TestCase {    // version 2
    private $myDimmer;
    public function setUp() {       // setup steps for all test cases
        $this->myDimmer = new Dimmer('lounge chair light');
    }
```

```php
public function tearDown() {
    // teardown steps for all test cases unset($this->myDimmer);
}

public function test_createDimmer() {
                                // check, initial dim-level is 0%
    $dimLevel = $this->myDimmer->get_dimLevel();
    $this->assertEquals(0, $dimLevel);
}
public function test_set_dimLevel_to_default() {
    $this->myDimmer->set_dimLevel();
    $dimLevel = $this->myDimmer->get_dimLevel();
    $this->assertEquals(50, $dimLevel);   // default shall be 50%
}
public function test_set_dimLevel_to_min() {
    $this->myDimmer->set_dimLevel(0);
    $dimLevel = $this->myDimmer->get_dimLevel();
    $this->assertEquals(0, $dimLevel);        // min shall be 0%
}
public function test_set_dimLevel_to_max() {
    $this->myDimmer->set_dimLevel(100);
    $dimLevel = $this->myDimmer->get_dimLevel();
    $this->assertEquals(100, $dimLevel);   // max shall be 100%
}
public function test_set_dimLevel_below_min() {
    $this->myDimmer->set_dimLevel(-1);
    $dimLevel = $this->myDimmer->get_dimLevel();
    $this->assertEquals(0, $dimLevel);        // min shall be 0%
}
public function test_set_dimLevel_above_max() {
    $this->myDimmer->set_dimLevel(101);
    $dimLevel = $this->myDimmer->get_dimLevel();
    $this->assertEquals(100, $dimLevel);   // max shall be 100%
}
}
```

Erneut lassen sie die Unit Tests laufen, jetzt durch Aufruf von PHPUnit. Doch da der Testcode die benötigte API-Methode set_dimLevel()[b] nicht findet, bricht der Testlauf ab. Es fällt allerdings nicht schwer, diese Methode im Dimmer-Code zu ergänzen:

```php
public function set_dimLevel($dimTo=0) {
    if (($dimTo >0) AND ($dimTo <100))
        $this->dimLevel = $dimTo;
}
```

> Anschließend starten sie die Unit Tests erneut:
>
> ```
> > phpunit DimmerTest.v2.php
> PHPUnit 3.7.1 by Sebastian Bergmann.
> Time: 0 seconds, Memory: 1.50Mb
> There were 3 failures:
> 1) DimmerTest::test_set_dimLevel_to_default
> Failed asserting that 0 matches expected 50.
> ...
> 2) DimmerTest::test_set_dimLevel_to_max
> Failed asserting that 0 matches expected 100.
> ...
> 3) DimmerTest::test_set_dimLevel_above_max
> Failed asserting that 0 matches expected 100.
> ...
> Tests: 6, Assertions: 6, Failures: 3.
> ```
>
> Drei Bugs!
>
> Der Programmierer war felsenfest überzeugt, dass er diese triviale Methode auf Anhieb korrekt hingeschrieben hatte. Etwas zerknirscht korrigiert er den Code. Aber insgeheim denkt er sich: »Test First ist gar nicht so schlecht.«

a. »Write a failing automated test before changing any code« [Beck/Andres 04, S. 50].
b. `PHP Fatal error: Call to undefined method Dimmer::set_dimLevel()`

Die nötige Korrektur von set_dimLevel() kann der Leser mit Übung 4.6.3-1. erledigen oder im Beispielcode auf der Webseite zum Buch [URL: SWT-knowledge] nachvollziehen.

4.3 Unit-Test-Frameworks

Einen Unit Test zu automatisieren, ist im Prinzip einfach. In den bisherigen Beispielen wurde gezeigt, wie es funktioniert:

- Für die zu testende Klasse 'Xyz' (Testobjekt) wird eine Testerklasse 'XyzTest' (Testrahmen) erstellt;
- Die zu automatisierenden Testfälle werden als Methoden der Testerklasse 'XyzTest' implementiert. Dabei wird jeder Testfall durch genau eine Methode realisiert.
- Der Name der Testfallmethode wird so gewählt, dass er in knapper Form den Inhalt des Testfalls wiedergibt. Dies trägt zur Lesbarkeit und zur Wartbarkeit der Unit Tests bei.
- Jeder Testfall bzw. jede Testfallmethode wird in die vier Abschnitte: 'setup', 'test procedure', 'check' und 'teardown' gegliedert. Jeder Testfall soll dabei nur einen Aspekt des Testobjekts prüfen, was

bedeutet, dass eine Testmethode nur genau einen 'check' enthalten soll.
- Der 'check' ist ein Soll-Ist-Vergleich. Das heißt, für eine bestimmte Eigenschaft des Testobjekts (gegeben durch den Inhalt einer oder mehrerer Klassenvariablen) wird verglichen, ob der aktuelle Wert dieser Eigenschaft mit dem spezifizierten bzw. gewünschten Sollwert übereinstimmt.
- Wenn Soll- und Istwert übereinstimmen, ist der Testfall durchgelaufen ('passed'). Sind Soll- und Istwert verschieden, dann ist der Testfall fehlgeschlagen ('failed').
- Die Testfälle können einzeln durch Aufruf der entsprechenden Testfallmethode gestartet werden oder gesammelt. Für Letzteres stellt das Testframework eine Methode 'run' bereit, über die sämtliche Testfälle einer Testerklasse (i.d.R. in der Reihenfolge, in der sie in der Klasse notiert sind) gestartet werden können.

Jeder Testfall und jede Testerklasse werden nach demselben Muster programmiert. Da auf diese Weise sehr viele, sehr ähnlich aufgebaute Testprogrammzeilen entstehen, werden immer wieder vorkommende, gleichartige Schritte in eine übergeordnete Framework-Klasse ausgelagert. In den Fallbeispielen bis 4–4a wurde dazu eine sehr einfache Testframework-Klasse TestFrame implementiert, die eine zentrale Check-Funktion asssertEquals zur Verfügung stellt und über diese Funktion auch die Einzelergebnisse aller gelaufenen Testfälle aufsammelt. Zusätzlich bietet sie eine Funktion printResult, die das Testgesamtergebnis ausgibt. Die Testerklassen erben diese Funktionen (vgl. Fallbeispiel 4–4a: DeviceTest extends TestFrame).

Es gibt viele weitere Hilfsfunktionen, um die TestFrame erweitert werden könnte, z.B. eine Funktion zur Protokollierung der Testdaten und Testergebnisse mit Datum und Uhrzeit oder eine Funktion zum Einlesen von Testdaten aus einer Testdatentabelle. Des Weiteren sollte das Framework möglichst automatisch erkennen, welche Testfälle eine Testerklasse enthält, und in der Lage sein, diese »am Stück« auszuführen, ohne dass der Tester für jeden Testfall einen expliziten Aufruf codieren muss. Ebenso ist es nützlich, wenn setUp- und tearDown-Schritte, die allen Testfällen gemeinsam sind, ausgelagert werden können und dann vom Framework automatisch, vor und nach jedem Testfall, ausgelöst werden.

Wer Unit Tests automatisiert, muss solche Hilfsfunktionen allerdings nicht aufwendig selbst programmieren, sondern kann dazu auf fertige Unit-Test-Frameworks zurückgreifen, die alle üblicherweise benötigten Hilfsfunktionen bereitstellen. Diese Unit-Test-Frameworks werden in Open-Source-Projekten entwickelt und gepflegt und stehen

xUnit-Frameworks

im Internet für alle gängigen Programmiersprachen kostenfrei zur Verfügung. Für die Programmiersprache Java ist dies JUnit, für C++ CppUnit und für .Net NUnit. Alle diese Frameworks orientieren sich an einem Framework SUnit, das Kent Beck entworfen und 1998 vorgestellt hat (s. [URL: SUnit]) und sind daher vergleichbar aufgebaut. Allgemein spricht man daher auch von xUnit-Frameworks[45].

Im eHome-Beispiel wird PHPUnit [URL: PHPUnit] eingesetzt und wenn man den Testcode aus Fallbeispiel 4–2 mit dem Testcode aus Fallbeispiel 4–4 vergleicht, wird deutlich, wie und wo sich der Testcode durch Einsatz eines solchen Frameworks vereinfacht.

4.4 Stubs, Mocks und Dummies

Die Klasse Device aus den bisher gezeigten Beispielen besitzt (in ihren bisherigen Versionen) keinerlei Abhängigkeiten zu anderen Bausteinen des eHome-Systems. Sie ist isoliert lauffähig und kann deshalb durch Unit Tests ohne Weiteres isoliert getestet werden. In der Praxis hat man es im Unit Test aber in der Regel mit einem Softwarebaustein (z. B. einer Klasse) zu tun, der Abhängigkeiten zu anderen Bausteinen aufweist und der ohne diese zusätzlichen Bausteine nicht ablauffähig ist.

Um das Testobjekt zu testen, müssten dann alle Bausteine, die das Testobjekt benötigt, in der Testumgebung installiert und im Testlauf mit verwendet werden. Genau das will man im Unit Test aber vermeiden! Denn zum einen sind einige oder alle der notwendigen Bausteine zum Testzeitpunkt eventuell noch gar nicht vorhanden, weil ihre Implementierung erst Gegenstand späterer Sprints ist. Und zum anderen würde das Ziel des Unit Test, nämlich das Testobjekt isoliert zu testen, durch Einbindung der anderen Bausteine aufgeweicht oder aufgegeben.

Die Lösung besteht darin, die benötigten Bausteine (DOC, »Depended-On Component«), von denen das Testobjekt abhängt, für den Test durch Platzhalter (»Test Doubles«) zu ersetzen. Nach [Meszaros 07] unterscheidet man dabei zwischen folgenden Platzhaltertypen:

Abb. 4–1

Platzhaltertypen

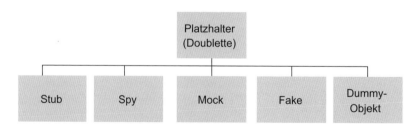

---

45. [Meszaros 07] liefert eine ausführliche Erklärung dieser xUnit-Frameworks.

- **Stub:**
  Ersetzt einen benötigten Baustein (DOC) durch einen Ersatzbaustein mit identischem Interface, der nach festem Muster (ausgewählte) Reaktionen bzw. Berechnungsergebnisse des DOC zurückgibt. Aus Sicht des Testfalls fungiert ein Stub damit wie ein zusätzlicher indirekter Test-Input-Parameter (indirect input).
- **Spy:**
  Ein Stub, der zusätzlich über einen Mechanismus zur Protokollierung verfügt, sodass die Aufrufe und Daten (indirect output), die vom Testobjekt übergeben werden, aufgezeichnet (»ausspioniert«) werden können. Die protokollierten Daten können zur Feststellung des Testergebnisses nötig sein oder zu Diagnose/Debugging-Zwecken herangezogen werden.
- **Mock:**
  Ein »intelligenter« Stub, der die Aufrufe und Daten, die er vom Testobjekt erhält, auswertet, auf Zulässigkeit und Korrektheit prüft und abhängig von dieser Auswertung eine Reaktion bzw. ein Berechnungsergebnis an das Testobjekt zurückgibt. Aus Sicht des Testfalls fungiert ein Mock wie ein zusätzlicher Verifikationsschritt für `indirect output` des Testobjekts.
- **Fake:**
  Ersetzt ein DOC, das im Test benötigt wird, aber ansonsten keinen Einfluss auf das Testergebnis hat, durch eine (stark) vereinfachte Implementierung.
- **Dummy:**
  Ein Pseudoobjekt, ein leeres Objekt, ein Null-Pointer o. Ä., das ein Datenobjekt, das vom Testobjekt oder vom DOC syntaktisch benötigt wird, ersetzt, das aber nicht ausgewertet wird und somit auch kein Teil der Testfalldaten ist.

Bei der Aufwandsplanung muss sich das Team darüber im Klaren sein, dass im Scrum-Projekt die Nutzung von Testplatzhaltern von höherer Bedeutung ist als in klassischen Projekten:

- Aufgrund der inkrementellen Entwicklung ist es eher die Regel als die Ausnahme, dass benötigte Bausteine nicht fertig oder nicht vorhanden sind und fehlen. Um den Unit Test nicht zu blockieren und dennoch »frühzeitiges Feedback« geben zu können, ist es dann unverzichtbar, fehlende Bausteine durch Platzhalter zu ersetzen.
- Als Konsequenz aus Test First werden die automatisierten Unit Tests nach jeder Codeänderung ausgelöst. Unter Umständen geschieht dies zur Prüfung jeder einzelnen geänderten Codezeile und damit eventuell im Abstand weniger Minuten. Die Laufzeit der

Unit Tests muss deshalb so kurz wie möglich sein. Auch dies ist ein Argument für den Rückgriff auf Stubs, Mocks und andere Platzhaltertypen.

Die Programmierung der nötigen Platzhalter ist ein Teil der Testautomatisierung und kann mit signifikantem Aufwand verbunden sein. In der Sprint-Planung ist dies realistisch zu berücksichtigen.

4.5 Testmanagement im Unit Test

Unabhängig davon, ob klassisch oder agil gearbeitet wird: Auf Ebene der Unit Tests wird das Testmanagement oft vernachlässigt. Man glaubt, die Entwickler oder im Scrum-Projekt das Team erledigen die nötigen Unit Tests ohne Vorgaben und Absprachen. Tatsächlich gibt es aber eine Reihe von Punkten, zu denen Absprachen getroffen werden sollten:

- **Unit-Test-Framework:**
  Der Scrum Master oder der Testmanager[46] muss dafür sorgen, dass alle Teammitglieder ihre Tests gleichartig strukturieren. Eine Situation, bei der jeder Programmierer »seine« Unit Tests auf seinem eigenen Entwicklungsrechner verwaltet und das Projektteam weder weiß, welche Unit Tests es gibt, noch wo sich diese befinden, noch welche dieser Tests wann wirklich ausgeführt werden, muss vermieden werden. Zu den notwendigen Vorgaben und Absprachen gehört die Vereinbarung eines zentralen Ablageorts und einer gemeinsamen Ablagestruktur für alle Unit Tests im Entwicklungsnetzwerk des Teams: Um die Produktinstallation bzw. Auslieferung nicht zu erschweren, ist es empfehlenswert, den Testcode vom Programmcode getrennt in einer parallelen Verzeichnisstruktur zu halten[47]. Regeln sollte es auch geben für die einheitliche Benennung der Testerklassen und der Testfälle und nicht zuletzt Regeln für die innere Struktur eines Testfalls (vgl. Abschnitt 4.1.2). Der Testmanager sollte auch darauf drängen, dass das Team ein fertiges xUnit-Framework einsetzt und nutzt. Nur in begründeten Ausnahmefällen ist es nötig und sinnvoll, dass sich das Team ein eigenes proprietäres Framework baut. Zeit und Aufwand sind statt in ein eigenes Framework besser in den Entwurf und die Automatisierung der Testfälle zu investieren.

---

46. Abschnitt 3.7.2 erklärt diese Rolle im Scrum-Team.
47. Im Fallbeispiel sind aus didaktischen Gründen Programmcode und Testcode in gemeinsamen Verzeichnissen abgelegt, weil es hier darum geht, Programmcode und Testcode in ihrem Zusammenspiel zu sehen.

- **Coverage-Messung:**
Der Scrum Master oder Testmanager muss dafür sorgen, dass die Test-Coverage zuverlässig gemessen und ihre Entwicklung über die Sprints hinweg regelmäßig ausgewertet wird. Dazu ist ein geeignetes Werkzeug zur Coverage-Messung in die CI-Umgebung zu integrieren (s. Kap. 5). Dieses sollte mindestens die Abdeckung der Klassen, die Abdeckung der Methoden je Klasse und die Anweisungsabdeckung innerhalb der Methoden messen und darstellen können. Die Messung macht natürlich nur Sinn, wenn parallel passende Limits für die zu erreichende Test-Coverage verabredet sind. Auch im Scrum-Projekt ist es weder möglich noch wirtschaftlich, alle Teile des Programmcodes gleich intensiv zu testen. Die Coverage-Limits können daher je Teilsystem oder je Unit unterschiedlich scharf formuliert werden. Für welche Units welche Coverage-Limits zu erfüllen sind, muss sich dann an einer Risikobewertung der Units orientieren.

- **Statische Codeanalyse:**
Die dynamischen Unit Tests sollten um statische Tests, also geeignete Codeanalysen, ergänzt werden. Hier gibt es je nach verwendeter Programmiersprache unterschiedlich leistungsfähige Werkzeuge und das für das Team geeignetste ist auszuwählen, passend zu parametrieren und in die CI-Umgebung zu integrieren (vgl. Kap. 5). Das Ziel sollte sein, dass sämtliche Codierungsrichtlinien, die das Team einhalten will, durch das Codeanalysetool automatisch überprüft werden. Alle angedachten oder aus Gewohnheit üblichen Codierungsrichtlinien, die nicht automatisch prüfbar sind, sollten verworfen werden.

- **Programmcodereviews:**
Der Scrum Master oder Testmanager muss dafür sorgen, dass regelmäßig Reviews[48] des Programmcodes stattfinden. In Programmcodereviews sollte u.a. hinterfragt werden, inwieweit die aktuelle Klassenhierarchie der geplanten Systemarchitektur entspricht, ob die APIs der Klassen angemessen sind und ob durch Restrukturierung von Codeteilen Qualitätsverbesserungen (insbesondere bezüglich Wartbarkeit) erzielt werden könnten. Eine Fülle von nützlichen Rezepten und Hinweisen, wann solche Restrukturierungen angezeigt und sinnvoll sind, liefern die Clean Code Patterns aus [Martin 08][49].

---

48. »Review« wird hier im Sinne des Oberbegriffs für Inspektion, Walkthrough, Pair-Review und andere Review-Varianten verwendet. Welche Variante jeweils angezeigt ist, muss sich an einer Risikobewertung der betreffenden Unit orientieren.

- **Testcodereviews:**
  Auch Reviews des Testcodes müssen regelmäßig stattfinden. Im Vordergrund steht hier die inhaltliche Beurteilung der Tests. Zum einen stellt sich für jeden vorhandenen Testfall die Frage: »Was soll dieser Testfall testen und leistet er das wirklich?« Hier ist zu hinterfragen, ob die passenden Testentwurfstechniken eingesetzt werden (beispielsweise Äquivalenzklassenmethode, Grenzwertanalyse, zustandsbasiertes Testen). Zeigen sich hier Defizite, sollten Trainingsmaßnahmen eingeleitet werden. Zum anderen wird die Frage gestellt: »Welche Testfälle fehlen noch?« Dies ist anhand der Spezifikation des jeweiligen Features oder der jeweiligen Klasse zu beantworten.

Die Team Charta dokumentiert die Spielregeln.

Vorgaben und Absprachen zu den oben aufgelisteten Punkten sollte jedes Scrum-Team besitzen. Ist das noch nicht der Fall, dann muss der Scrum Master die Initiative ergreifen und die nötigen ersten Absprachen herbeiführen und ein Teammitglied als »Testmanager« einsetzen. Die getroffenen Absprachen dokumentiert das Team in seiner Team Charta (vgl. Abschnitt 3.6). Wie bei allen Festlegungen in Scrum gilt auch hier, dass man von Sprint zu Sprint dazulernt und die selbst gesetzten Regeln modifizieren und ausbauen darf. Auch das eHome-Team geht so vor:

> **Fallbeispiel eHome-Controller 4–5: Erweiterung der Team Charta**
>
> In der Retrospektive nach dem ersten Sprint bespricht das eHome-Team auch den Status seiner Unit Tests. Das Team kommt zu dem Schluss, dass es hier schon recht gut aufgestellt ist. Damit das so bleibt, ergänzt der Scrum Master nach Abstimmung mit dem Team in der Team Charta folgende Richtlinien für Unit Tests:
>
> > **Team Charta**
> > – wie wir Scrum im Projekt eHome-Controller leben –
> > …
> > **Praktiken**
> > - …
> > - Unit Test:
> >   – Test First: Bevor du Code änderst, schreibe einen automatisierten Test, der fehlschlägt.
> >   – Jede Klasse hat eine Testerklasse.
> >   – Zu jeder `public`-Methode existiert mindestens ein Testfall.
> >   – Jede Testerklasse wird durch eine zweite Person reviewt.

---

49. Darunter Rezepte für die Benennung von Bezeichnern und Variablen, für die Benennung und Strukturierung von Klassenmethoden und Klassen, für die Kommentierung und Formatierung des Quellcodes bis zu Hinweisen für die Benennung und Strukturierung der automatisierten Tests.

> Außerdem wird das Teammitglied, das bereits über die größte Erfahrung in Sachen Test verfügt, zum Testmanager gewählt. Es wird ab sofort alle Aufgaben rund um das Testmanagement als primär Verantwortlicher erledigen und so vor allem den Scrum Master (der dem Team ja nur als Teilzeitkraft zur Verfügung steht) deutlich entlasten.

4.5.1 Unit-Test-Planung

Im Unit Test liegt der inhaltliche Schwerpunkt auf den Aspekten »Funktionalität« der Unit und »Robustheit« der Unit gegen Fehlverwendung (z. B. Aufruf mit unzulässigen Parametern). Auf diesen beiden Aspekten muss der Fokus der Unit Tests liegen und der Testmanager des Scrum-Teams hat dies sicherzustellen. Dazu geeignete Testentwurfsmethoden wurden zu Beginn dieses Kapitels vorgestellt.

Im Unit Test soll das betreffende Testobjekt isoliert getestet werden und die Unit-Test-Suite soll mit maximaler Geschwindigkeit ablaufen können. Um beide Ziele zu erreichen, ist der Einsatz von Platzhaltern (s. Abschnitt 4.4) erforderlich. Die Programmierung dieser Platzhalter ist ein Teil der Testautomatisierung und kann mit signifikantem Aufwand verbunden sein. In der Sprint-Planung ist dies realistisch zu berücksichtigen. Der Testmanager des Scrum-Teams muss darauf achten, dass die Erstellung von Platzhaltern tatsächlich erledigt wird. Unterbleibt dies (unbedacht oder um vermeintlich Zeit zu sparen), dann kann der Unit Test blockiert werden, bis alle vom Testobjekt benötigten Bausteine ebenfalls fertiggestellt sind. Und zusätzlich wird die Laufzeit der Unit Tests verlangsamt.

Programmierung von Platzhaltern einplanen

Wenn (nach einigen Sprints) zu beiden Aspekten automatisierte Tests in ausreichender Zahl und Qualität vorhanden sind, dann bietet es sich ergänzend an, die Unit-Test-Suite auch um nicht funktionale Tests zu ergänzen, beispielsweise um automatisierte Unit Tests, die Performance-Eigenschaften auf Klassenebene testen. Natürlich können solche nicht funktionalen Unit Tests keinesfalls bestimmte nicht funktionale Eigenschaften im Produkt gewährleisten. Dazu werden zwingend entsprechende nicht funktionale Tests auf Systemebene benötigt! Aber sie können vorhandene Schwachstellen sehr frühzeitig anzeigen. Daher ist es nützlich, nicht funktionale Eigenschaften, die die jeweilige Unit aufgrund ihrer Aufgabe oder ihrer Stellung innerhalb der Systemarchitektur maßgeblich beeinflusst, schon auf Unit-Test-Ebene abzuprüfen. Hier existiert in vielen Projekten ein hohes Potenzial, um noch früher Feedback z. B. über Performance-Eigenschaften zu erhalten, die üblicherweise erst spät im Projekt durch nachgeschaltete Systemtests ermittelt werden.

Nicht funktionale Unit Tests ergänzen

4.6 Checkfragen und Übungen

4.6.1 Self-Assessment

Fragen, anhand derer der Leser nach jedem Kapitel seine eigene Situation bzw. sein Projekt hinsichtlich »wie agil sind wir« beurteilen kann.

1. Besitzt mein Team automatisierte Unit Tests? Wie viele? Für welche Klassen?
2. Verwaltet jeder Programmierer seine Tests für sich oder sind alle Unit Tests an zentraler Stelle abgelegt? Wird ein Unit-Test-Framework eingesetzt?
3. In welcher Testumgebung werden die Tests ausgeführt? Auf dem Rechner des jeweiligen Programmierers oder auf einem CI-Server? Ist diese Testumgebung definiert und zuverlässig reproduzierbar?
4. Wann werden diese Unit Tests ausgeführt? Nach Wahl des Programmierers? Im Rahmen von Build-Läufen? Beim Check-in von Code ins Konfigurationsmanagement? Automatisch durch die Continuous-Integration-Umgebung (vgl. Abschnitt 5.5)?
5. Welche Coverage-Kriterien werden verfolgt? Coverage von Klassen (z.B. zu jeder Klasse muss eine Testerklasse existieren)? Coverage von Methoden (z.B. mindestens ein Testfall je `public`-Methode)? Line Coverage? Zweigabdeckung? Pfadabdeckung? Zustandsbezogene Coverage?
6. Welche Coverage-Werte sind als Ziel vorgegeben? Wie oft werden diese Werte gemessen? Welche Coverage-Werte werden (jeweils) erreicht?
7. Welche Werte sind jetzt/heute erreicht? Wo kann das Team diese Werte ablesen? Wo finde ich diese Werte, wenn ich sie jetzt wissen will?
8. Gibt es Reviews der Testfälle? Regelmäßig? Mit welchen Erkenntnissen? Welche Maßnahmen sind eingeleitet, um die Testabdeckung und/oder die Qualität der Unit Tests weiter zu erhöhen?
9. Welche Testentwurfstechniken werden (nachvollziehbar) angewendet? Äquivalenzklassenanalyse? Grenzwertanalyse? Zustandsbasiertes Testen? Ist das Team in diesen Techniken geschult?
10. Wann werden die Tests entworfen? Bevor codiert wird (Test First)? Nachdem die zu testende Unit als Programmcode ausführbar vorliegt? Am Sprint-Ende?
11. Wer wertet die Testprotokolle bzw. Testergebnisse aus und prüft, ob ein Feature »fertig« ist?
12. Nach welchen »Spielregeln« wird entschieden, welche Fehler, die in Unit Tests auftreten, über das Fehlermanagement verfolgt wer-

den und welche nicht? Wie wird sichergestellt, dass alle in den Unit Tests aufgedeckten Fehler korrigiert werden?
13. Welche Qualitätssicherungsmaßnahmen außer Unit Tests werden vom Team eingesetzt? Automatische Codeanalysen? Codereviews?
14. Sind die Qualitätssicherungs- und Testmaßnahmen und ihre Ergebnisse Thema im Daily Scrum und in den Retrospektiven? Was ist die aktuelle Erkenntnis? Welche konkreten Verbesserungsmaßnahmen sind vereinbart? An welchen wird im aktuellen Sprint gearbeitet?

4.6.2 Methoden und Techniken

Fragen, anhand derer der Leser nach jedem Kapitel den Stoff rekapitulieren kann.

1. Aus welchen Abschnitten sollte jeder (Unit-)Testfall bestehen? Erläutern Sie die Aufgabe jedes dieser Abschnitte.
2. Welche Line Coverage ergibt sich durch Ablauf des Testfalls `test_KitchenLightOn` auf Version 2 der Klasse `Device` im Fallbeispiel 4–2a?
3. Ergänzen Sie einen Testfall `test_setStatusUnknown`, der prüft, ob der Statuswert `unknown` durch `is_validStatus()` als *gültiger* Statuswert klassifiziert wird. Warum ist im Vergleich zu den anderen Testfällen der Testerklasse ein zusätzlicher Testschritt nötig?
4. Frage zum Zustandsdiagramm in Fallbeispiel 4–3a: Wenn die Unit Tests der Klasse 100% Line Coverage auf Codeebene erreichen, werden alle Klassenmethoden mindestens einmal aufgerufen. Darf daraus geschlossen werden, dass die Tests im Zustandsmodell auch 100% Kantenabdeckung erreichen? Begründung?
5. Begründen Sie, warum der Einsatz von Test First zu besseren APIs und verbesserter Testbarkeit führt.
6. Welche Probleme können bei der Einführung von Test First auftreten und wie kann der Scrum Master dem begegnen?

4.6.3 Weiterführende Übungen

Fragen, anhand derer der Leser einige Punkte, die im Kapitel evtl. nur angerissen wurden, weiter durchdenken kann.

1. Korrigieren Sie die Methode `set_dimLevel()` der Klasse `Dimmer`, sodass die Testfälle in Fallbeispiel 4–4b erfolgreich durchlaufen.

2. Zerlegen Sie unter Anwendung der Methode von [Bashir/Goel 99] die Dimmer-Klasse in »Slices«. Welche Slices erhalten Sie? Welche Testfallsequenzen sollten demnach für Dimmer ausgeführt werden?
3. dim('0%') soll bedeuten, dass das gesteuerte Gerät in den Zustand 'off' wechselt. Formulieren Sie einen Testfall, der dieses Verhalten spezifiziert.
4. Ein dim-Befehl soll im Zustand unknown oder im Zustand off keine Wirkung haben. Formulieren Sie Testfälle, die dieses Verhalten spezifizieren.
5. Aufgrund dieser zusätzlichen Anforderungen wird der Code der Klasse Dimmer ergänzt zu einer neuen Version v3. Ändern sich dadurch die o.g. Slices? Wenn ja, welche Auswirkung hat das auf die erforderlichen Testfallsequenzen?
6. Das eHome-System soll Geräte auch zeitgesteuert ein- und ausschalten können. Dies soll mithilfe einer neuen Klasse Timer realisiert werden. Da das Team Test First anwendet, benötigt es zuerst die passenden Unit-Testfälle für diese neue Klasse. Helfen Sie dem Team und schreiben Sie Unit-Testfälle, die folgendes Verhalten eines einfachen Timer spezifizieren:

    Mit set_interval() kann die Zeit in Sekunden bis zum Ablauf des Timers eingestellt werden. start() startet den Timer; stop() stoppt ihn. is_finished()[50] gibt TRUE zurück, wenn der Timer abgelaufen ist, ansonsten FALSE.

    Welche Lücken in der Spezifikation fallen Ihnen auf?

---

50. Dass ein sinnvoller »Timer« bei Ablauf einen Interrupt auslöst bzw. einen Interrupt-Handler startet, lassen wir hier der Einfachheit halber außer Acht.

5 Integrationstests und Continuous Integration

In diesem Kapitel wird erklärt, wie sich Integrationstests von Unit Tests unterscheiden, wie das Team Integrationstestfälle entwirft und diese zusammen mit den Unit Tests in einer Continuous-Integration-Umgebung vollautomatisiert und kontinuierlich durchführt.

5.1 Integrationstests

Ein Softwaresystem besteht aus vielen Einzelbausteinen. Damit es in Betrieb gehen kann, muss nicht nur jeder Einzelne dieser Bausteine korrekt und zuverlässig funktionieren, sondern alle Bausteine müssen in der vorgesehenen Weise korrekt miteinander zusammenarbeiten. Dies zu prüfen ist die Aufgabe von Integrationstests.

Integrationstests haben das Ziel, Fehlerzustände im Zusammenspiel und damit »in den Schnittstellen« der beteiligten Bausteine aufzufinden. Um einen Integrationstest durchzuführen, werden jeweils zwei Bausteine miteinander verbunden (integriert) und dann durch geeignete Integrationstestfälle »angesteuert«. Abbildung 5–1 zeigt dies schematisch am Beispiel zweier Klassen.

Integrationstests prüfen das Zusammenspiel von Bausteinen.

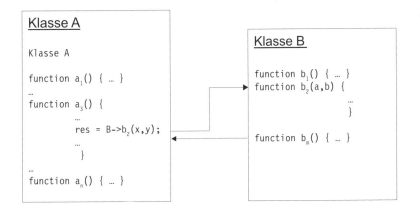

Abb. 5–1
Integrationstest am Beispiel zweier Klassen

Die Schnittstelle (Interface) von Klasse A besteht aus den Methoden a1,...,an und das Interface von Klasse B aus den Methoden b1,...,bm. Beide Klassen haben ihre vorangegangenen Unit Tests erfolgreich »bestanden«. Die Integrationstestfälle müssen jetzt zusätzlich noch prüfen, ob A und B korrekt zusammenarbeiten. Diese Wechselwirkung erfolgt (im o.g. Beispiel) über die Methode b2, die B bereitstellt und die A innerhalb seiner Methode a3 aufruft[51]. Zu prüfen ist im Beispiel also, ob b2 richtig aufgerufen wird und ob b2 dann die gewünschten Ergebnisse an A zurückliefert.

5.1.1 Typische Integrationsfehler und Ursachen

Obwohl A und B jeder für sich korrekt funktionieren, kann im Zusammenspiel beider Bausteine eine Reihe von Fehlerwirkungen auftreten. Die erste Gruppe sind **Schnittstellenfehler**:

- A ruft eine falsche Methode von B auf:
  Angenommen, A ist eine Klasse innerhalb der Bedienoberfläche des eHome-Controllers und B die Klasse, die Geräte repräsentiert. Um das Küchenlicht auszuschalten, müsste A beispielsweise die Methode switch('Kueche', 'Licht', 'off') in B aufrufen; im Programmtext von A ist aber fälschlicherweise dim('Kueche', 'Licht', '50') codiert.
- A ruft die richtige Methode von B auf, aber mit anderen Parameterwerten, als es für das korrekte Verhalten nötig ist:
  Beispiel: A soll das Küchenlicht anschalten. Aufgerufen wird aber switch('Wohnzimmer', 'Licht'). Der erste Parameter ist semantisch falsch. Der dritte Parameter fehlt.
- Die beiden Bausteine codieren die übergebenen Daten unterschiedlich.
  So bedeutet in A der Aufruf dim('Kueche', 'Licht', '50'), dass das Licht auf 50% Helligkeit gedimmt werden soll. Die Helligkeit wird als Wert zwischen 0 und 100 codiert. Die dim()-Methode in B erwartet den Helligkeitswert aber als Gleitkommazahl zwischen 0 und 1 codiert, hier also als Wert 0.5.
- A ruft die gewünschte Methode von B korrekt auf, aber zum falschen Zeitpunkt oder in der falschen Reihenfolge (vgl. Abschnitt 4.1.3).
  Zum Beispiel könnte es sein, dass zu dem Zeitpunkt, wo A auf B zugreift, das benötigte B-Objekt noch nicht existiert. Der Zugriff

---

51. A benötigt B (genauer ein Objekt der Klasse B), um lauffähig zu sein. Oder anders ausgedrückt: A hängt von B ab.

auf das nicht existierende B-Objekt verursacht im A-Objekt dann einen Laufzeitfehler. Existiert das B-Objekt, dann kann es passieren, dass eine Variable von B (zu dem Zeitpunkt, wo A auf B zugreift) noch nicht oder falsch initialisiert ist. Hier kommt es dann zu einem Laufzeitfehler in B oder das Ergebnis, das B berechnet und an A zurückgibt, ist (wegen des falschen Werts der Variablen in B) falsch. Wenn A mit diesem falschen Ergebnis weiterarbeitet, können dann weitere Folgefehler in A auftreten.

Falls die Bausteine asynchron kommunizieren[52], dann können zusätzlich zu obigen Schnittstellenfehlern folgende weitere Fehlertypen auftreten:

- **Timingfehler:**
  - A sendet seine Daten zu einem Zeitpunkt, an dem B nicht empfangsbereit ist.
  - B sendet das Ergebnis zu früh oder zu spät an A zurück, sodass A das Ergebnis nicht empfängt oder nicht verarbeitet.
  - A erkennt das Ausbleiben der Ergebnisnachricht (timeout) nicht oder reagiert darauf nicht angemessen (etwa durch Wiederholung seiner Nachricht).

- **Durchsatz-/Kapazitätsfehler:**
  - A sendet mehr Daten, als B in einer bestimmten Zeiteinheit abarbeiten kann. Als Folge gehen Daten verloren oder Datenbereiche in B »laufen über«.
  - B sendet mehr Daten an A zurück, als A verarbeiten kann.

- **Performance-Fehler:**
  - A sendet schneller oder öfter, als B reagieren kann. Als Gegenmaßnahme wartet A auf B oder wiederholt die Datensendung. Infolgedessen sinkt die Verarbeitungsgeschwindigkeit der integrierten Bausteine unter eine gewünschte Mindest-Performance.

Falls die Bausteine außerdem auf verschiedenen Hardwaresystemen verteilt ablaufen, können zusätzlich auch **Übertragungsfehler** auftreten:

---

52. Die beteiligten Kommunikationspartner senden und empfangen die jeweiligen Daten, ohne dabei (wie bei synchroner Kommunikation) aufeinander zu warten. Stattdessen werden die Daten asynchron in/aus einem gemeinsamen Datenpuffer geschrieben/gelesen.

- Der Übertragungsweg (z. B. die Netzwerkverbindung) ist gestört oder ausgefallen. Als Folge werden Daten verfälscht oder verstümmelt oder gar nicht übertragen.

Fehlerquellen Wenn die zwei betroffenen Bausteine von verschiedenen Programmierern oder unterschiedlichen Teams entwickelt werden, ist die Gefahr, dass es zu solchen Integrationsfehlern kommt, besonders groß. Die Ursache sind dann meistens Missverständnisse oder unterschiedliche Interpretationen der Spezifikation oder einfach mangelnde Absprache zwischen den zuständigen Entwicklern.

Eine weitere Fehlerquelle sind Codeänderungen bzw. Softwareupdates: Einer der Bausteine wird geändert, aber dabei wird vergessen, den zweiten (abhängigen oder benötigten) Baustein passend mit zu ändern. Bei compilerbasierten und statisch typisierten Programmiersprachen können derartige syntaktische Schnittstellenfehler vom Compiler erkannt werden. In vielen interpreterbasierten Sprachen wie z. B. in PHP wird ein solcher Fehler (abhängig vom eingestellten Warning-Level) erst zur Laufzeit sichtbar.

> **Fallbeispiel eHome Controller 5–1: Integrationsfehler durch unvollständiges Refactoring**
>
> In der Klasse `Device` wurde die Methode `set_status()` um einen Aufruf `write()` erweitert, der bei einem zulässigen Statuswechsel das betreffende Schalttelegramm in den Datenbankpuffer schreibt. Der Programmierer der Datenbankschnittstellen-Klasse hat diese Methode aber in `writeMsg()` umbenannt und vergessen, den Aufruf dieser Methode in der `Device`-Klasse ebenfalls umzubenennen. Da der zuständige Programmierer die Warnmeldungen seines PHP-Interpreters abgeschaltet hat, bleibt der Fehler zunächst unentdeckt. Erst im nächtlichen Integrationstestlauf kommt es beim Aufruf von `write()` dann zu einem Laufzeitfehler.

Die Gefahr, sich Integrationsfehler durch Codeänderungen bzw. Updates einzuhandeln, ist in agilen Projekten besonders hoch. Denn die kontinuierliche Änderung und Verbesserung des Codes ist hier nicht die Ausnahme, sondern die Regel. Deshalb müssen, auch wenn nur ein Baustein geändert wurde, nicht nur dessen Unit Tests wiederholt werden, sondern auch alle Integrationstests für alle Integrationseinheiten, die mit dem geänderten Baustein in Wechselwirkung stehen.

5.1.2 Integrationstestfälle entwerfen

Integrationstestfälle haben die Aufgabe, Fehler der oben dargestellten Typen aufzudecken. Wenn zwei Bausteine A und B integriert werden und A den Baustein B verwendet, dann werden dazu Testfälle für A benötigt, die alle relevanten Nutzungen von B auslösen. Der entsprechende Testaufbau sieht dabei wie folgt aus:

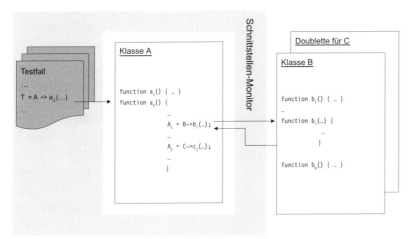

Abb. 5–2
Testaufbau und Testschnittstellen im Integrationstest

Ein Verfahren, um die benötigten Integrationstestfälle systematisch herzuleiten, besteht aus den folgenden Schritten:

Integrationstestfälle systematisch herleiten

1. Wechselwirkung analysieren: Feststellen und auflisten, welche Methoden oder Dienste von B durch A genutzt werden. Feststellen (z.B. anhand des Architekturdiagramms), ob weitere Wechselwirkungen mit weiteren Bausteinen existieren, und vorsehen, dass diese Bausteine in der Testumgebung durch Platzhalter ersetzt werden.
2. Äquivalenzklassenanalyse: Für jede dieser Methoden bzw. jeden Dienst analysieren, welche Parametersätze bzw. Nachrichten jeweils übertragen werden, und mittels Äquivalenzklassenanalyse jeweils ermitteln, welche verhaltensrelevanten Parametersatz- bzw. Nachrichtenvarianten es gibt.
3. Testfallinput ermitteln: Im API von A diejenigen API-Aufrufe oder Aufrufsequenzen ermitteln, die nötig sind, um im Aufruf von B diejenigen Parametersätze bzw. Nachrichten auszulösen, die dafür sorgen, dass alle in Schritt 2 ermittelten Äquivalenzklassen abgedeckt werden.
4. Soll-Ist-Vergleich definieren: Je Testfallinput die zugehörige Sollreaktion von B und A bestimmen und festlegen, »wo und wie« die

Istreaktion beobachtet und ausgewertet wird. Infrage kommen dabei das API von A und/oder B, der 'indirect output' von A und/oder B oder der (dann mitzuschneidende) Datenverkehr über die Übertragungsschnittstelle selbst.

5. Robustheit bei asynchroner Kommunikation: Für Aufrufe von B, die asynchron erfolgen, sind zusätzlich Testfälle zu entwerfen, die auf Timing-, Durchsatz-, Kapazitäts- und Performance-Fehler abstellen. Bei Bausteinen, die auf verschiedenen Rechnern bzw. Hardware verteilt sind, sind darüber hinaus Testfälle zu ergänzen, die das Verhalten bei Datenübertragungsfehlern prüfen.

Schritt 5 ist nur notwendig, falls die Bausteine parallel ablaufen und asynchron gekoppelt sind. Ist dies der Fall, dann stehen hier Tests auf Robustheit im Vordergrund. Das heißt, die Testfälle »provozieren« einen Fehlerzustand (z.B. ein Timeout) und es wird geprüft bzw. beobachtet, ob und wie das integrierte System diesen Fehlerzustand »abfängt« und fehlertolerant reagiert.

Das Verfahren ist auch anwendbar, wenn einer oder beide Bausteine zusammengesetzte Bausteine sind. Das heißt, nach diesem Verfahren können grundsätzlich auch Integrationstestfälle für den Test der Integration von komplexeren Komponenten oder Subsystemen oder für den Systemintegrationstest entworfen werden (vgl. Abschnitt 5.3).

> **Fallbeispiel eHome-Controller 5–2: robustes Reagieren bei Verbindungsunterbrechung**
>
> Ein `Device`-Objekt im eHome-Controller darf seinen Schaltstatus erst »umschalten« (z.B. von »on« nach »off«), nachdem das angesprochene physikalische Gerät (oder dessen Simulation) den Schaltvorgang ausgeführt hat und zur Bestätigung ein Quittungssignal zurückgesendet hat. Trifft die Quittung innerhalb der vorgegebenen Timeout-Zeitschranke ein, muss das `Device`-Objekt seinen Zustand entsprechend umschalten. Bleibt diese Quittung aus, so soll das betreffende `Device`-Objekt den Schaltvorgang einmal wiederholen.
>
> Aufgrund der Architektur des eHome-Systems (vgl. Fallbeispiel 3–2 auf S. 31) gibt es drei verschiedene Punkte, an denen die Verbindung zwischen eHome-Controller und physikalischem Endgerät unterbrochen oder gestört sein kann:
>
> a) eHome-Controller ↔ Telegrammpuffer (Datenbank)
> b) Telegrammpuffer (Datenbank) ↔ Busadapter
> c) Busadapter ↔ Bussystem
>
> Im Integrationstest soll das korrekte Reagieren des eHome-Controllers geprüft werden, ohne dass das System (wie im Systemtest) an einen »echten«, physikalisch vorhandenen Bus angeschlossen ist.

Für den Test von Situation a) wird folgende »Simulation« gewählt:
Nach dem Versenden der Schaltnachricht schließt der Testfall die Datenbankverbindung. Die Datenbank ist damit nicht mehr erreichbar. Das ursprüngliche Schalttelegram darf allerdings in dieser Situation *nicht* wiederholt werden (da es ja aus der DB bereits weiterübertragen sein könnte). Stattdessen muss nach Wiederherstellung der DB-Verbindung ein »Recovery«-Lauf ausgeführt werden, bei dem das System den Status aller physikalischen Geräte neu anfordert und in die DB einliest. Diese Funktionalität ist allerdings erst für einen späteren Sprint vorgesehen.

Für den Test von Situation b) wird im Test-Setup der Telegramm-Empfangspuffer in der Datenbank gelöscht, sodass mit Sicherheit keine Quittungstelegramme ausgelesen werden können. Die Timeout-Zeitschranke wird auf einen minimalen Wert eingestellt, damit der Integrationstest nicht durch Wartezeiten verlangsamt wird. Um zu prüfen, dass das `Device`-Objekt seine Schaltnachricht wiederholt hat, prüft der Test, ob in der Datenbank nun zwei identische Schaltnachrichten zu finden sind.

Um Situation c) zu prüfen, wird der Busadapter durch einen »Stub« ersetzt, der parametrierbar ist und für jedes Schaltkommando nach Ablauf der parametrierten Wartezeit ein Quittungssignal sendet oder kein Quittungssignal sendet.

5.1.3 Abgrenzung zu Unit Tests

Aus programmiertechnischer Sicht sind Integrationstests den Unit Tests sehr ähnlich. Bei beiden Testarten wird das Testobjekt über sein API angesteuert und in den meisten Projekten wird zur Testautomatisierung dasselbe Unit-Test-Framework eingesetzt (das eHome-Team beispielsweise implementiert beide Arten von Tests mit dem PHP-Unit-Testframework). Aufgrund dieser technischen Ähnlichkeiten wird zwischen Unit- und Integrationstestfällen oft nicht ausreichend differenziert. Aus Testsicht adressieren beide Testarten aber unterschiedliche Eigenschaften der zu testenden Software:

- **Unit-Testfälle** werden entworfen und ausgeführt, um zu prüfen, ob ein einzelner Softwarebaustein (z.B. eine Klasse und ihre Methoden) wie gewünscht arbeitet. Der Test zielt auf die Aspekte »interne Funktionalität« der Unit und »Robustheit« der Unit gegen Fehlverwendung (z.B. Aufruf mit falschen Parameterwerten). Die Testfälle müssen die Methoden und deren Parameter möglichst umfassend abdecken. Der Baustein wird zum Test isoliert, d.h., benötigte andere Bausteine sind durch Platzhalter ersetzt. Wenn ein Fehler aufgedeckt wird, so ist dadurch klar, dass dessen Ursache »innerhalb« des getesteten Bausteins liegt.

- **Integrationstestfälle** werden entworfen und ausgeführt, um zu prüfen, ob zwei Softwarebausteine (z.B. zwei Klassen) wie gewünscht zusammenarbeiten. Der Test untersucht und prüft den Datenaustausch zwischen den Bausteinen. Die Testfälle müssen die »Datenpakete« bzw. Nachrichten, die ausgetauscht werden können, möglichst umfassend (d.h. in möglichst vielen relevanten Varianten) abdecken. Die Bausteine werden zum Test miteinander verbunden. Wenn ein Fehler aufgedeckt wird, so kann dessen Ursache in einem der beiden Bausteine liegen oder (bei verteilten Bausteinen) auch im Übertragungsweg.

- **Testabdeckung:** Wenn im oben gezeigten Testaufbau auf Baustein A die Unit Tests für A ausgeführt werden, dann ist es natürlich nicht ausgeschlossen, dass dadurch implizit auch Wechselwirkungen zwischen A und B ausgelöst werden, die einigen Integrationstests entsprechen. Aber dies ist dann dem Zufall geschuldet! Auch wenn zusätzlich die Unit Tests für B ausgeführt werden, verbessert das in der Regel nicht die für den Integrationstest ausschlaggebende Testabdeckung. Andersherum gilt: Wenn man die Integrationstestfälle als Unit-Testfälle verwendet, also die Integrationstestfälle für A und B zum Unit Test von A einsetzt, dann wird diese Testsuite mit hoher Wahrscheinlichkeit für wechselwirkungsbehaftete Methoden von A redundante Testfälle enthalten, aber bei wechselwirkungsfreien Methoden Lücken aufweisen.

- **Testwerkzeuge:** Ergänzend zu den Unit-Test-Frameworks, die im Unit Test und im Integrationstest eingesetzt werden, kommen speziell im Integrationstest noch sogenannte Monitore zum Einsatz. Monitore sind Diagnoseinstrumente, die den Datenverkehr, der über die zu testenden Schnittstellen, Busse und Netzwerkverbindungen läuft, mitlesen und in für Menschen lesbare Formate decodieren können. Für Standardprotokolle (z.B. TCP/IP-Netzwerkprotokoll) sind solche Monitorwerkzeuge am Markt erhältlich oder liegen dem Betriebssystem bei (beispielsweise »tcpdump« unter Linux). Zur Beobachtung projektspezifischer Schnittstellen und Protokolle wird das Team in der Regel individuelle Monitore entwickeln oder einen Standardmonitor entsprechend erweitern.

Wenn Softwarebausteine integriert werden, dann genügt es zum Test des Zusammenspiels der betreffenden Bausteine also nicht, nur die Unit Tests dieser Bausteine zu wiederholen. Denn aus dem Zusammenspiel der Bausteine ergeben sich neue Prüfaspekte, die durch zusätzliche Integrationstests abzudecken sind. Trotz der hohen technischen Ähnlichkeit beider Testarten muss daher zwischen Unit Tests und Integrationstests differenziert werden und beide Testsuiten müssen unter

Nutzung der in Kapitel 4 und 5 dargestellten spezifischen Testentwurfsverfahren individuell zusammengestellt werden.

5.2 Einfluss der Systemarchitektur

In Kapitel 4 wurden einige grobe Faustregeln angegeben, wie viele Unit Tests für eine Klasse mindestens vorzusehen sind. Lassen sich vergleichbare Faustregeln angeben, die helfen, in ähnlicher Weise auch den Integrationstestaufwand abzuschätzen?

Intuitiv einsichtig ist, dass die Zahl der notwendigen Integrationstestfälle umso höher ist, je größer und komplexer ein System ist. Die Systemgröße kann vereinfachend durch die Anzahl der miteinander zu integrierenden Bausteine ausgedrückt werden, wie auch die Komplexität des Systems durch die Anzahl der Abhängigkeiten zwischen diesen Bausteinen. Das Teilsystem aus Abbildung 5–1 besteht aus zwei Klassen, wobei Klasse A von Klasse B abhängt. Es hätte demnach die Größe 2 und eine Komplexität von 1.

Da ein Baustein Abhängigkeiten zu mehreren anderen Systemteilen aufweisen kann, kann die Anzahl dieser Querbeziehungen, in Relation zur Anzahl der Bausteine, überproportional oder sogar exponentiell anwachsen. Wie sich dieses Wachstum genau verhält, hängt von der konkreten Architektur des Systems ab. Abbildung 5–3 veranschaulicht das.

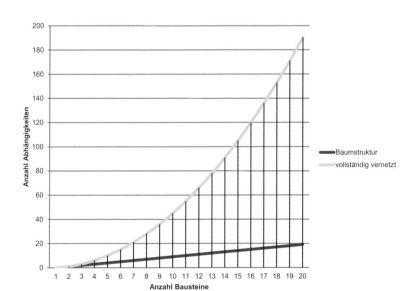

Abb. 5–3

Abhängigkeiten zwischen Systembausteinen in Relation zur Anzahl der Bausteine

Abbildung 5–3 zeigt das Wachstum der Abhängigkeiten (k) mit steigender Anzahl der gekoppelten Bausteine. Sind die Bausteine in einer Baumstruktur verbunden, ergibt sich ein lineares Wachstum (k=(n-1)). Bei netzartiger Verknüpfung ergibt sich ein quadratisches Wachstum (k=n(n-1)/2).

Bei der Zählung der Abhängigkeiten muss jede Richtung, in der eine Abhängigkeit besteht, getrennt gezählt werden. Kommunizieren also zwei Bausteine A und B bilateral miteinander, dann gibt es zwei Abhängigkeiten zu testen: von A nach B und von B nach A. Eine weiterführende Diskussion über Schnittstellen, Abhängigkeiten und Auswirkungen für den Integrationstest findet sich in [Winter et al. 12].

> **Fallbeispiel eHome-Controller 5–3: Abhängigkeit zwischen Controller-Baustein und Busgerät**
>
> Im PC-Browser wird per Button »Licht Küche an« die Nachricht `schalten( 'Kueche', 'Licht', 'an')` ausgelöst und an den Bus gesendet. Der elektronische Schalter, der das Küchenlicht elektrisch schaltet, muss diese Nachricht ausführen und mit Antwortnachricht »Licht ist an« quittieren.
>
> Ein dazugehöriger Integrationstest muss zwei Prüfungen beinhalten:
>
> - `schalten( 'Kueche', 'Licht', 'an')` versenden und am Schaltaktor prüfen, ob der Schaltbefehl ausgeführt wird und
>
> - im Browser prüfen, ob (innerhalb eines testumgebungsabhängigen Timeout-Intervalls) die Quittungsnachricht zurückkommt.
>
> In diesem Beispiel sind zwei Prüfschritte nötig, weil zwischen Browser und Schalter eben zwei Abhängigkeiten bestehen und nicht nur eine.

5.2.1 Abhängigkeiten und Schnittstellen

Schwieriger, als die Größe eines Systems abzuschätzen (z.B. durch Zählen aller vorhandenen Klassen), ist es, die Anzahl aller im System enthaltenen gegenseitigen Abhängigkeiten zu ermitteln. Abhängigkeiten zwischen Bausteinen liegen oftmals nicht explizit, sondern implizit bzw. indirekt vor:

- Eine explizite Abhängigkeit ist gegeben, wenn wie in Abbildung 5–1 ein Baustein A einen Baustein B über dessen API-Schnittstelle aufruft. Die Tatsache, dass A den Baustein B benötigt, ist im Programmcode unmittelbar ablesbar. Explizite Abhängigkeiten lassen sich daher durch den Compiler bzw. durch entsprechende statische Codeanalyse (also ohne die Bausteine auszuführen) identifizieren.

- Eine implizite bzw. indirekte Abhängigkeit kann vorliegen, wenn Bausteine eine gemeinsame Ressource teilen. Dies ist beispielsweise der Fall, wenn zwei oder mehrere Bausteine auf dieselbe globale Variable zugreifen oder eine Datei im Filesystem gemeinsam nutzen oder auf eine Datenbank bzw. Datenbanktabelle gemeinsam zugreifen.

Die indirekte Abhängigkeit entsteht dann, wenn wenigstens einer der beteiligten Bausteine auf die gemeinsame Ressource schreibend zugreift und den Inhalt des Datenobjekts verändert und der zweite oder weitere Bausteine dieses Datenobjekt lesen und abhängig von dessen Inhalt reagieren. Obwohl die Bausteine sich gegenseitig nicht explizit aufrufen, sind die lesenden Bausteine über das gemeinsame Datenobjekt dennoch indirekt vom Daten schreibenden Baustein beeinflusst. Und wenn zwei der Bausteine beide lesend und schreibend auf das Datenobjekt zugreifen, ergibt sich eine bilaterale Wechselwirkung zwischen beiden. Im Programmtext der Bausteine erkennt man jedoch nur den Zugriff auf die Datenressource. Aber man erkennt nicht unmittelbar, ob oder wann ein zweiter oder weitere Bausteine diese Ressource ebenfalls nutzen.

Indirekte Abhängigkeit durch gemeinsame Ressource

Indirekte Abhängigkeiten werden deshalb leicht übersehen und es wird dann vergessen, die beteiligten, indirekt voneinander abhängenden Bausteine einem Integrationstest zu unterziehen. Sind diese Abhängigkeiten aber erkannt, dann lassen sich die nötigen Integrationstests im Prinzip auf dieselbe Weise ermitteln und ausführen wie bei explizit gekoppelten Bausteinen:

- Bei explizit gekoppelten Bausteinen müssen die Integrationstests die relevanten Varianten der Methodenaufrufe (Parameterkombinationen) oder des Nachrichtenaustausches (im Falle asynchroner Kommunikation) abdecken.
- Bei indirekt gekoppelten Bausteinen müssen entweder die relevanten Kombinationen der Schreib-/Lesesequenzen auf die gemeinsame Ressource abgedeckt werden und/oder die relevanten möglichen Varianten des Inhalts der gemeinsamen Ressource. Letzteres kann bedeuten, dass für den Test umfangreiche Testdatenbestände erzeugt oder vorgehalten werden müssen.

5.2.2 Testbarkeit und Testaufwand

Während die Anzahl der Unit Tests mit der Anzahl der Bausteine[53] korreliert, hängt die Anzahl der benötigten Integrationstests von der Anzahl der Abhängigkeiten zwischen den Bausteinen ab. Wie viele solche Abhängigkeiten existieren, hängt von der Architektur des zu testenden Systems ab.

Moderne, objektorientiert entworfene und programmierte Systeme besitzen hier in der Regel eine sehr stark vernetzte Struktur aus vielen kleinen Klassen, die miteinander interagieren. Dies führt zu einer stark erhöhten Bedeutung des Integrationstests. Denn »die Objektorientierung hat die Fehlerquellen von den Modulen bzw. den Klassen zu den Interaktionen zwischen den Klassen versetzt. Ein großer Teil der Fehler und fast alle kritischen Fehler in einem objektorientierten System können [deshalb] nur über den Integrationstest gefunden werden« [Winter et al. 12].

Der Integrationstest kann dann sehr aufwendig werden, weil bei einer netzartigen Systemarchitektur, wie oben beschrieben, die Anzahl der Abhängigkeiten in Relation zur Anzahl der Bausteine überproportional groß sein kann. Umgekehrt kann der Integrationstestaufwand aber auch enorm reduziert werden, wenn es gelingt, die Systemarchitektur geeignet zu vereinfachen.

Neben der Objektorientierung als Aufwandstreiber ist im Scrum-Projekt das iterative Vorgehen als weiterer Aufwandstreiber zu beachten. Denn wenn das zu bauende System in einem Sprint um neue Features ergänzt wird, bedeutet das meistens, dass das System um zusätzliche Klassen oder andere zusätzliche Softwarebausteine ergänzt wird. In jeder Iteration müssen daher nicht nur die vorhandenen Integrationstests wiederholt werden, sondern immer wieder auch neue, zusätzliche Integrationstests entworfen, automatisiert und durchgeführt werden.

Um zu verhindern, dass der Integrationstestaufwand dabei überproportional ansteigt, ist es im agilen Projekt notwendig, die Systemarchitektur im Blick zu behalten und regelmäßig Refactorings durchzuführen, mit dem Ziel, die Systemarchitektur wieder zu vereinfachen.

Integrationstestaufwand und Testbarkeit

Der Integrationstestaufwand hängt allerdings nicht nur von der Anzahl der zu prüfenden Abhängigkeiten ab, sondern auch davon, wie gut oder schlecht jede dieser Schnittstellen testbar ist. »Testbarkeit« bezeichnet nach der Definition in [Spillner/Linz 12] die Mühelosigkeit und Geschwindigkeit, mit der die Funktionalität und das Leistungsni-

---

53. Dies ist eine stark vereinfachte Abschätzung, die u.a. annimmt, dass alle Klassen ähnlich groß (Anzahl der Methoden) und ähnlich komplex (interne Wechselwirkung der Methoden) sind.

veau eines Systems (auch nach jeder Anpassung) getestet werden kann. Ein »schlechter testbares« System verursacht bei vergleichbarer Funktionalität einen höheren Testaufwand als ein »besser testbares« System.

Übertragen auf den Integrationstest und die dort zu testenden Abhängigkeiten bzw. Schnittstellen bedeutet das: Eine Abhängigkeit ist leicht testbar, wenn sie für den Tester leicht identifizierbar ist (z. B. im Sourcecode), wenn sie für den Tester oder das Testframework leicht zugänglich und leicht beobachtbar ist (z. B. über einen dokumentierten API-Aufruf und einen Schnittstellenmonitor) und wenn die Schnittstelle »schmal« ist, d. h., wenn die Anzahl der abzudeckenden Datenvarianten klein ist. Der im Zuge einer Integration zu leistende Testaufwand korreliert dann mit der Anzahl aller betroffenen Abhängigkeiten und deren Testbarkeit.

Beides sind Eigenschaften der Systemarchitektur. Eine gute Systemarchitektur zeichnet sich daher u. a. dadurch aus, dass Teilsysteme klar voneinander abgegrenzt sind und nur über wenige »schmale« und explizite Schnittstellen Wechselwirkungen bestehen.

Um die Architektur zu verbessern, sollten u. a. implizite Abhängigkeiten in explizite Abhängigkeiten transformiert werden. Das bedeutet, dass gemeinsame, globale Datenressourcen in separate Klassen gekapselt werden. Das API dieser Klasse stellt den Datenzugriff dann als »Service« zur Verfügung. Das hat zum einen den Vorteil, dass die API-Aufrufe nun im Code klar erkennbar sind. Zum anderen kann in der Klasse die Erkennung und (Ausnahme-)Behandlung unzulässiger Datenbelegungen »zentral« erledigt werden. Die entsprechenden Prüfungen müssen dann nicht mehr in jedem Baustein, der die Datenressource nutzt, einzeln implementiert werden. Die Komplexität der dienstnutzenden Bausteine wird vermindert und der Testaufwand für Robustheitstestfälle verlagert sich vom Integrationstest der dienstnutzenden Bausteine in den Unit Test der Serviceklasse.

5.3 Integrationsstufen

In den obenstehenden Abschnitten wurde erläutert, wie Integrationstestfälle für den Test der Integration einzelner Klassen entwickelt werden. Durch fortgesetzte Integration werden dabei Klassen als elementare Bausteine zu größeren Clustern, z. B. zu Paketen (packages) oder Teilsystemen, zusammengefasst. Diese Pakete oder Teilsysteme können dann ihrerseits wiederum als eigenständige Bausteine angesehen werden. Je nachdem, auf welcher Abstraktionsebene der Integrationsprozess betrachtet wird, weisen die Bausteine, die miteinander integriert werden, also unterschiedliche Granularität auf.

5.3.1 Klassenintegration

Die Integration von Klassen ist die niedrigste Integrationsstufe, die im Integrationstest auftritt. Kleinere Einheiten, wie z.B. einzelne Methoden, sind (zumindest in der objektorientierten Programmierung) innerhalb einer Klasse gekapselt. Ihr Test wird daher dem Unit Test zugeordnet. Bei der Integration von Klassen[54] können wiederum mehrere Arten unterschieden werden:

- **Vertikale Integration** bezeichnet die Integration von Klassen entlang ihrer Vererbungshierarchie. Wenn eine Klasse A ihre Eigenschaften an eine Klasse B vererbt, dann stehen alle nicht privaten Methoden und Variablen von A in B zur Verfügung und können in B aufgerufen bzw. benutzt werden. Wenn Klasse A verändert wird (z.B. weil in einem Sprint die Realisierung eines Features verändert wird), dann ist die Gefahr gegeben, dass sich Methoden aus A anders verhalten. In Folge können dann unter Umständen in B Aufrufe von A scheitern oder anders als vorher reagieren. Deshalb muss nach Änderungen in A ein erneuter Test zwischen A und B durchgeführt werden. Methoden in B (z.B. m_B) können aber auch Methoden aus A (z.B. m_A) überschreiben. Werden an solchen Stellen Änderungen vorgenommen, muss ebenfalls der Test wiederholt werden. Ein einfaches Beispiel ist die – vielleicht unbeabsichtigte – Änderung des Namens von m_B: Als »Resultat« wird statt m_B dann m_A aufgerufen, was ein völlig anderes Verhalten ergeben kann. Auf Grundlage der Klassenhierarchie können diese Art Tests als Integrationstests zwischen den Klassen der Vererbungshierarchie aufgefasst werden. Zur Programmlaufzeit liegt aber in den meisten Fällen nur ein einziges Klassenobjekt vor, das den Code seiner Methoden ausführt (dass ein Teil davon ererbt wurde, spielt dann für das Objekt keine Rolle). Aus dieser Sichtweise heraus können Tests entlang einer Vererbungshierarchie auch als Unit Tests eingeordnet werden. Wie das jeweilige Scrum-Team dies handhabt, ist sekundär. Wichtig ist, dass das Team entsprechende »Vererbungs-«Testfälle besitzt und nach Änderungen wiederholt.

- **Horizontale Integration** bezeichnet die Integration entlang einer »Benutzt«-Beziehung (Klassenassoziation). Hier existieren zwei (nicht über Vererbung verwandte) Klassen A und B und zur Laufzeit mindestens je eine Objektinstanz je Klasse. Wenn A eine Methode aus B aufruft, dann besteht zwischen A und B eine

---

54. Eine ausführlichere Diskussion, u.a. über geeignete Testreihenfolgen und durch Vererbung entstehende Herausforderungen, findet sich in [Vigenschow 10] und [Winter et al. 12].

Abhängigkeit und es ist nötig, die Wechselwirkung zwischen A und B über passende Integrationstestfälle zu überprüfen.
- **Zusammengesetzte Klassen bzw. Objekte:** Eine spezielle Form der »Benutzt«-Beziehung liegt vor, wenn eine Klasse A eine andere Klasse B als Datenstruktur enthält. Wenn A auf B zugreift, dann »benutzt« auch hier A die Methoden und/oder Variablen der Klasse B. Ein expliziter Integrationstest zwischen A und B, der notwendig wäre, wird aber oftmals vergessen, weil B einfach als Teil von A angesehen wird. Im Unit Test von A wird die Benutzung von B dann mehr oder weniger zufällig implizit mitgetestet. Falls an einen expliziten Test gedacht wird, wird der Test allerdings schwierig. Denn B ist (bei sauberer objektorientierter Programmierung) ja innerhalb A gekapselt und privat. Man kann B im Test also kaum oder gar nicht »beobachten«. Eine Lösung ist, mit »Dependency Injection« (s. z.B. [Meszaros 07, Kap. 26]) zu arbeiten. Das abhängende Objekt (im Beispiel die Klasse B) wird nicht statisch als Variable von A eingebettet, sondern dem Klassenkonstruktor von A als Parameter übergeben. Damit wird B von außen beobachtbar. Außerdem kann B dann für den Integrationstest auch leicht durch einen »Spy« ersetzt werden, aber auch im Unit Test durch einen »Stub« oder »Mock«, was den Unit Test von A erheblich erleichtern kann (vgl. Kap. 4).

5.3.2 Teilsystemintegration

In den obigen Ausführungen und Beispielen wurden jeweils zwei Klassen zusammengefügt und durch Integrationstestfälle geprüft. Verhält sich das Klassenpaar wie gewünscht, dann kann man das Paar als neu entstandenen, zusammengesetzten Baustein auffassen. Diesem zusammengesetzten Baustein kann dann eine weitere Klasse hinzugefügt werden. Auf diese Weise entsteht durch schrittweise Integration ein Cluster von miteinander korrekt zusammenspielenden Klassen. Ein solcher Cluster wird oft als Paket oder auch »Teilsystem« bezeichnet. Wie die Schnittstelle eines solchen Clusters nach außen aussieht, hängt von der verwendeten Programmiersprache ab. Manche Sprachen erlauben es, ein Paket-Interface explizit zu spezifizieren, in anderen Programmiersprachen ergibt sich das Interface einfach als Summe aller APIs der Klassen im Cluster.

Ist es möglich, das Paket-Interface explizit anzugeben, dann sollte das getan werden. Der Grund ist derselbe wie die Unterscheidung zwischen `Public`- und `Private`-Methoden auf Ebene der Klassen: Die Funktionalität wird gekapselt und die Anzahl der extern sichtbaren und benutzbaren Methoden wird verringert. Dadurch wird die Testbarkeit erhöht! Das so entstandene Teilsystem kann dann wieder als ein einziger Baustein angesehen werden.

Hat man die Klassencluster zu Teilsystemen integriert, so kann das System auf einer höheren Abstraktionsebene als Menge von Teilsystemen betrachtet werden. Aus einer Ansammlung von z. B. einigen Hundert Klassen ist konzeptionell eine Menge von vielleicht einem Dutzend Teilsystemen geworden. Jedes dieser Teilsysteme kann jetzt wiederum einem Unit Test unterzogen werden. Die nötigen Unit-Testfälle ergeben sich dabei aus den Unit- und Integrationstestfällen der extern sichtbaren API-Methoden des Teilsystems. Und analog zur Klassenintegration können die Teilsysteme dann schrittweise zu größeren Teilsystemen oder zum Gesamtsystem zusammengefügt werden. Die zugehörigen Integrationstestfälle lassen sich auf dieselbe Weise finden und implementieren, wie in diesem Abschnitt auf Ebene der Klassen beschrieben.

5.3.3 Systemintegration

Liegt das Gesamtsystem bzw. das Produkt integriert und fehlerfrei vor, so erfolgt als letzter Schritt der Kette der Integrationsschritte die Systemintegration. Hier geht es im Unterschied zu den voranstehenden Schritten darum, zu überprüfen, ob das Produkt über die vorgesehenen Schnittstellen mit seiner externen Umwelt fehlerfrei zusammenspielt. Diese Tests werden in der Praxis meistens als Teil des Systemtests (s. Kap. 6) in der Systemtestumgebung ausgeführt. Oft wird dabei zwischen Systemtestfällen und Systemintegrationstestfällen auch gar nicht unterschieden.

Eine kritische Variante der Systemintegration liegt vor, wenn das Softwaresystem in eine kundenspezifische, industrielle Anlage oder in ein individuelles Großgerät integriert werden muss. Die Zielhardware kann in solchen Fällen oft nur sehr eingeschränkt in der Systemtestumgebung nachgestellt werden. Obwohl der Schritt dann eigentlich »nur« eine Inbetriebnahme der Software sein dürfte, bei der Parametrierung und Systemabnahme im Vordergrund stehen, ist es de facto oft ein (ungewollter) Systemtest in der Einsatzumgebung. Für Teams, die nach Scrum arbeiten, ist so eine Situation ein sehr ernstes Impediment. Denn der Anspruch »shipable product« bedeutet, dass in der Kundenumgebung außer einer Parametrierung nichts mehr zu tun sein darf!

Ist dies nicht der Fall und zeigen sich stattdessen in der Kundenumgebung immer wieder unerkannte Fehler, so muss in den Ausbau der Testumgebung und/oder in die Entwicklung von Simulatoren investiert werden. Geschieht das nicht, dann wird aus Sicht des Kunden das Ziel von Scrum völlig verfehlt. Denn anstatt fehlerfreier Software bekommt er dann »garantiert« fehlerhafte Software und das auch noch in hoher Frequenz.

> **Fallbeispiel eHome-Controller 5–4: Systemintegration**
>
> a) Gelungene Systemintegration
> Das eHome-System wird bei einem Endkunden durch einen Servicetechniker installiert. Nach Aufbau des Systems führt der Techniker eine Parametrierung durch, sodass die im Haus vorhandenen Busgeräte richtig und vollständig erkannt und im System zugeordnet werden. Dann führt er die vom Hersteller »eHome-Tools« mitgelieferten Diagnoseprogramme aus. Nachdem alles klappt, nimmt er den Kunden mit zu einem Rundgang durchs Haus und der Kunde löst je Raum die ihm wichtigsten Schaltfunktionen aus – einmal am Wandschalter und das zweite Mal über sein Smartphone.
>
> b) Gescheiterte Systemintegration
> Der Kunde hat ein Bussystem im Einsatz, das für das eHome-Team neu ist. Der Busadapter wurde auf Basis der Busspezifikation erstellt. Im eHome-Team-internen Systemtest ist dieses Bussystem aber nicht verfügbar. Dennoch wird ein System an den Kunden geliefert. Die Installation beim Kunden gelingt dem Techniker aber auch nach vielen Stunden und mehreren Anläufen nicht. Der Kunde tritt verärgert vom Kauf zurück.

5.4 Klassische Integrationsstrategien

In klassisch arbeitenden Projekten erfolgen Integration und Integrationstest in einer dem Unit Test (Komponententest) nachgeschalteten Projektphase (vgl. Abb. 2–3). Die Idee bzw. Annahme ist, dass zu Beginn der Integrationstestphase alle Softwarebausteine fertig implementiert und »Unit-getestet« vorliegen. Dann sucht das Integrationsteam Teilmengen heraus, deren Bausteine zusammengehören, überspielt diese in die Integrationstestumgebung und führt die zugehörigen Integrationstests aus. Klappen diese Tests, gilt das betreffende Teilsystem als integriert. Schlägt ein Test fehl, wird der ursächliche Baustein überarbeitet.

Welche Bausteine zu welchem Teilsystem gehören, ist durch die Architektur des Systems festgelegt. Theoretisch frei wählbar ist hingegen, in welcher Reihenfolge integriert wird. Nach [Spillner/Linz 12] kann dabei zwischen folgenden Basisstrategien unterschieden werden:

- Top-down-Integration:
  Die Integration beginnt mit dem Baustein, der weitere Bausteine aufruft, aber selbst (außer vom Betriebssystem) nicht aufgerufen wird.
- Bottom-up-Integration:
  Der Test beginnt mit den elementaren Bausteinen des Systems, die keine weiteren Bausteine aufrufen (außer Funktionen des Betriebssystems).
- Ad-hoc-Integration:
  Die Bausteine werden in der (zufälligen) Reihenfolge ihrer Fertigstellung integriert.

Top-down- und Bottom-up-Integration in Reinform setzen eine vollständig baumartige Architektur voraus. Je netzartiger die Architektur ist, umso stärker muss von diesen Basisstrategien abgewichen werden. Hinzu kommt, dass es auch in Projekten nach V-Modell selten vorkommt, dass alle Bausteine »fertig implementiert und Unit-getestet vorliegen«. Auch hier wird in der Praxis mit der Integration begonnen, obwohl einzelne Systemteile noch in der Implementierungsphase stecken. Dies führt dann zwangsläufig zu einer Ad-hoc-Integrationsstrategie.

5.5 Continuous Integration

Im agilen Projekt und damit auch in Scrum entstehen kontinuierlich geänderte oder neue Codebausteine. Wie geht man damit um? Eine am klassischen Vorgehen angelehnte Strategie wäre, zu warten, bis alle Arbeitsaufträge (Tasks) für Codeänderungen erledigt sind, und dann am Sprint-Ende alle Änderungen aller Programmierer in die Testumgebung zu überspielen und die Integrationstests zu fahren. Dass eine solche Integrationsstrategie den Zielen von Scrum zuwiderläuft, ist offensichtlich:

- Feedback vom Integrationstest zurück an den Programmierer wird unnötig verzögert. Im unglücklichsten Fall erhält ein Programmierer, der am ersten Tag des Sprints einen Codebaustein ändert, erst am letzten Tag des Sprints das Integrationstestergebnis zurück.
- Da die Integrationstests Fehler aufdecken können und auch aufdecken werden, muss Zeit für Fehlerkorrektur eingeplant werden. Der Sprint wird dadurch zwangsweise serialisiert, in die Phasen Codierung, Unit Test, Integration/Integrationstest und Fehlerkorrektur.

Als Ergebnis entsteht das sogenannte »Water Scrum«, ein phasenorientiertes wasserfallartiges Vorgehen innerhalb des Sprints. Um das zu vermeiden, benötigt das Team eine bessere Integrationsstrategie: »Continuous Integration«.

Continuous Integration (CI) ist die konsequente Weiterentwicklung inkrementeller Integrationsstrategien. Inkrementelle Integration bedeutet, dass jeder Codebaustein nach seiner Fertigstellung in die Integrationsumgebung überspielt und dort integriert wird. Neue Bausteine werden also nicht mit anderen, ebenfalls neuen noch nicht integrierten Bausteinen zusammengeworfen, sondern jeder geänderte oder neue Baustein wird einzeln gegen einen bereits integrierten Versionsstand (Build) in der zentralen Integrationsumgebung integriert.

5.5.1 Der CI-Prozess

Neben der zentralen Integrationsumgebung als Ankerpunkt zeichnet sich CI noch durch ein weiteres, entscheidendes Merkmal aus: CI ist ein vollautomatisierter Prozess. Nach [Duvall et al. 07] gehören folgende Elemente und Prozessschritte zu einem Continuous-Integration-Prozess:

- **Zentrales Code-Repository:**
  Das Team verwaltet den Programmcode und die automatisierten Tests in einem gemeinsamen, zentralen Code-Repository. Jeder Codebaustein steht unter Versionsverwaltung. Jeder Programmierer muss seinen Code dort einliefern (einchecken) – mindestens einmal täglich, besser nach jeder (auch kleinen) Codeänderung –, also sooft wie möglich.

- **Automatischer Integrationslauf:**
  Jedes Einchecken von Code in das Code-Repository löst automatisch einen Integrationslauf aus. Dieser Integrationslauf findet auf einem sogenannten »CI-Server« statt und besteht aus folgenden Teilprozessen:
  - Compilerlauf:
    Der Programmcode wird compiliert. Warnungen und Fehlermeldungen des Compilers werden protokolliert und vom CI-Server »eingesammelt«. Die typische Laufzeit liegt im Sekundenbereich.
  - Statische Codeanalyse:
    Nach erfolgreicher Compilierung wird eine weiter gehende statische Codeanalyse ausgeführt. Hier werden automatisch die vom Team verabschiedeten Codierungsrichtlinien überprüft und

vereinbarte codebasierte Qualitätsmetriken gemessen (z.B. Verschachtelungstiefe). Auch die Ergebnisse dieser Analysen und Messungen sammelt der CI-Server ein. Die typische Laufzeit liegt im Sekundenbereich. Wichtig ist, dass das Team nur solche Codierungsrichtlinien formuliert und anwendet, deren Einhaltung automatisiert überprüft werden kann. Für Codeeigenschaften, die nicht automatisch gemessen werden können (etwa mangels geeignetem Messwerkzeug) oder die nicht gemessen werden sollen (weil das Team sie für unerheblich hält), sollen auch keine Codierungsrichtlinien formuliert werden.

- Deployment in die Testumgebung:
  Ist der Code derart statisch geprüft und compiliert, wird der ausführbare Code in die zuständige Testumgebung übertragen (Deployment). Die Testumgebung wird dazu vorab auf einen definierten Ausgangsstand zurückgesetzt. Dann wird das ausführbare System in der Testumgebung automatisch installiert.

- Initialisierung:
  Automatisiert werden sämtliche Initialisierungen ausgeführt, wie z.B. die Erzeugung und initiale Belegung der Datenbanktabellen des Systems. Auch die für die nachfolgenden Tests notwendigen Testdaten werden eingespielt.

- Unit Test:
  Dann starten die automatisierten Unit Tests für alle Units. Die Testergebnisse sammelt der CI-Server ein.

- Integrationstest:
  Anschließend werden die automatisierten Integrationstests gestartet. Auch diese Testergebnisse sammelt der CI-Server ein.

- Systemtest:
  Die automatisierten Systemtests werden gestartet. Die Testergebnisse sammelt der CI-Server ein. Wegen der in der Regel langen Laufzeit von Systemtests (oft im Bereich mehrerer Stunden) werden die Systemtests nicht in jedem CI-Lauf gestartet, sondern z.B. nur einmal täglich, meistens nachts.

- Feedback und Dashboard:
  Der CI-Server zeigt alle Ergebnisse auf einer für das Team sichtbaren Webseite (Dashboard) an. Fehlschläge und Probleme im CI-Lauf meldet er sofort, nicht nur im Dashboard, sondern auch aktiv, z.B. per E-Mail, direkt an den betroffenen Programmierer.

Abbildung 5–4 (nach [Duvall et al. 07], erweitert um Testumgebungen) zeigt eine solche CI-Umgebung schematisch.

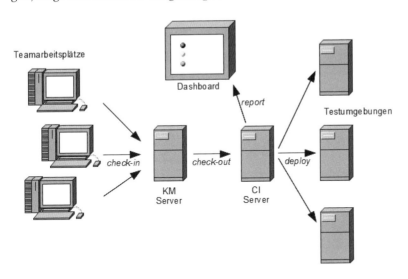

Abb. 5–4
CI-Umgebung

CI-Dashboard

Die Ergebnisse jedes CI-Teilprozesses werden, sofort wenn sie vorliegen, im Dashboard angezeigt, also nicht erst nach Abschluss des letzten CI-Schritts. Wie schnell die Rückkopplung der Informationen an das Team erfolgt, hängt von der Laufzeit jedes einzelnen CI-Schritts ab. Compiler und statische Analysen benötigen typischerweise einige Sekunden bis Minuten. Bei Unit Tests und Integrationstests bewegt man sich im Minutenbereich. Die Systemtests benötigen demgegenüber üblicherweise mehrere Stunden. Der CI-Server sammelt alle Ergebnisse, die im CI-Lauf anfallen, auf und stellt sie übersichtlich auf seinem CI-Dashboard dar. Jedes Teammitglied kann sich so über jeden CI-Lauf sofort informieren und hat jederzeit ein Bild über die aktuelle Qualität des Systems. Abbildung 5–5 zeigt als Beispiel das Dashbord des Test*Bench*-Teams (vgl. Fallstudie in Abschnitt 8.2).

Abb. 5–5
Dashbord mit typischen CI-Ergebnissen

Test Statistics Grid

Job	Success		Failed		Skipped		Total
	#	%	#	%	#	%	#
iTB Nightly Test Automation	814	<100%	0	0%	6	>0%	820
iTB - Essentials	1174	100%	0	0%	0	0%	1174
iTB - Integration Tests	6690	100%	0	0%	0	0%	6690
iTB - Packaging	0	0%	0	0%	0	0%	0
iTB - Static Analysis	0	0%	0	0%	0	0%	0
iTEP Export Plugin	8	100%	0	0%	0	0%	8
iTEP4	9	100%	0	0%	0	0%	9
iTORX	5	100%	0	0%	0	0%	5
Total	8700	<100%	0	0%	6	>0%	8706

Code Coverages

Projekt	Klassen	Verzweigungen	Dateien	Zeilen	Methods	Packages
iTB - Integration Tests #2400	81%	49%	82%	54%	65%	87%
Total:	**81%**	**49%**	**82%**	**54%**	**65%**	**87%**

5.5.2 CI einführen

Aus technischer Sicht ist CI nichts Revolutionäres. Schon immer haben Softwareentwickler Compilerläufe über Skripte automatisiert. Die meisten Projekte nutzen ein Konfigurationsmanagementsystem zur Sourcecodeverwaltung. Viele Projekte bauen automatisiert einmal pro Nacht einen kompletten Build (»Nightly Build«). Gute Projekte unterziehen diesen Build automatisiert einer statischen Codeanalyse.

Wenn ein Team all dies bereits praktiziert, ist es schon sehr nahe am Ziel. Das Team muss »nur noch« seine Tests automatisieren und in den CI-Prozess einfügen. Wenn wenig oder nichts davon praktiziert wird, hat ein Team allerdings eine steile Lernkurve vor sich. CI weglassen oder die Einführung auf später verschieben, ist (aus den zu Beginn von Abschnitt 5.5 erläuterten Gründen) nicht ratsam.

Man kann die Sache auch aus einem anderen Blickwinkel betrachten: In vielen Projekten ist das Konfigurationsmanagement (KM) verbesserungswürdig und die Abläufe sind bei Weitem nicht so automatisiert, wie es technisch machbar wäre. Die Einführung von Scrum bietet dem Team dann die Chance, hier einen großen Verbesserungsschritt zu vollziehen.

CI-Umgebung vor dem ersten Sprint aufbauen

Der Aufbau der CI-Umgebung sollte aber schon vor dem ersten Sprint eingeleitet oder vollzogen werden. Denn je nachdem, wo das Team methodisch steht, kann dieser Aufbau mit einer völligen Neuorganisation des Software-Repositories des Teams verbunden sein. Das betrifft die Werkzeuge und kann bis zur Neuorganisation der Ablagestruktur für den Code und die Tests gehen. Dass die entsprechenden Skripte, die den CI-Prozess steuern, erstellt und natürlich getestet werden müssen, sollte auch klar sein. Sobald der erste Sprint begonnen hat und die Programmierer ihre Tasks abarbeiten, müssen sie den zu bearbeitenden Code auschecken, ergänzen, wieder einchecken und die Tests auslösen. Das heißt, ab dem ersten Sprint wird ein grundsätzlich funktionierender CI-Prozess benötigt. Folgende Schritte zum Aufbau einer CI-Umgebung sind empfehlenswert:

- **Konfigurationsmanagement-Bestandsaufnahme:**
Welches Tool verwendet das Team derzeit zum Konfigurationsmanagement (KM)? Wie umfassend wird es genutzt? Gibt es Mitarbeiter oder Teilprojekte, die etwas anderes oder gar nichts nutzen? Wenn ja, warum? Wie empfinden die Teammitglieder den Umgang mit dem Tool? Einfach oder kompliziert? Wie schnell kann ein Build erstellt werden? Wo bzw. auf welchem Rechner läuft das Tool? Wird es zentral administriert oder hat das Team Kontrolle über Tool und Repository? Gibt es besser geeignete, alternative KM-

Tools? Diese Antworten lassen sich sicherlich in einem Team-Workshop schnell zusammentragen. Ebenso Wünsche und Ideen, was alles verbessert werden sollte und könnte, damit das Konfigurationsmanagement künftig einfach, zuverlässig, schnell und »rund« läuft.

- **CI-Tools kennenlernen:**
  Parallel zur Bestandsaufnahme informiert sich das Team über CI-Server-Software (als Startpunkt kann z.B. [URL: Toolliste] dienen). CI-Server sind Softwarewerkzeuge, die den CI-Prozess skriptgesteuert abfahren und die einzelnen Prozessschritte (z.B. einen Compilerlauf oder ein Testpaket) auslösen, überwachen und die Ergebnisse aufsammeln. Erfahrene Programmierer könnten sich dies aus Shell-Skripten natürlich selbst zusammenbasteln. Moderne CI-Server-Software bringt die wesentlichen Skripte vorgefertigt allerdings schon mit und bietet darüberhinaus ein Dashboard: also eine Webseite, auf der das Team den Status und die Ergebnisse der CI-Läufe jederzeit einsehen und verfolgen kann. Auch hier sollte das Team Informationen, die die Mitglieder gesammelt haben, in Workshops untereinander austauschen, einige Tools probeweise installieren und sich gegenseitig demonstrieren.

Bestandsaufnahme und Informationsphase sind wichtig, um eine möglichst hohe Akzeptanz der neuen CI-Umgebung im Team sicherzustellen. Auch der Scrum Master muss hier involviert sein. Denn eine schlechte CI-Umgebung ist ein ernstes Impediment. Und eine der ersten Bewährungsproben des Scrum Master im Zuge der Einführung von Scrum ist es mitzuhelfen, eine gute CI-Umgebung aufzusetzen. Nach der Informationsphase geht es an die Implementierung:

- **KM/CI-Tool-Auswahl:**
  Nach der Informationsphase entscheidet das Team, ob es beim vorhandenen KM-Tool bleibt oder auf ein anderes wechselt und welche CI-Server-Software eingesetzt werden soll. Beide Tools müssen gut zusammenspielen. Denn der CI-Server muss zuverlässig feststellen können, dass Code im KM geändert wurde, dann den Code aus dem KM auschecken und für den CI-Lauf bereitstellen.

- **KM/CI-Installation:**
  Die Tools und ggf. neue Hardware werden beschafft und die Tools installiert. Im Minimum muss man einen separaten Rechner dafür vorsehen. Keinesfalls ist es sinnvoll, KM- oder CI-Tool auf einer Entwicklermaschine mitlaufen zu lassen. Auch an einen geeigneten Backup-Mechanismus und ggf. eine Ausfallrisiko mindernde, redundante Auslegung des Systems ist zu denken.

- **KM-Migration:**
  Das alte Code-Repository wird in das neu aufgesetzte KM überführt. Wenn das Repository dabei neu strukturiert wird, kann dies ein aufwendiger und fehleranfälliger Schritt sein.
- **CI-Scripting:**
  Die mit dem CI-Server mitgelieferten Skripte werden so angepasst, dass sie in der konkreten CI-Umgebung arbeiten. Zuerst sind die Skripte zu erstellen und in Betrieb zu nehmen, die das Code-Repository auf Änderungen überwachen und dann den neuesten Codestand auschecken und an den Compiler übergeben.

Damit hat das Team einen minimalen Funktionsumfang aufgesetzt, den es zum Start erreichen muss und der funktional vergleichbar ist mit herkömmlichem Konfigurationsmanagement. Das Team hat dann zwar noch keinerlei automatisierte Prüfungen eingebunden, aber die Programmierer können ihren Code in das zentrale Repository einchecken, und das System erzeugt sofort einen Build. Dadurch wird sichergestellt, dass geänderter Code zumindest compilierfähig ist, also syntaktisch korrekt und vollständig ist.

Was jetzt noch fehlt, ist das Ergänzen und Einbinden der verschiedenen automatisierten Prüf- und Testpakete. Das Team kann und wird dies sukzessive im Rahmen der normalen Sprints tun, indem es entsprechende Tasks zur Ergänzung und Erweiterung der im CI enthaltenen Prüf- und Testpakete einplant. Die Automatisierungsziele, die man erreichen möchte, sind:

- Jeder Build wird sofort und immer den automatisierten Unit Tests unterzogen. Wenn das Team diszipliniert Test-Driven Development anwendet (vgl. Kap. 4), ist dies ein erreichbares Ziel. Eventuell verfügt das Team schon über automatisierte Unit Tests. Diese können dann in die CI-Umgebung überführt werden. Der Sourcecode der Tests und die Testdaten müssen dazu ebenfalls im KM versioniert verwaltet werden.
- Die Unit Tests werden um Integrationstests ergänzt. Bei vorhandenen Unit-Testpaketen kann es angezeigt sein, in den Paketen enthaltene Integrationstestfälle herauszulösen und in ein separates Integrationstestpaket abzutrennen. Ab diesem Zeitpunkt sollte sich das Team auch genauere Gedanken dazu machen, welche Testumgebung die Integrationstests benötigen und ob und wie man für die Unit Tests ggf. eine einfachere und schnellere Testumgebung aufsetzen kann. Entscheidet das Team, die Testumgebungen zu trennen, sind wiederum Tasks für das Erstellen der dann komplexeren

Skripte sowie für das Aufsetzen der neuen Testumgebungen vorzusehen.
- Auch die Systemtests können umfassend automatisiert und in das CI eingebunden werden. Das ist möglich, wenn das Team, wie in Kapitel 6 beschrieben, das Test-First-Prinzip über die Unit- und Integrationstests hinaus bis auf die Systemtestebene konsequent anwendet.

Der Aufbau einer CI-Umgebung ist kein leichtes Unterfangen, das sich nebenher erledigen lässt. Die CI-Umgebung muss vom Team sorgfältig geplant werden. Ein Beispiel, wie ein Team den Aufbau schrittweise bewerkstelligen kann, zeigt Fallstudie 8.2. Der Aufbau wird unter Umständen einige Wochen Zeit benötigen. Zeit, die für »normale« Produktentwicklungsaufgaben dann nicht zur Verfügung steht.

CI-Umgebung kann nicht »nebenher« aufgebaut werden.

Auch wenn die CI-Umgebung als solche prinzipiell läuft, bedeutet das noch nicht, dass auch die Builds fehlerfrei gebaut werden können (s.a. [Pichler/Roock 11, Abschnitt 4.10]). Gab es beispielsweise vor der Umstellung auf CI keine statischen Codeanalysen, dann werden mit Zuschaltung solcher Codeanalysen in den Build-Prozess zunächst sehr viele Warnings und Fehlermeldungen produziert werden, auch in Bausteinen und Bereichen des Codes, die das Team längst als stabil und »fertig« abgehakt hatte. Hier muss das Team entweder seine Codeanalyseregeln entsprechend abschwächen oder die betroffenen Codebereiche umfangreich nachbearbeiten. Ganz analoge Effekte treten auf, wenn automatisierte Unit- und Integrationstests dazugeschaltet werden und so plötzlich die Testabdeckung erhöht wird. Auch wenn diese Tests schon vorher genutzt wurden und auf den Maschinen einzelner Entwickler funktioniert haben mögen: In der gemeinsamen, zentralen CI-Umgebung können die Testresultate ganz anders aussehen.

Nach außen hin und auch gegenüber dem Product Owner zeigt das Team in dieser CI-Einführungs- und Aufbauphase daher geringere Produktivität als vor Einführung von Scrum. Dadurch entsteht oft Ernüchterung oder gar Enttäuschung. Hier ist der Scrum Master gefordert, das Team vor ungerechtfertigter Kritik zu schützen und die Aufbauarbeiten im notwendigen Maß zu unterstützen.

5.5.3 CI optimieren

An den CI-Prozess werden zwei konkurrierende Anforderungen gestellt: Zum einen sollen im CI-Lauf möglichst viele und umfassende Prüfungen ausgeführt werden, zum anderen soll ein CI-Lauf in möglichst kurzer Zeit ablaufen. Diese beiden Anforderungen gilt es, gegeneinander abzuwägen. An folgenden Stellschrauben kann das Team dabei drehen:

- **Paketierung der Tests:**
  Eine grobe Paketierung der Tests ist schon gegeben durch die Unterscheidung von statischer Analyse, Unit-, Integrations- und Systemtests. Auch die o.g. Hauptpakete können wiederum in kleinere Pakete aufgeteilt werden. So erreicht man nicht nur einen frühestmöglichen kontrollierten Abbruch im Fehlerfall, sondern man kann diese Testpakete auch situationsabhängig vom CI-Lauf ausblenden oder zuschalten, etwa indem man einzelne Pakete nur starten lässt, wenn bestimmte Codebausteine geändert wurden. Die Laufzeitersparnis (insbesondere bei Systemtests) kann enorm sein. Man erkauft sich die kürzere Laufzeit jedoch mit einem höheren Risiko. Denn welche Codeänderung welches Testpaket erfordert und welche Fehler evtl. übersehen werden, wenn ein Paket ausgeblendet wird, lässt sich vorab nicht mit Sicherheit sagen.

- **Abbruch der Tests:**
  Wenn ein Test scheitert, stellt sich die Frage, ob der CI-Lauf abgebrochen werden soll oder ob die nachfolgenden Tests des Pakets und/oder die nachfolgenden Testpakete dennoch ausgeführt werden sollen. Oft ist eine Fortsetzung auch gar nicht möglich, weil die folgenden Tests eine gewisse Grundfunktionalität des Testobjekts erwarten bzw. darauf aufbauen, dass frühere Tests erfolgreich sind. Ein Testabbruch verkürzt den CI-Lauf und der CI-Server steht schneller mit voller Kapazität dem nächsten CI-Versuch wieder zur Verfügung. Ein Abbruch kann jedoch für den Programmierer das Debugging und die Fehlerkorrektur erschweren, weil ihm Informationen aus nachfolgenden Tests fehlen, die zur Fehlerkorrektur hilfreich gewesen wären. Oder noch ärgerlicher: Die nachfolgenden Test hätten weitere Probleme aufgedeckt, die gleich mitkorrigiert hätten werden können. Die Skripte, die den CI-Lauf steuern, sollten hier eine einheitliche Testlaufkontrollstrategie implementieren, auf die sich das Team vorher verständigt hat.

- **Parallelisierung der Tests:**
  Eine Möglichkeit, schneller zu werden, liegt auch darin, Pakete parallel auszuführen. Der CI-Lauf würde im Idealfall nur noch so lange benötigen wie das längste Paket. Leider ist so eine Parallelisierung alles andere als einfach zu bewerkstelligen:
  - Pakete, die parallel ablaufen sollen, müssen voneinander unabhängig sein. Das heißt, kein Test aus Paket B darf Dinge voraussetzen, die ein Test aus Paket A ggf. verändert oder herstellt.

Dies erfordert nicht nur eine passende Gliederung der Pakete, sondern auch entsprechend modular geschriebene Testfälle innerhalb der Pakete.

- Das System, das getestet wird, muss an der betroffenen Testschnittstelle den parallelen Zugriff zulassen und verarbeiten können. Andernfalls wird der Test entweder vom Testobjekt serialisiert oder die Tests scheitern. Auch die Tests selbst müssen so ausgelegt sein, dass sie parallel arbeiten können. Sonst werden z. B. Testergebnisse gegenseitig überschrieben oder es ist in den Testprotokollen nicht mehr nachvollziehbar, welcher Eintrag von welchem Test stammt.

- **Parallelisierung der Testumgebungen:**
Anstatt verschiedene Tests parallel auf dasselbe Testobjekt loszulassen, ist es meistens einfacher, das Testobjekt mehrfach zu installieren (z. B. in verschiedenen virtuellen Maschinen) und die Testpakete auf diese Testumgebungen aufzuteilen. In Testumgebung 1 laufen dann z. B. die Unit Tests und einfache Integrationstests, in Testumgebung 2 die komplexeren Integrationstests und in Testumgebung 3 die Systemtests. Das erfordert eine teurere Hardware/Softwareausstattung, aber verspricht einige Vorteile. So kann jede Testumgebung gezielt mit der Hard- und Software ausgestattet werden, die für die jeweiligen Tests nötig ist, aber nicht mit mehr. Beispielsweise ist bei allen Systemen, die Datenbanken nutzen, im Systemtest eine produktionsnahe Datenbankinstallation notwendig, mit entsprechend großen Testdatenbeständen. Das Setup einer solchen Testdatenbank kann sehr lange Installationsprozeduren erfordern. Und auch der Zugriff auf die Datenbank im Testlauf ist relativ langsam. Daher wird in niedrigeren Teststufen statt einer »echten« Datenbank oftmals als Ersatz eine einfachere (evtl. rein hauptspeicherbasiert laufende), aber schnellere Datenbank eingesetzt. Sowohl das Setup als auch der Zugriff im Testlauf sind dann um Größenordnungen schneller.

- **Ausbau der Testhardware:**
Ein naheliegendes Mittel, den CI-Prozess zu beschleunigen, ist der Einsatz schnellerer oder zusätzlicher Rechner. Leider ist das nicht selbstverständlich. In vielen Firmen ist es für ein Team schwieriger, 1.000 Euro zur Anschaffung eines neuen Rechners genehmigt zu bekommen, als ein Teammitglied abzustellen und eine Woche Aufwand zu investieren, um z. B. die Laufzeit eines Shell-Skripts zu optimieren.

Ein langsamer CI-Prozess ist ein ernsthaftes Impediment. Denn je langsamer das CI läuft, umso höher ist die Versuchung, Testpakete auszublenden oder gar auf ein Check-in zu verzichten, um den gesamten als langsam empfundenen CI-Lauf zu umgehen. Auch und gerade wenn es »nur« an alter Hardware liegt, muss der Scrum Master hier tätig werden und dem Team helfen, den Missstand zu beseitigen.

Kontinuierliche Optimierung der CI-Umgebung

Die Pflege und Optimierung der CI-Umgebung und die Reduktion der Laufzeiten sind eine kontinuierliche Herausforderung. In den Retrospektiven sollten daher immer auch Ansatzpunkte zur weiteren Verbesserung der CI-Umgebung gesammelt werden. Die Umsetzung dieser Verbesserungsideen wird dann im Rahmen der normalen Sprint-Planungen berücksichtigt. Scrum Master und Product Owner müssen hier in jedem Sprint gemeinsam abwägen zwischen kurzfristiger »Feature-Produktivität« des aktuellen Sprints und mittelfristiger, durch besseres CI steigender grundsätzlicher Teamproduktivität.

5.6 Testmanagement im Integrationstest

Testmanagement im Kontext Integrationstest bedeutet zunächst einmal, darauf zu achten, dass überhaupt passende und ausreichend viele Integrationstestfälle erstellt und durchgeführt werden. Denn wegen der hohen Ähnlichkeit zu Unit Tests ist den Programmierern und Testern im Team nicht immer klar, dass Integrationstestfälle fehlen und wo sie zu ergänzen sind.

Integrationstestfälle müssen an der Architektur des Systems ausgerichtet werden. Dazu ist es erforderlich, dass die Tester eine klare Vorstellung von der gewünschten Systemarchitektur besitzen. Auf der anderen Seite prüfen die Integrationstestfälle, ob die Architektur mit der Sollarchitektur übereinstimmt. Auch Integrationstestfälle können und sollten nach dem Test-First-Prinzip entworfen werden. Sie sind ein gutes Mittel, um vorzugeben und dann zu »beobachten«, wie sich die Systemarchitektur über die Sprints hinweg in die gewünschte Richtung entwickelt. Der Testmanager im Team kann diesen Prozess der Architekturentwicklung durch Test First sehr gut befördern und, indem er über die Integrationstestergebnisse informiert, auch gut moderieren und die teaminterne Diskussion anstoßen: z.B. über die Vereinfachung von Schnittstellen, die geeignete Abgrenzung von Teilsystemen, über Performance-Engpässe und Möglichkeiten zu deren Beseitigung etc. Das Ergebnis dieser Diskussionen spiegelt den Konsens im Team über die Sollarchitektur wider und muss in regelmäßigem Turnus explizit formuliert und dokumentiert werden: anschaulich durch Architekturgrafiken, aber auch durch Test-First-Integrationstestfälle, und damit automatisiert testbar. Geschieht das nicht, wächst das System bottom-up und es entsteht eine Menge von Klassen, deren Struktur sich im Laufe der Sprints mehr oder weniger zufällig ergibt.

Die Integrationsstrategie wird im Scrum-Projekt durch die Story Map (vgl. Kap. 3) und innerhalb des einzelnen Sprints durch das Sprint Backlog bestimmt. Denn die Backlogs legen fest, welche Features in welchem Sprint realisiert werden, und damit, welche Softwarebausteine wann entstehen. Da jeder Baustein sofort bzw. kontinuierlich in das Gesamtsystem integriert wird, legt die Sprint-Planung auch die Integrationsreihenfolge vorab fest. Bei der Erstellung der Story Map und bei der Entscheidung, wer wann im Sprint welchen Task beginnt, sollte deshalb die Integrationsreihenfolge, die sich das Team je nach Entscheidung »einhandelt«, mitbedacht werden. Sofern eine Wahlfreiheit besteht, ist dann eine Taskreihenfolge vorzuziehen, die den geringeren Integrationsaufwand nach sich zieht.

In der Sprint-Planung muss der Aufwand für Entwurf, Automatisierung und Update der Integrationstests realistisch mit eingeplant werden. Auch hier ist der Testmanager gefordert. Der Aufwand hierfür skaliert nicht mit der Anzahl geänderter oder neuer Bausteine, sondern mit der Anzahl der Abhängigkeiten zwischen den Bausteinen, und kann daher überproportional groß sein. Auch können signifikante Aufwände für den Aufbau der Testumgebung und zur Entwicklung von Platzhaltern anfallen. Aber nur durch die Automatisierung aller Integrationstests wird ermöglicht, dass der Integrationsprozess für jeden Codebaustein und nach jeder Änderung, also kontinuierlich, ausführbar ist.

Aufwand für Integrationstests in der Sprint-Planung berücksichtigen

Auch der CI-Prozess bedarf der Aufmerksamkeit des Testmanagers. Hier gilt es zu prüfen, ob zusätzliche Codeanalysen dazugeschaltet werden können, die Integrationsaspekte adressieren, z.B. die statische Prüfung von Schnittstellen auf Konsistenz bzw. Einhaltung abstrakter Schnittstellenbeschreibungen[55] oder die Prüfung von zu übertragenden Dateien oder Nachrichten auf Einhaltung bestimmter Formate[56]. Weitere Themen sind die optimale Paketierung der automatisierten Integrationstests und die fortlaufende Optimierung des CI-Prozesses bezüglich der Ablaufgeschwindigkeit.

---

55. Auf Basis formaler Schnittstellen- und Servicedefinitionssprachen wie z.B. IDL [URL: OMG] oder WDSL [URL: W3C].
56. Durch Tools zur Validierung der syntaktischen Struktur, z.B. von HTML-Seiten oder CSS-Definitionen [URL: W3C validator].

5.7 Checkfragen und Übungen

5.7.1 Self-Assessment

Fragen, anhand derer der Leser nach jedem Kapitel seine eigene Situation bzw. sein Projekt hinsichtlich »wie agil sind wir« beurteilen kann.

1. Besitzt mein Team automatisierte Integrationstests? Wie viele? Wie viele in Relation zu den Unit-Testfällen?
2. Wie und wo ist die gewünschte Systemarchitektur definiert bzw. dokumentiert? Prüfen die Integrationstestfälle »gegen« diese Sollarchitektur?
3. Gibt es Reviews, in denen Architektur und Testfälle gegeneinander abgeglichen werden? Regelmäßig? Mit welchen Erkenntnissen?
4. Für welche Schnittstellen gibt es Integrationstests? Welche Schnittstellenabdeckung (Coverage) wird erreicht?
5. Welche Coverage-Werte sind als Ziel vorgegeben? Wie oft werden diese Werte gemessen?
6. Welche Werte sind jetzt/heute erreicht? Wo kann das Team diese Werte ablesen? Wo finde ich diese Werte, wenn ich sie jetzt wissen will?
7. Welche Maßnahmen sind eingeleitet, um die Testabdeckung und/oder die Qualität der Integrationstests weiter zu erhöhen?
8. Werden Schnittstellenmonitore eingesetzt? Für welche Schnittstellen?
9. Existiert ein automatisierter CI-Prozess? Wie sieht dieser aus?
10. Wann werden die Integrationstests ausgeführt? Sind sie in die CI-Umgebung eingebunden?
11. In welcher Testumgebung werden die Integrationstests ausgeführt? Ist diese Testumgebung definiert und zuverlässig reproduzierbar?
12. Wie sind die Laufzeiten der Integrationstests im Vergleich zu den Unit Tests?
13. Wann werden die Integrationstests entworfen? Auf Basis der Architekturbeschreibung, bevor codiert wird (Test First), wenn die zu integrierenden Bausteine als Programmcode ausführbar vorliegen oder am Sprint-Ende?
14. Werden Integrationsaufgaben im Sprint Backlog als Tasks explizit geplant?
15. Sind Integrationstests Teil der »Definition of Done«?
16. Welche Testergebnisse zeigen die Integrationstests jetzt/heute?
17. Wie viele und welche Fehler finden die Integrationstests im Vergleich zu den Unit Tests?

18. Wie erfolgen das Fehlermanagement und das Bugfixing, wenn Schnittstellen zu Teilsystemen fehlerhaft sind, die von anderen bzw. externen Teams verantwortet werden?
19. Wie werden Absprachen über solche teamübergreifende Schnittstellen festgehalten? Ist das Thema in den »Scrum of Scrums«?
20. Welche weiteren architektur- und schnittstellenbezogenen Prüfungen werden vom Team eingesetzt? Architekturreviews, automatische Analysen oder Validierungen von Schnittstellen oder Daten?
21. Sind der CI-Prozess und seine Ergebnisse Thema im Daily Scrum?
22. Sind Möglichkeiten zu dessen Verbesserung Thema in Retrospektiven? Was ist die aktuelle Erkenntnis? Welche konkreten Verbesserungsmaßnahmen sind vereinbart? An welchen wird im aktuellen Sprint gearbeitet?
23. Falls mehr als ein Scrum-Team am Produkt arbeiten: Nutzen sie einen gemeinsamen CI-Prozess? Wer verantwortet diesen? Wem »gehören« die CI-Werkzeuge und die Hardware? Ist das Thema in den Scrum of Scrums?

5.7.2 Methoden und Techniken

Fragen, anhand derer der Leser nach jedem Kapitel den Stoff rekapitulieren kann.

1. Welche typischen Integrationsfehler können vorkommen? Erläutern Sie die jeweiligen Symptome und Ursachen.
2. Wie können Integrationstestfälle systematisch hergeleitet werden? Nennen und erläutern Sie die nötigen Schritte.
3. Erläutern Sie die Gemeinsamkeiten und Unterschiede zwischen einem Unit-Testfall und einem Integrationstestfall.
4. Wann sind zwei Softwarebausteine voneinander abhängig? Wie unterscheiden sich explizite und implizite Abhängigkeit?
5. Erläutern Sie den Begriff »Testbarkeit«.
6. Warum und wie beeinflusst die Testbarkeit einer Schnittstelle den Aufwand der zugehörigen Integrationstests.
7. Warum kommt bei objektorientierten Systemen den Integrationstests eine erhöhte Bedeutung zu?
8. In welcher Form wirkt das iterative Vorgehen im Scrum-Projekt als zusätzlicher Treiber für den Integrationstestaufwand?
9. Warum kann ein Refactoring der Systemarchitektur den Integrationstestaufwand ggf. verringern?
10. Nennen Sie die verschiedenen Varianten der Klassenintegration.
11. Was versteht man unter Teilsystemintegration?
12. Was versteht man unter Systemintegration?

13. Erläutern Sie, wie die Sprint-Planung die Integrationsreihenfolge beeinflusst.
14. Welche Elemente und Prozessschritte gehören zu einem CI-Prozess?
15. »Ohne CI kein Scrum!« Diskutieren Sie diese Aussage.
16. Welche Schritte sind vorzusehen, wenn ein CI-Prozess eingeführt wird?
17. Welche Ansatzpunkte gibt es, um den CI-Prozess kontinuierlich zu optimieren?

5.7.3 Weiterführende Übungen

Fragen, anhand derer der Leser einige Punkte, die im Kapitel evtl. nur angerissen wurden, weiter durchdenken kann.

1. Erläutern Sie, welche Art Integrationsfehler durch syntaktische Prüfungen (zur Compilezeit) aufgedeckt werden können und welche nicht.
2. Welche Integrationsfehler können nur bei asynchron gekoppelten Bausteinen auftreten? Warum?
3. Wie wirkt es sich aus, wenn ein Baustein fälschlicherweise synchron statt asynchron gekoppelt wird? Erläutern Sie das unterschiedliche Verhalten am Beispiel eines eHome-Rollosteuerungsbefehls. Wie kann ein Testfall aussehen, der prüft, ob der eHome-Rollosteuerungsbefehl tatsächlich asynchron abgearbeitet wird?
4. Softwarebausteine können implizit/indirekt voneinander abhängen. Erläutern Sie typische Quellen für solche indirekten Abhängigkeiten.
5. Erläutern Sie, wie implizite Abhängigkeit in explizite Abhängigkeit transformiert werden kann. Geben Sie ein Beispiel an.
6. Angenommen, drei Bausteine besitzen eine Datei als gemeinsame Ressource: Erläutern Sie, warum Negativtests bzw. Robustheitstests für diese Bausteine einen höheren Aufwand verursachen als bei Kapselung der Datei in einen zentralen Service. Warum ist das bei Positivtestfällen oder Happy-Path-Tests nicht so?

6 Systemtests und Test nonstop

Zusätzlich zu Unit Tests und Integrationstests sind auch Systemtests ein notwendiger Bestandteil in jedem agilen Projekt. In diesem Kapitel wird erklärt, wie Systemtests aussehen und welche Anforderungen sie an die Testumgebung stellen. Die verschiedenen Möglichkeiten, wann Systemtests im Sprint durchgeführt werden können, werden gegenübergestellt. Agile Ausprägungen des Systemtests, wie explorativer Test und Akzeptanztests, werden ebenfalls besprochen.

6.1 Systemtests

Scrum verlangt, dass am Ende eines jeden Sprints ein potenziell lieferbares Softwareprodukt vorliegt. Damit es tatsächlich ausgeliefert werden kann, muss es außerhalb der CI-Umgebung lauffähig sein, über eine Bedienschnittstelle verfügen und meistens auch mit anderen Applikationen und Systemen des Kunden interagieren. Um diese Bedingungen zu prüfen, sind Testfälle nötig, die das System aus Nutzerperspektive und über dessen Bedienschnittstelle testen. Und es bedeutet, dass diese Tests in einer Testumgebung ablaufen müssen, die der späteren Einsatzumgebung möglichst nahekommt.

Weder die Unit Tests noch die Integrationstests leisten das. Deshalb sind zusätzlich Systemtests notwendig. Sie prüfen Aspekte, die in Unit Tests und Integrationstests nicht abgedeckt werden. Betrachten wir das anhand unseres Fallbeispiels:

Systemtests prüfen Aspekte, die in Unit Tests und Integrationstests nicht abgedeckt werden.

Fallbeispiel eHome-Controller 6–1: Testfälle im Systemtest

Wenn der Anwender in seinem Browser den eHome-Controller aufruft und dort im Icon »Licht Küche« auf »an« klickt, dann erwartet er, dass auch tatsächlich die Deckenlampe in der Küche eingeschaltet wird. Der eHome-Systemtest muss daher zwei Dinge gewährleisten:

1. Anhand der Akzeptanzkriterien muss geprüft werden, ob das System die (im Backlog) formulierten Anforderungen erfüllt.

2. Dabei muss die gesamte Wirkungskette – von der Bedienoberfläche im Browser bis zum physikalischen Schaltvorgang – betrachtet und geprüft werden.

Der Testmanager des Teams hat dazu ausgehend vom eHome-Controller Backlog (s. Abschnitt 3.3) folgende Systemtestfälle (ST) formuliert:

ST-1: Geräte steuern

ST-1.1: »Licht Küche« ein-/ausschalten. Prüfen, ob der Schaltvorgang ausgeführt und im Browser visualisiert wird.

ST-1.2: Dimmbares »Licht Wohnzimmer« einschalten; Dimmstufe muss 50% betragen; auf 70% dimmen; auf 30% dimmen; jeweils Dimmstufe im Aktor und im Browser prüfen; auf 0% dimmen; Gerätestatus muss auf »off« gehen (bzw. auf »aus« in der deutschsprachigen Bedienoberfläche).

ST-1.3: »Rollo Wohnzimmer schließen« und anschließend wieder »öffnen«. Prüfen, ob das Rollo oder dessen Aktor entsprechend reagiert hat und die Aktion im Browser quittiert und visualisiert wurde.

ST-2: Schaltprogramme

ST-2.1: Hinterlegen des folgenden auf »wochentags 07:00« terminierten Schaltprogramms: »alle Rollos kippen; um 8:30 an der Südseite alle Rollos vollständig hochfahren; um 20:30 alle Rollos schließen«.

ST-3: Messdaten abrufen

ST-3.1: »Temperatur Wohnzimmer« abrufen durch Klick auf das entsprechende Icon im Browser.

ST-3.2: Das »Sturm«-Signal des Windsensors auslösen und prüfen, ob das zugeordnete Programm »alle Rollos hochfahren« ausgelöst wird.

Damit die Testfälle ausgeführt werden können, müssen im Testaufbau (Testumgebung) bestimmte Voraussetzungen (ENV) erfüllt sein, u.a.:

ENV-1: Der Browser (bzw. der PC oder das Smartphone, auf dem der Browser läuft) muss den eHome-Controller im Netzwerk finden und mit ihm kommunizieren können.

> ENV-2: Die Schaltbefehle, die der Browser »auf Klick« absendet, müssen vom eHome-Controller an den richtigen Aktor weitergeleitet werden. Dazu muss der eHome-Controller »wissen«, welches Icon welchen Aktor und damit welches Gerät repräsentiert und physikalisch schaltet. Diese Gerätedaten müssen in der Datenbank (vgl. Fallbeispiel 3–2 auf S. 31) des eHome-Controllers richtig eingetragen und parametriert sein.
>
> ENV-3: Der eHome-Controller muss über den Bus Kontakt zu den Aktoren bzw. Geräten herstellen können. Ein zum Busprotokoll passender Busadapter muss installiert sein.
>
> ENV-4: Jeder Aktor muss die an ihn gerichteten Schaltbefehle bzw. Bustelegramme »verstehen« und richtig umsetzen. Dazu muss jeder Aktor passend parametriert und aber auch (physikalisch) korrekt verdrahtet sein.
>
> ENV-5: Die zu schaltenden Verbraucher müssen mit ihren Schaltaktoren passend verdrahtet sein oder durch geeignete Anzeigeelemente oder Messgeräte simuliert werden.

Systemtests prüfen, das zeigt das Beispiel sehr anschaulich, die gesamte Wirkungskette. In unserem Fallbeispiel löst ein Systemtestfall einen Datenfluss durch das gesamte System aus – von der Bedienoberfläche bis zum Aktor am Bus und wieder zurück in die Bedienoberfläche. Derart gestaltete Systemtests werden oft als »End-to-End-Tests«[57] bezeichnet. Die Punkte, an denen Testdaten eingespeist und Testergebnisse beobachtet werden (Points of Control and Observation), entsprechen hier den Punkten, an denen auch ein Endanwender die Funktion oder »Nichtfunktion« des Produkts wahrnimmt.

End-to-End-Test

Die Systemtestfälle können grundsätzlich direkt aus den im Product Backlog formulierten Anforderungen und Akzeptanzkriterien oder aus evtl. zugehörigen, detaillierteren Use-Case-Beschreibungen o.Ä. abgeleitet werden. Das Team kann und soll aber hier nicht haltmachen, sondern kritisch nach Lücken in diesen Dokumenten suchen und weitere Varianten und Sonderfälle, aber auch zusätzliche »absehbare« Use Cases identifizieren und in Form von Testfällen notieren.

Gegen Anforderungen testen und Lücken aufdecken

In der Diskussion mit dem Product Owner ist dann zu klären, ob und wo Anforderungen im Backlog aufgrund des Inputs der Tester zu präzisieren sind[58] und ob ggf. zusätzliche Anforderungen im Backlog zu ergänzen sind.

---

57. Nicht jeder Systemtestfall muss zwingend als End-to-End-Testfall ausgelegt sein.
58. Ein Verweis auf die entsprechenden Testfälle kann oft schon ausreichen.

> **Fallbeispiel eHome-Controller 6–2: Backlog-Update aufgrund von Feedback aus dem Systemtest**
>
> In seinen Systemtestfällen hat das Team mit Testfall »ST-3.2« einen Testfall aufgenommen, zu dem im Backlog keine Anforderung existiert.
> Dem Team und auch dem Product Owner ist aber bekannt, dass viele Sensoren existieren (z. B. Licht- oder Windsensoren), die bei Über- oder Unterschreiten eines einstellbaren Schwellwertes Alarmtelegramme versenden. Es ist klar, dass die Kunden auch vom eHome-Controller erwarten, dass dieser auf solche Alarmtelegramme reagiert. Daher wird im Backlog (vgl. Abschnitt 3.3) folgende neue Anforderung ergänzt:
>
> | Bezeichner | Prio | Beschreibung / *Akzeptanzkriterien* |
> |---|---|---|
> | Auf Alarme reagieren | | Einem Sensor können ein oder mehrere 'Schaltprogramme' zugeordnet werden, die starten, sobald der Busadapter vom betreffenden Sensor ein Alarmtelegramm empfangen und eingelesen hat. |
> | | 2 | ☐ *Das »Sturm«-Signal eines Windsensors löst ein vorbereitetes Schaltprogramm »alle Rollos hochfahren« aus.* |
> | | 3 | ☐ *Das Schaltprogramm startet maximal 1 Sekunde nach Eintreffen des Alarmtelegramms.* |

6.2 Systemtestumgebung

Systemtests erfordern meist eine komplexere Testumgebung als Unit Tests oder Integrationstests. Die verschiedenen Testumgebungen im eHome-Beispiel, die in den Kapiteln 4, 5 und 6 skizziert sind, illustrieren das. Denn im Systemtest muss die Testumgebung die späteren Einsatzbedingungen beim Endanwender möglichst realitätsnah abbilden. Der Systemtest soll ja gerade prüfen, ob das Produkt beim Endanwender funktionieren wird und nicht nur »im Labor«. Je realitätsnäher die Testumgebung, umso sicherer kann aus einem fehlerfrei laufenden Systemtest auf eine korrekte und reibungslose Funktion im Betrieb geschlossen werden. Umgekehrt erhöht eine zu vereinfachte Testumgebung das Risiko, dass die Systemtests Probleme nicht aufdecken und diese dann im Betrieb beim Kunden auftreten.

Produktionsnähe der Testumgebung

Den Grad, mit dem die Testumgebung die benötigten Merkmale der späteren Einsatz- bzw. Produktivumgebung abbildet, bezeichnet man auch mit »Produktionsnähe«[59]. Die Forderung nach möglichst hoher Produktionsnähe bedeutet auch, dass externe Bausteine, mit

---

59. [Brandes 11] liefert eine Formalisierung dieses Begriffs und ein Schema, mit dessen Hilfe Testumgebungen systematisch geplant und bzgl. Produktionsnähe objektiv verglichen werden können.

denen das Produkt in der Endanwenderlandschaft zusammenarbeiten muss, in der Testumgebung durch reale Komponenten oder durch realitätsnahe Simulationen solcher Komponenten dargestellt werden. Statt Testtreiber und Platzhalter werden also auf allen Ebenen möglichst die später tatsächlich zum Einsatz kommenden Hard- oder Softwareprodukte in der Testumgebung installiert (Rechnerhardware, Systemsoftware, Treibersoftware, Netzwerk, Fremdsysteme). Eine Systemtestumgebung kann deshalb sehr aufwendig, komplex und teuer sein.

Die hohe Zahl der zusammengeschalteten Komponenten bringt außerdem eine Vielzahl unterschiedlicher Aufbau- und Konfigurationsmöglichkeiten mit sich, in denen die Umgebung betrieben werden kann. Bestimmte Konfigurationen sind dabei typisch für bestimmte Anwendergruppen, Einsatzszenarien oder Kompatibilitätseigenschaften des zu prüfenden Produkts.

> **Fallbeispiel eHome-Controller 6–3: Systemtestumgebung**
>
> Die im Product Backlog (vgl. Abschnitt 3.3) gelistete Anforderung »läuft in Firefox ab Version 15.0« wird nicht durch einen einzelnen Testfall abgebildet, sondern durch die Testumgebung, indem eben dort Firefox 15.0 auf dem Client-PC installiert wird sowie ggf. ausgewählte jüngere Versionen und auf jeden Fall die jeweils aktuell verfügbare jüngste Version.
>
> Die Anforderung »Alle ›eHome-Tools‹-Geräte lassen sich über den ›eHome-Tools-Adapter‹ ansprechen« wird abgedeckt, indem in der Systemtestumgebung alle aktuell lieferbaren Busgeräte der Firma »eHome-Tools« aufgebaut und über einen Bus zusammengeschaltet werden.
>
> Zum Test der Kompatibilität mit Geräten anderer Hersteller werden sukzessive weitere solche Aufbauten mit Geräten weiterer Hersteller aufgebaut.

Der Systemtestaufwand skaliert also nicht nur mit der Anzahl der Systemtestfälle, sondern auch mit der Anzahl abzudeckender Testumgebungskonfigurationen. Was bedeutet das für agile Projekte?

Systemtestaufwand

- »Stückliste« und Konfiguration der Systemtestumgebung müssen bewusst geplant und definiert werden. Nur dann ist klar, welche Aussagekraft die Tests haben, die in der Umgebung ablaufen. Dabei ist dann auch abzuwägen zwischen Aussagekraft und Kosten der Umgebung.
- Das initiale Setup einer Systemtestumgebung kann aufwendig, kostenintensiv und fehlerträchtig sein. Tasks zum Aufbau der Systemtestumgebung müssen bereits in frühen Sprints adressiert werden.

Wird das versäumt, läuft das Team Gefahr, zu spät belastbares Feedback aus den Systemtests zu erhalten (vgl. Abschnitt 6.8.1).

- In jedem Sprint müssen Tasks zur Pflege der Systemtestumgebung reserviert werden. Andernfalls veraltet die Testumgebung, was schwerwiegende Impediments mit sich bringt: Die eingerichteten Konfigurationen halten nicht mit der Entwicklung des Produkts Schritt und werden unbrauchbar, neue Konfigurationsvarianten, die durch neue Features nötig werden, werden nicht aufgebaut. Die Systemtests verlieren Sprint für Sprint an Aussagekraft oder sind gar nicht mehr ausführbar.
- Wegen der vielen beteiligten, oft sehr heterogenen Komponenten ist es schwer, Setup und Konfiguration der Systemtestumgebung zu automatisieren. Dennoch ist es ein lohnendes Investment. Auch hier ist darauf zu achten, dass regelmäßig entsprechende Tasks eingeplant werden.
- In den Retrospektiven (s. Abschnitt 7.2.3) sollte der Scrum Master immer wieder nach Möglichkeiten zur Optimierung der Testumgebung und insbesondere der Systemtestumgebung fragen. Allerdings sind die Optimierungsziele ganz unterschiedlich: Unit- und Integrationstestumgebungen werden für eine maximal hohe Ablaufgeschwindigkeit der Tests optimiert. Jeder Testfall prüft einen »kleinen« Funktionsausschnitt unter bewusst vereinfachten Randbedingungen (z.B. ein vorab festgelegtes Schaltkommando senden und in einer Datei aufzeichnen). Externe Bausteine (wie etwa der eHome-Bus oder die zu schaltenden Aktoren) sind dazu durch Platzhalter zu ersetzen (vgl. Kap. 4). Natürlich ist auch im Systemtest eine möglichst hohe Ablaufgeschwindigkeit der Testfälle wünschenswert. Aber vorrangig ist hier das Ziel, die Aussagekraft der Tests zu maximieren – im Zweifel eben auch zulasten der Testlaufzeit. Wegen dieser unterschiedlichen Ziele ist es auch notwendig, für die Systemtests eine eigene Umgebung aufzubauen, statt von Unit Tests bis Systemtests alle Tests in derselben Umgebung ablaufen zu lassen.
- Wegen hoher Kosten ist es in vielen Projekten unvermeidbar, dass die Systemtestumgebung dem Team nicht uneingeschränkt zur Verfügung steht, sondern mit anderen Teams oder anderen Produktentwicklungseinheiten geteilt werden muss. Eine solche Situation behindert dann die Taskplanung des Teams und führt unter Umständen dazu, dass das Team seine Systemtests in ganz bestimmten Zeitslots abspulen muss. Diese Zeitfenster sind dann vielleicht extern vorgegeben oder müssen zumindest mit anderen Teams koordiniert werden. Es ist Aufgabe des Scrum Master, die notwen-

dige Koordination herbeizuführen. Das Forum dazu sind die sogenannten »Scrum of Scrums« [URL: Scrum Guide].

6.3 Manuelle Systemtests

6.3.1 Exploratives Testen

Exploratives Testen ist ein in der agilen Softwareentwicklung populäres, erfahrungsbasiertes Testvorgehen. Das Vorgehen kombiniert die Erkundung des zu testenden Systems mit Testfallentwurf und manueller Testdurchführung (s. [Crispin/Gregory 08]). Die wesentlichen Merkmale des Verfahrens sind:

- Der Tester legt vor Beginn der Testsitzung lediglich sein Testziel fest, also welche User Story oder welches Feature er testen will. Die Testsitzung wird dadurch auf diesen einen bestimmten Aspekt fokussiert. Der genaue Testverlauf bzw. die einzelnen Testschritte werden vorab nicht festgelegt. Auf eine Testspezifikation wird also verzichtet.
- Anschließend versucht der Tester die betreffende Story oder das betreffende Feature mit dem System auszuführen und erkundet dabei, wie sich das System verhält.
- Zur Beurteilung, ob das Testobjekt wie gewünscht reagiert, zieht der Tester all die Informationen über die zu testende Software heran, die ihm als Mitglied des Scrum-Teams zur Verfügung stehen und die er für nützlich erachtet. Das kann lediglich die Taskkarte sein, auf der das Feature kurz beschrieben ist, oder auch jede weitere Information. Knappe oder nicht vorhandene Dokumentation wird durch das aktive Erkunden des zu testenden Systems kompensiert.
- Den Testverlauf bzw. den genauen Weg durch die Software steuert der Tester dabei abhängig von den Beobachtungen, die er während der Testsitzung macht. Bereiche der Software, die sich »normal« verhalten oder die ihm bereits bekannt sind, werden übersprungen oder nur flüchtig getestet. Stößt er auf »verdächtige« Stellen (engl. smells), also auf Punkte, an denen das Verhalten des Testobjekts vom persönlich erwarteten Verhalten in irgendeiner Form abweicht, so vertieft er seinen Test an dieser Stelle, um Genaueres über das Programmverhalten herauszufinden.
- Beobachtungen und Erkenntnisse werden sofort notiert. Das betrifft nicht nur Fehlermeldungen, sondern auch Notizen über Unklarheiten oder Rückfragen des Testers an die Programmierer.

Ideal zum schnellen Überprüfen neuer Features

Der Tester benötigt weder eine detaillierte Spezifikation des Testobjekts noch eine Testspezifikation. Der Test entsteht während seiner Durchführung und es wird auf verdächtige oder fehlerhafte Bereiche fokussiert. Der Ansatz eignet sich damit hervorragend zum kurzfristigen und schnellen Überprüfen neuer oder auch unbekannter Features.

Die Nachteile sind: Die Qualität des Tests hängt in hohem Maße ab von der Erfahrung, der Disziplin und dem »Gespür« des Testers. Die Tests sind schwer oder gar nicht exakt wiederholbar und sie müssen manuell ausgeführt werden. Ferner besteht die Gefahr, dass der Tester im Testverlauf »abschweift« und letztlich trotz langer Testzeit nur eine geringe Fehlerfindungsrate erzielt.

6.3.2 Sitzungsbasiertes Testen

Das sitzungsbasierte Testen (engl. session based testing) ist eine Variante des explorativen Testens und versucht dessen o.g. Nachteile abzuschwächen. Die wesentlichen Merkmale des Verfahrens sind:

- Der Tester beschreibt sein Testziel in zwei bis drei Sätzen und legt seine Teststrategie fest.
- Die anschließende Testsitzung (engl. test session) ist zeitlich begrenzt (timeboxing) auf meist max. 90 Minuten und in die Abschnitte Setup, Testdesign und Durchführung sowie Fehlerlokalisierung und Fehlerbericht gegliedert.
- Jede Testsitzung wird in einem festen und vorab festgelegten Format (session sheet) stichwortartig elektronisch protokolliert (Testziel, Angaben über das zu testende System und seine Umgebung, Angaben zur Vorgehensweise, Testabdeckung, knappe Beschreibung der Funktionalitäten, Oberflächenelemente, die im Test betrachtet wurden, gefundene Fehler, offene Fragen, Unklarheiten etc.). Ziel dabei ist, dass alle derartigen Testprotokolle des Teams elektronisch leicht verdichtet und ausgewertet werden können.

Das Verfahren nutzt die Vorteile des explorativen Testens und gibt ihm gleichzeitig eine formalere Struktur. Ein großer Nutzen liegt in den elektronischen Testprotokollen: Diese erhöhen deutlich die Reproduzierbarkeit der Tests und ermöglichen eine einheitliche Auswertung aller so vorgenommenen Tests nach gleichen Kriterien. Verwendet das Team in den Protokollen zudem eine schlüsselwortbasierte Notation (vgl. Abschnitt 6.4), dann wird dadurch auch die Basis gelegt zu einer nachträglichen Automatisierung der Tests.

Mit sitzungsbasiertem Testen kann sich auch ein Product Owner zusammen mit dem Kunden oder zusammen mit z.B. Usability-Spezialisten schnell einen Eindruck vom System machen und auch sehen, wie Endanwender damit umgehen. Erfahrungsgemäß ist es nützlich, wenn ein Tester an solchen Sitzungen teilnimmt und sicherstellt, dass alle Erkenntnisse, die in der Sitzung gewonnen werden, reproduzierbar erfasst werden.

6.3.3 Akzeptanztests

In der Literatur über agile Softwareentwicklung wird oft nur von Unit Test und Akzeptanztest (engl. User Acceptance Test) gesprochen. Dabei entsteht der Eindruck, dass automatisierte Unit Tests und explorative, manuelle Akzeptanztests die aus dem V-Modell bekannten Integrationstests und Systemtests überflüssig machen. Von manchen Autoren (u.a. [Crispin/Gregory 08][60]) werden die Begriffe Akzeptanztests und Systemtests auch synonym verwendet. Nicht jeder Akzeptanztestfall muss aber ein Systemtestfall sein und auch Unit-Testfälle oder Integrationstestfälle können als Teil in einer Akzeptanztestsuite eingesetzt werden.

Die hier zugrunde gelegte Definition des Begriffs »Akzeptanztest« liefert das ISTQB-Glossar. Gemäß [URL: ISTQB 2.1] ist ein Akzeptanztest ein Test, der durchgeführt wird, um »die Entscheidung auf der Basis der Abnahmekriterien zu ermöglichen, ob ein System anzunehmen ist oder nicht«. Akzeptanztests sind also Abnahmetests, die der Kunde oder ein Vertreter des Kunden (in Scrum der Product Owner) auswählt und durchführt, um das System abzunehmen. Der Kunde bzw. der Product Owner hinterfragt hier, ob das Produkt seinen Zweck erfüllt und den erwarteten Nutzen bringt (»did we build the right system?«). In Scrum sind die Akzeptanz- bzw. Abnahmekriterien für jedes Feature bereits vor dem Sprint vom Product Owner mit dem Team abgestimmt worden und stehen im Backlog beim Eintrag des jeweiligen Features. Die »Übersetzung« dieser Akzeptanzkriterien in geeignete Testfälle und deren Automatisierung muss das Team im Sprint-Verlauf leisten.

Did we build the right system?

Da in Scrum der Product Owner der Vertreter des Kunden ist, sind Akzeptanztests in Scrum in erster Linie ein Qualitätssicherungsinstrument des Product Owner, während Unit Tests, Integrations- und Systemtests ein Qualitätssicherungsinstrument des Teams sind (»did we build the system right?«). Kunde/Product Owner und Team verfolgen mit ihren Tests unterschiedliche Ziele. Inhaltlich müssen Akzeptanz-

Did we build the system right?

---

60. »Acceptance tests verify that all aspects of the system, including qualities such as usability and performance, meet customer requirements« [Crispin/Gregory 08, Kap. 6].

tests aber nicht grundverschieden von den Tests des Teams sein. So kann das Team Schritte eines vom Product Owner beschriebenen Akzeptanztests als Testablauf auf einer anderen geeigneten Teststufe wiederverwenden. Andererseits kann auch der Product Owner Teile seiner Akzeptanztests durchaus aus der Menge bereits vorhandener Systemtests zusammensetzen.

Manuelle Akzeptanztests ergänzen die automatisierten Tests.

In der Praxis wird der Akzeptanztest eines Sprints inhaltlich meistens auf die im jeweiligen Sprint geänderten oder neu entstandenen Produktaspekte eingeschränkt. Das Team führt diese Akzeptanztestfälle dann in der Sprint-Demo dem Product Owner als manuellen explorativen Test vor. Wenn die übrigen Tests automatisiert erfolgen, ist das auch ohne großes Risiko machbar. Wenn aber außer diesen eingeschränkten Akzeptanztests keine weiteren Systemtests im Sprint stattfanden, dann ist das Risiko groß, dass unerwünschte Seiteneffekte der Änderungen, die im Sprint gemacht wurden, unentdeckt bleiben.

6.4 Automatisierte Systemtests

Für Unit Tests und Integrationstests ist es in agilen Projekten Stand der Praxis, dass diese Tests nicht manuell durchgeführt werden, sondern in Form von xUnit-Testskripten automatisiert vorliegen. Wenn diese Testskripte in einer CI-Umgebung eingebunden sind, werden sie bei jeder Codeänderung automatisch aufgerufen und ausgeführt (vgl. Kap. 4 und 5). Unit Tests und Integrationstests werden in diesem Sinne kontinuierlich durchgeführt und liefern schnelles, kontinuierliches Feedback an das Team.

Diesen Komfort und diese Feedbackgeschwindigkeit möchte man gerne auch für die Systemtests erreichen. Leider gelingt das nicht so leicht. Zum einen behindert (wie oben erläutert) die komplexere Systemtestumgebung. Zum anderen fällt es schwerer, Systemtestfälle zu automatisieren, als xUnit Tests zu schreiben. Die Gründe dafür sind vielfältig:

- Als wichtigste Testschnittstelle dient die Bedienoberfläche (Graphical User Interface, GUI) des zu testenden Produkts. Hier werden spezielle GUI-Testwerkzeuge benötigt (s. [URL: Toolliste]). Die Ausführungsgeschwindigkeit solcher GUI-Testwerkzeuge ist wesentlich geringer als die Geschwindigkeit typischer xUnit-Tests. Auch müssen die Tests häufig auf die Reaktion und Rückmeldung anderer Komponenten (beispielsweise auf die Antwort einer unterlagerten Datenbank) oder externer Systeme warten. Die Laufzeit eines GUI-Tests ist daher typischerweise um eine Größenordnung langsamer als die eines typischen Unit Test.

- Die Systemkonfiguration muss in klar definierte Ausgangszustände zurücksetzbar sein, auf denen die Testskripte zuverlässig aufsetzen können.
- Oft sind zusätzlich zur GUI weitere Testschnittstellen anzusprechen. Dies erfordert dann den Einsatz zusätzlicher Testautomaten. Es müssen dann Tests für verschiedene Testautomaten geschrieben und deren Ausführung koordiniert gesteuert werden.
- Für viele Testfälle muss die Testauswertung durch einen Menschen vorgenommen werden, da ein Soll-Ist-Vergleich der Ergebnisse maschinell nicht oder nur sehr aufwendig möglich ist.
- Aus ähnlichen Gründen sind für manche Systemtestfälle manuelle Bedieneingriffe notwendig, die ebenfalls nicht automatisiert werden können.
- Oft fehlen im Scrum-Team auch Personen mit dem Wissen und der Erfahrung über Systemtestautomatisierung.

6.4.1 Capture and Replay

Im Unit Test und Integrationstest liegt die Testschnittstelle auf Ebene des Programmcodes. Die Testfälle werden mittels xUnit erstellt und ein Testfall trägt jeweils zur Prüfung genau einer Methode des API des Testobjekts bei. Der Inhalt der Testfälle ergibt sich direkt aus der Sollfunktion jeder einzelnen API-Methode. Das »Vokabular«, in dem diese Tests formuliert sind, ist durch die Menge der API-Methoden und deren Parameter gegeben. Auf Ebene der Systemtests ist das anders gelagert. Als Testschnittstelle muss dort in der Regel die Bedienoberfläche des Produkts angesprochen werden. Als geeignetes Vokabular für Systemtests bieten sich daher die »Bedienschritte« an, die in der Bedienoberfläche möglich sind.

Mittels sogenannter Capture-and-Replay-Tools können solche Bediensequenzen aufgezeichnet werden. »Das Capture-and-Replay-Tool zeichnet während einer Testsitzung alle manuell durchgeführten Bedienschritte (Tastatureingaben, Mausklicks) auf, die der Tester am Testobjekt ausführt. Diese Bedienschritte speichert das Werkzeug als Testskript. Durch ›Abspielen‹ des Testskripts kann der aufgezeichnete Test beliebig oft automatisch wiederholt werden« [Spillner/Linz 12]. Im eHome-Beispiel könnte ein Testskript wie das folgende entstehen:

Capture-and-Replay-Tools zeichnen Bediensequenzen auf.

> **Fallbeispiel eHome-Controller 6–4: Bediensequenz im Systemtest**
>
> Der Tester öffnet die eHome-Controller-Applikation in seinem Browser und schaltet per Mausklick das »Licht am Küchenfenster« ein und aus. Nachfolgende Abbildung zeigt das eHome-Controller-GUI im Browser.
>
>
>
> Seine Bedienschritte zeichnet er mit dem Capture-and-Replay-Tool »Selenium IDE« (s. [URL: Toolliste]) auf. Als Ergebnis erhält er beispielsweise folgendes Testskript:
>
> ```
> open http://ehome/eHomeController/index.php
> clickAndWait xpath=(//a[contains(text(),'an')])[2]
> clickAndWait xpath=(//a[contains(text(),'aus')])[2]
> ```

Das Testskript weist einige Schwächen auf. Zum einen testet es nicht wirklich, ob das »Licht am Küchenfenster« eingeschaltet wurde, sondern es löst lediglich Klicks auf den »an«- und »aus«-Button aus, ohne zu überprüfen, ob das System diese Kommandos tatsächlich ausführt. Zum anderen verknüpft es den Testfall eng mit der Bedienoberfläche und auch mit der Testumgebung. Denn der Testfall erwartet eine deutschsprachige Bedienoberfläche (»an«, »aus«), in der das »Licht am Küchenfenster« als zweites »Licht«-Icon erscheint. Und der Befehl clickAndWait verwendet eine im Testtool eingestellte Wartezeit, die sich aber je nach Testumgebung verändern kann.

Wenn man Systemtestfälle mittels Capture-and-Replay-Tool aufzeichnet und somit im Vokabular der »Bedienschritte« formuliert, läuft man sehr leicht in solche Fallen. Und man legt sich auf eine bestimmte Ausprägung oder Technologie der Bedienoberfläche (z. B. HTML) fest. Gerade die Bedienoberfläche ist aber ein Teil des Produkts, der sich über die Sprints hinweg erfahrungsgemäß stark verändert. Die Tests müssen dann in jedem Sprint immer wieder aufwendig an die veränderte Bedienlogik und/oder GUI-Technologie angepasst werden. Statt vorhandene Tests ständig zu pflegen, möchte man die

Zeit im Sprint aber nutzen, um neue Tests für die neuen Funktionen zu erstellen. Ein weiteres Manko ist: Viele Produkte bieten dem Anwender alternative Oberflächen bzw. Layouts zur Auswahl an. Beispielsweise lässt sich der eHome-Controller nicht nur über die grafisch aufwendiger gestaltete PC-Browser-Webseite steuern, sondern auch über eine für Smartphones oder Tablets optimierte Webseite. Es ist weder wirtschaftlich noch zeitlich machbar, für jede dieser Oberflächen verschiedene Systemtests zu erstellen.

6.4.2 Schlüsselwortgetriebener Test

Das Team kann solche Schwierigkeiten vermeiden, wenn es als Systemtestvokabular statt der Bedienschritte ein abstrakteres Vokabular wählt. Nämlich das Vokabular der Use Cases oder der Businesslogik der Anwendung.

Diese Methode, Systemtests zu formulieren, wird auch als »schlüsselwortgetriebener Test« oder »keyword driven testing« bezeichnet und ist eine etablierte Technik zur Systemtestautomatisierung. Die Businesslogik des eHome-Controllers dreht sich um das »Schalten elektrischer Geräte« – und das eHome-Team beschließt, für seine Systemtests eine passende »domänenspezifische Testsprache«[61] zu definieren:

> **Fallbeispiel eHome-Controller 6–5a: Entwicklung einer DSL für den Systemtest**
>
> Ein Hausbewohner und Anwender der eHome-Software steuert elektrische Geräte (z.B. Lampen) oder lässt sich Sensordaten anzeigen (z.B. Temperaturen). Lampen können geschaltet oder gedimmt werden, Sensoren können ausgelesen und mit Sollwerten belegt werden.
>
> »Sätze« einer sehr einfachen Sprache zum Umgang mit den Objekten dieser Domäne könnten daher nach dem Schema <Objektname> <Kommando> gebildet werden und wie folgt aussehen:
>
> ```
> Küchenlampe einschalten;
> Wohnzimmer-Temperatur anzeigen;
> ```
>
> Eine verbessertes Schema erlaubt es, den Ort durch ein Zimmer und eventuell durch ein Geschoss zu identifizieren, und könnte so aussehen:
>
> ```
> <Geschoss><Zimmer><Objekttyp><Objektname><Kommando><Parameter>
> ```

---

61. Die hier vorgestellte Kommando- bzw. Schlüsselwortnotation kann als eine einfache »Domain Specific Language« (DSL) aufgefasst werden. Als Werkzeug zur Testautomatisierung in agilen Projekten sind DSLs ein interessanter Ansatz. Komplexere DSLs besitzen Variablen, Kontrollstrukturen, Prozedurdefinitionen und andere Sprachkonstrukte. Einführungen in das Thema DSLs bieten z.B. [Ghosh 11], [Fowler/Parsons 10] und [Rahien 10]. Die Grundlagen zum Compilerbau finden sich z.B. in [Aho et al. 99].

> Dieses einfache Schema reicht aus, um schon relativ umfangreiche Steuerungssequenzen zu formulieren. So könnte die Hausherrin auf dem Nachhauseweg über ihr Smartphone folgende Befehlssequenz senden:
>
> ```
> Garagentor auf
> Wohnzimmer Heizung 20 Grad
> Erdgeschoss Licht an[a]
> Wohnzimmer Licht Sitzecke dimmen 60%[b]
> Fernseher an[c]
> ```

a. Wenn der Objektname weggelassen wird, werden alle Geräte am angegebenen Ort gleichzeitig angesprochen.
b. Welche Parameter verfügbar sind, hängt vom jeweiligen Kommando ab.
c. Wenn der Objektname eindeutig ist, kann die Ortsangabe entfallen.

Wie man sieht, eignet sich diese DSL bereits gut, um in standardisierter Form praxisrelevante Use Cases zu notieren. Und als »Abfallprodukt« wurde gleichzeitig eine kommandoorientierte Bedienschnittstelle für den eHome-Controller spezifiziert. Um eine domänenspezifische Testsprache daraus zu machen, fehlt noch ein Schritt: Die Reaktionen des Systems müssen erkannt und mit Sollwerten verglichen werden können. Dazu wird außer den oben gezeigten »Aktionen« auch eine »check«-Funktion benötigt. Ein Systemtestfall könnte dann so spezifiziert werden:

Fallbeispiel eHome-Controller 6–5b: Systemtestfall

Kommandosyntax	Funktionsaufrufe der Testablaufsteuerung
Kueche Licht Fenster an	switch('Kueche','Licht','Fenster','an');
Kueche Licht Fenster status? an	assert('Kueche','Licht','Fenster','an');

Das »check«-Kommando assert liest den Status des Küchenlichts und prüft, ob dieser Status »an« ist. Je nachdem, wie viel »Intelligenz« man in den Parser für die Sprache und in die Testablaufsteuerung (die die Sprachkonstrukte letztlich ausführen können muss) einbaut, kann die Bedienschnittstelle, aber auch die Testsprache beliebig komfortabel werden. Für die Nutzung als Testsprache ist besonders hilfreich, wenn Testparameter durch Variablen und Wertetabellen repräsentiert werden können:

> **Fallbeispiel eHome-Controller 6–5c: datengetriebener Test**
>
> ```
> switch (FLOOR, ROOM, DEVICE, NAME, 'aus');ᵃ
> assert(FLOOR, ROOM, DEVICE, NAME, 'aus');
> switch (FLOOR, ROOM, DEVICE, NAME, 'an');
> assert (FLOOR, ROOM, DEVICE, NAME, 'an');
> switch (FLOOR, ROOM, DEVICE, NAME, 'aus');
> ```
>
> | FLOOR | ROOM | DEVICE | NAME |
> |-------|------------|-----------|-----------|
> | EG | Wohnzimmer | Licht | Sitzecke |
> | EG | Kueche | Licht | Fenster |
> | OG | Kind | Steckdose | Fernseher |
> | ... | | | |

a. Man kann auch das Kommando »an« oder »aus« in der Testdatentabelle hinterlegen. Der Zweck der Testsequenz ist aber zu prüfen, ob ein Gerät korrekt an- und wieder ausgeschaltet werden kann, und das für eine Reihe von Geräten. Dieser Testzweck wird deutlicher, wenn an/aus im Testfall codiert ist und nicht in der Testdatenliste.

Über die Variablen einer Testdatentabelle wird obige Testsequenz mit passenden Testdaten »versorgt«. So entsteht ein datengetriebener Test, der die in der Tabelle angegebenen Geräte aus- und anschaltet, prüft, ob die Schaltkommandos ausgeführt werden, und jedes Gerät zum Abschluss in den »aus«-Status zurückschaltet.

Zusammengefasst ergeben sich durch eine schlüsselwortbasierte, domänenspezifische Testsprache folgende Vorteile:

Vorteile einer schlüsselwortbasierten, domänenspezifischen Testsprache

- Die Testfälle werden vollständig im Vokabular der Anwendungsdomäne formuliert. Sie bilden ab, was das System leisten soll, aber nicht, »wie« es das leistet. Sie sind für Fachtester, Anwender und Kunden und andere Stakeholder verständlich, was nicht unerheblich zu wertvollem Feedback dieses Personenkreises beitragen kann.
- Ändert sich die Implementierung des Produkts, bleiben die Tests weiterhin gültig und ablauffähig. Die Tests im Beispiel können unverändert zum Test einer PC-Browser-Oberfläche verwendet werden, aber auch für den Test über eine unter Umständen ganz anders aussehende Oberfläche einer Smartphone App.
- Die Testfälle eignen sich auch, um Tests auf niedrigeren Systemschnittstellen anzusteuern, ohne die Testfälle zu verändern! Im Beispiel könnte etwa ein entsprechender Testtreiber die Testfälle in Controller-Kommandos übersetzen und direkt den eHome-Cont-

roller ansprechen. Der Testtreiber kann dann als Stellvertreter (bzw. Doublette) der GUI dienen, sodass die Testfälle auch ohne GUI ablaufen können. Das reduziert die Testlaufzeit und es erlaubt den Test des Controllers schon im Rahmen der Unit Tests und Intergrationstests. Auch dann, wenn die GUI noch nicht fertiggestellt ist.

Natürlich ist dieser Komfort nicht umsonst zu haben: Im Team muss Einigkeit über die zu verwendenden Schlüsselworte herrschen und dieses Vokabular muss stabil sein. Es wird ein Interpreter benötigt, der die Kommandos in passende Funktionsaufrufe der Testablaufsteuerung übersetzt, eine passende Testablaufsteuerung, die die Kommandos ausführt, und ein Adapter, der die Testablaufsteuerung letztlich mit dem Testobjekt verbindet. Damit der Adapter im Testobjekt die jeweils anzusteuernden Objekte (im Falle einer Bedienoberfläche also Buttons, Checkboxen, Textfelder usw.) sicher erkennt, müssen diese Objekte feste Identifiers besitzen, die über die Sprints hinweg unverändert bleiben müssen. Andernfalls muss der Testcode von Sprint zu Sprint an die wechselnden Identifiers angepasst werden, was unnötigen Wartungsaufwand erzeugt. Abbildung 6–1 veranschaulicht, wie die verschiedenen Schichten einer solchen Testautomatisierung zusammenwirken.

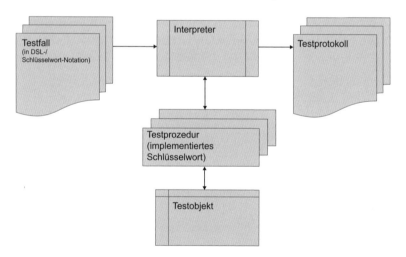

Abb. 6–1
Dreischichtige Testarchitektur

Dreischichtige Testarchitektur

Eine dreischichtige Testarchitektur sorgt für eine klare Trennung der Zuständigkeiten. Dinge, die in der Testlogik nichts zu suchen haben, sind in die Ablaufsteuerung oder den Adapter verschoben:

- **Entkopplung der Testumgebung:**
  Ein Parameter, wie z.B. eine einzustellende Timeout-Wartezeit, ist keine Eigenschaft des Testfalls, sondern eine Eigenschaft des Laufzeitverhaltens der Testumgebung. Daher sollten solche Parameter

in die Ablaufsteuerung «ausgelagert« und dort z.B. als Methode einer Klasse »Testumgebung« (TestEnvironment) implementiert werden. Indem die Ablaufsteuerung diese Methode (z.B. TestEnvironment->wait_for_MsgAck()) aufruft, ist sichergestellt, dass automatisch immer genau so lange auf ein Quittungssignal gewartet wird, wie es die jeweilige Testumgebung erfordert. Wie lange gewartet werden muss, »entscheidet« jetzt die Testumgebung. Die Wartezeit ist nicht mehr Eigenschaft der Testlogik. Auf ähnliche Art können auch andere Eigenschaften der Testumgebung aus der Testlogik herausgehalten werden.

Entkopplung der Testschnittstelle:
Wenn die Testlogik zu sehr mit einer bestimmten Testschnittstelle verwoben ist, dann kann der Testfall nur über diese bestimmte Testschnittstelle ausgeführt werden. Im Gegensatz zu Unit Tests und Integrationstests gibt es im Systemtest häufig Situationen, wo die gleichen Testfälle über verschiedene Testschnittstellen laufen sollen. Der eHome-Controller etwa kann über unterschiedliche Oberflächen bedient werden (verschiedene PC-Browser, verschiedene Smartphone-Browser und Apps, Kommandoschnittstellen). Indem die Testablaufsteuerung nicht direkt, sondern über einen Adapter auf die gewünschte Testschnittstelle zugreift, kann sie durch Austausch der Adapter mit verschiedenen Testschnittstellen kommunizieren, ohne dass die Testlogik verändert werden muss. Der Adapter leistet dann die »Übersetzung« der Testschritte in das Format der jeweiligen Testschnittstelle. Um Tests über die GUI des Testobjekts auszuführen, wird dann beispielsweise ein Adapter benötigt, der einen geeigneten GUI-Testautomaten (z.B. Selenium) ansteuert und in dessen Befehle übersetzt.

Wenn das Team seine Systemtests entwirft, muss es untersuchen, ob eine so hohe Modularität und Flexibilität im Projekt benötigt wird. In kleinen oder kurzlaufenden Projekten wird sich das vermutlich nicht auszahlen. Denn der Aufbau einer solchen dreischichtigen, schlüsselwortbasierten Systemtestautomatisierung erfordert ein nennenswertes initiales Investment. Allerdings gibt es am Markt heute Werkzeuge, die den Aufbau einer solchen Testarchitektur vereinfachen (s. [URL: Toolliste]).

Zum anderen kann die Aufbauarbeit inhaltlich stark entkoppelt werden von den Tasks, die zur Produktentwicklung nötig sind. In der Produktentwicklung werden die Produktfeatures implementiert und die zugehörigen Systemtests in Schlüsselwortnotation erfasst. Wenn die Testablaufsteuerung schon vorhanden ist, laufen die schlüsselwortbasierten Tests sofort! Ist die Testablaufsteuerung noch unvollständig,

Schlüsselwortbasierte Systemtestautomatisierung erfordert initiales Investment.

dann wird erst ein Teil der Systemtests automatisiert laufen. Diejenigen, die noch nicht ausführbar sind, müssen vorübergehend manuell ausgeführt werden. Aber die Testvorschrift, was der Tester manuell zu prüfen hat, die liegt in Schlüsselwortnotation bereits vor.

Zur Programmierung der Testablaufsteuerung ist nur geringes oder gar kein Wissen über die fachliche Logik der Anwendung nötig. Gefragt ist vielmehr gutes Testautomatisierungs-Know-how. Das Schreiben der Anwendung, das Schreiben der Systemtests (in Schlüsselwortnotation) und das Programmieren der Testablaufsteuerung sind deshalb Tasks, die an verschiedene Teammitglieder verteilt werden können. Die Sprint-Planung kann daher relativ gut »ausbalancieren«, dass die Testablaufsteuerung mit den Systemtests und dem Produkt in etwa Schritt hält. Ein größerer Aufwand ist freilich nötig, um eine geeignete Testablaufsteuerung erstmals, initial im Team aufzubauen und in die CI-Umgebung zu integrieren. Dieser Aufgabenblock sollte im Rahmen des Aufbaus der CI-Umgebung vom ersten Sprint an angegangen und in den frühen Sprints stark gewichtet werden.

6.4.3 Behavior-Driven Test

Ein weiterer Ansatz, um Tests in einer domänenspezifischen Sprache (DSL) zu formulieren und zu automatisieren, ist »Behavior-Driven Test« (BDT) (s. [URL: BDT]). Im Unterschied zum oben beschriebenen schlüsselwortgetriebenen Test, wo mit einer tabellenorientierten Darstellung der Testfälle gearbeitet wird, bietet der BDT-Ansatz eine noch stärker an natürlicher Sprache angelehnte Fließtextnotation.

Die Übergänge zwischen den Ansätzen sind allerdings fließend und lassen sich ineinander überführen. So ist es denkbar, auch für BDT-Testskripte die verwendeten Schlüsselworte in einem Repository zu verwalten und Möglichkeiten zur hierarchischen Strukturierung vorzusehen.

Für BDT steht eine Reihe von Frameworks zur Verfügung, z.B. Fit, FitNesse, Cucumber, JBehave, Specs2 oder Behat (vgl. [URL: Toolliste]), die die Automatisierung von BDT-Testfällen unterstützen. Der Automatisierungsansatz ist dabei vergleichbar mit dem oben beschriebenen Schlüsselwortansatz: Ein Produktfeature wird durch ein oder mehrere sogenannte »Scenarios« getestet. Ein Scenario entspricht dabei einem Systemtestfall und gliedert sich in `Given-When-Then`-Abschnitte, die in etwa den `setup-procedure-check`-Abschnitten eines Unit-Testfalls entsprechen (vgl. Abschnitt 4.1.2).

Im eHome-Beispiel könnte das Team das für PHP geeignete Framework »Behat« einsetzen und das folgende Testskript erstellen:

Fallbeispiel eHome-Controller 6–6: Systemtestfall formuliert als Behavior-Driven Test mit Behat

Feature: Geraete_steuern
Als eHome-Bewohner kann ich Geraete unterschiedlicher Klassen steuern, wobei der eHome-Controller nur die fuer eine Geraeteklasse gueltigen Steuerbefehle zulaesst.

Scenario: Licht ein und ausschalten
    Given Geraet "Licht" in "Kueche" am "Fenster"
    When schalten "an" "Licht" in "Kueche" am "Fenster"
    Then status "Licht" in "Kueche" am "Fenster" ist "an"

Die im Scenario vorkommenden Schlüsselworte und Parameter (z.B. schalten und "Licht") muss das eHome-Team durch unterlagerte Testskripte implementieren. Für das Kommando schalten ist beispielsweise eine PHP-Funktion nach folgendem Muster zu programmieren:

```
/**
 * @When /^schalten "([^"]*)" "([^"]*)" in "([^"]*)" am "([^"]*)"$/
 */
public function schaltenInAm($arg1, $arg2, $arg3, $arg4) {
    ...
}
```

Bei der Ausführung des Tests ruft Behat dann diese PHP-Funktion mit folgenden Parametern auf:

```
schaltenInAm("an", "Licht", "Kueche", "Fenster");
```

Der Einsatz eines BDT-Frameworks führt also ebenfalls zu einer mehrschichtigen Testarchitektur (vgl. Abb. 6–1). Als Schnittstelle der Testautomatisierung zum Testobjekt nutzen BDT-Frameworks wie Unit-Test-Frameworks die APIs des betreffenden Testobjekts. Wenn diese API auf einer hohen Architekturebene angesiedelt ist, dann kann BDT Systemtestfälle, die ansonsten über die Bedienoberfläche des Produkts zugreifen müssten, teilweise ersetzen.

Auch Unit-Testfälle (s. Kap. 4) können prinzipiell in Form von BDT formuliert werden. Der zusätzliche Aufwand für die natürlichsprachliche Formulierung ist hier allerdings selten gerechtfertigt. Denn das API einer einzelnen Klasse implementiert in Relation zu einer Anforderung auf Systemebene meistens nur eine Teil- oder Basisfunktionalität. Und diese Funktionalität lässt sich im Vokabular des API (API-Methoden und deren Parameter) einfacher ausdrücken als im Vokabular der Systemanforderungen. Wenn man allerdings erreichen möchte, dass die Unit Tests auch von Personen verstanden werden, die keinen Programmcode bzw. keinen herkömmlichen Unit-Test-Code

BDT und API-Tests

lesen können, dann kann BDT eine Lösung sein. Analoges gilt für Integrationstestfälle.

6.5 Test First im Systemtest

Test First bedeutet, dass der Entwickler, bevor er ein Stück Code ändert oder ein neues Stück Code schreibt, zuerst einen oder mehrere Testfälle entwirft und automatisiert, die den geänderten oder neuen Code hinreichend testen[62]. Der fehlerfreie Durchlauf dieser Testfälle wird als »Done«-Kriterium des Programmiertasks aufgenommen. Im Unit Test und Integrationstest funktioniert das sehr gut (vgl. Kap. 4 und 5). Aber lässt sich Test First auch für Systemtests praktizieren?

Wenn die Tests in einem GUI-Testwerkzeug aufgezeichnet oder codiert werden, dann muss das Testobjekt mit Bedienoberfläche vorhanden sein. Denn das GUI-Testwerkzeug greift unmittelbar auf die Bedienoberfläche des Testobjekts zu. Test First ist so nicht machbar.

Systemtestfälle per Schlüsselwortmethode

Wenn die Systemtestfälle per Schlüsselwortmethode oder BDT im Vokabular der Businesslogik formuliert werden, dann entstehen Testfälle, die unabhängig sind von der technischen Realisierung des Produkts und insbesondere unabhängig von dessen Bedienoberfläche. Dadurch ist man in der Lage, auch diese Testfälle zu entwerfen und zu notieren, bevor das Testobjekt existiert. Die Schlüsselwortmethode oder BDT sind also nicht nur ein Mittel, um Testautomatisierungen zu modularisieren, sondern auch Methoden, mittels der Test First für Systemtests möglich gemacht wird.

6.5.1 Systemtest-Repository

Damit das Team die Schlüsselwortmethode oder BDT, und damit Test First, erfolgreich praktizieren kann, muss es sich auf ein gemeinsames Schlüsselwortvokabular und eine gemeinsame Notation einigen! Wenn hier keine Absprachen und Festlegungen erfolgen, dann besteht die Gefahr, dass immer wieder neue Schlüsselworte eingeführt werden, die Dinge adressieren, die durch vorhandene Schlüsselworte in gleicher oder ähnlicher Form bereits abgedeckt werden. Dies führt dann zu redundanten oder in unterschiedlichen Fassungen vorhandenen Systemtestfällen. Benötigt wird deshalb ein zentrales »Lexikon«, in dem das Team seine Schlüsselworte sammelt und verwaltet.

---

62. »Write a failing automated test before changing any code« [Beck/Andres 04, Kap. 7].

Eine optimale Unterstützung bietet hier das Testwerkzeug Test-Bench (s. [URL: Toolliste]). Im Repository dieses Tools kann das Team sämtliche Schlüsselworte in einer einheitlichen Notation erfassen und speichern. Neue Testfälle können aus Schlüsselworten einfach per Drag & Drop zusammengesetzt werden. Müssen Testfälle oder Schlüsselworte geändert werden, können Querverweislisten generiert werden, die sofort zeigen, in welchem Testfall welche Schlüsselworte mit welchen Parametern verwendet werden. Auch bei sehr umfangreichen Systemtests können dann Änderungen und Erweiterungen der Systemtestsuite mit begrenztem Aufwand erledigt werden.

6.5.2 Pairing

Damit Test First auch im Systemtest funktioniert, sollte das Team als flankierende Technik »Pairing« einsetzen. Dabei ist es ideal, wenn je nach Art des zu erledigenden Tasks unterschiedliche Paare gebildet werden:

- **Neue Systemtestfälle entwerfen:**
  Bevor der Programmierer beginnt, Programmcode zu schreiben, muss er die erforderlichen Testfälle entwerfen. Dies sollte im »Pairing« gemeinsam mit einem Tester passieren, vor allem dann, wenn es um Systemtestfälle geht. Der Tester sorgt dabei dafür, dass die Systemtestfälle das System tatsächlich aus Sicht des späteren Anwenders unter die Lupe nehmen und dass alle Anforderungen, die dem zu implementierenden Feature zugrunde liegen, durch Testfälle abgedeckt werden. Der Programmierer hingegen hilft dem Tester, die Testfälle auf den Test des jeweiligen Features zu fokussieren.

- **Entwurf und Pflege der Schlüsselworte:**
  Hier steht das fachliche Wissen über die Anwendung und die Anwendungsdomäne im Vordergrund. Mit einem hinreichenden Know-how über die Anwendungsdomäne ist es relativ einfach, einzelne Schlüsselworte zu benennen, deren Parameter zu bestimmen und dann als Definition im Repository einzutragen. Die Aufgabe könnte ein einzelner Tester erledigen. Viel schwieriger ist es aber, eine durchdachte Schlüsselwortbibliothek aufzubauen und diese über alle Sprints hinweg konsistent zu halten. Die Erfahrung zeigt, dass zwei Tester im »Pairing« hier effizienter und mit besseren Ergebnissen arbeiten als »Einzelkämpfer«.

- **Automatisierung der Schlüsselworte:**
  Hier geht es darum, auf niedrigeren Ebenen der Testablaufsteuerung einzelne Schlüsselworte durch Testskripte zu implementieren

und damit zu automatisieren. Das erfordert Programmierung in der Skriptsprache des GUI-Testtools, kann aber auch Programmierung in xUnit oder anderen Skriptsprachen notwendig machen. Ein Team aus Testern und Programmierern kann hier ideal zusammenwirken.

6.6 Nicht funktionale Tests

Die Systemtestfälle aus den bisherigen Beispielen dieses Kapitels sind funktionale Testfälle. Mit ihnen prüft das Team, ob die Software die Anforderungen, die an seine Funktion gestellt werden (funktionale Anforderungen), erfüllt, also ob bestimmte Funktionen oder Features korrekt ausgeführt werden (z.B. »Licht einschalten«).

ISO 25010

An ein Softwareprodukt wird aber auch eine ganze Reihe nicht funktionaler Anforderungen gestellt. »Nicht funktionale Anforderungen beschreiben Attribute des funktionalen Verhaltens, also »wie gut« bzw. mit welcher Qualität das (Teil-)System seine Funktion erbringen soll. Ihre Umsetzung beeinflusst stark, wie zufrieden der Kunde bzw. Anwender mit dem Produkt ist und wie gerne er es einsetzt« [Spillner/Linz 12, Kap. 3]. Die Merkmale, die hier eine Rolle spielen, wie Effizienz (Performance efficiency), Kompatibilität (Compatibility), Benutzbarkeit (Usability), Zuverlässigkeit (Reliability), Schutz vor unbefugtem Zugriff (Security)[63], Wartungsfreundlichkeit (Maintainability) sowie Übertragbarkeit (Portability) sind in [ISO 25010][64] beschrieben. Auch die Erfüllung nicht funktionaler Systemeigenschaften muss über entsprechende Tests (in der Regel im Systemtest) überprüft werden. Hierzu gehören nach [Spillner/Linz 12][65]:

- Lasttest:
Messung des Systemverhaltens in Abhängigkeit steigender Systemlast (Load), z.B. steigende Anzahl parallel arbeitender Anwender, steigende Anzahl von Transaktionen einer Datenbank.

---

63. »Sicherheit« im Sinne von »sicheres Verhalten bei Fehlbedienung oder Systemausfall« wird als »safety« bezeichnet und ist nicht mit der Eigenschaft »security« zu verwechseln.
64. ISO 25010:2011 ist Teil der neuen Normenreihe »Software Engineering – Software Product Quality Requirements and Evaluation (SquaRE)« und hat 2011 Teil 1 der bisherigen Norm über Qualitätsmodelle [ISO 9126] abgelöst.
65. [Crispin/Gregory 08] klassifizierten Softwaretest in einem 4-Quadranten-Schema. Die nicht funktionalen Tests ordnen sie in Quadrant 4 ein, die »technologieorientierten, automatisierbaren Tests«. Usability-Tests sehen sie als manuelle Tests, die sie folglich in Quadrant 3 einordnen.

6.6 Nicht funktionale Tests

- **Performanztest:**
  Messung der Verarbeitungsgeschwindigkeit (Performance) bzw. Antwortzeit für bestimmte Anwendungsfälle, in der Regel in Abhängigkeit steigender Last.
- **Volumentest/Massentest/Stresstest:**
  Beobachtung des Systemverhaltens in Abhängigkeit zur Datenmenge (z. B. Verarbeitung sehr großer Dateien) und Beobachtung des Systemverhaltens bei Überlastung.
- **Test der Sicherheit (Security)** gegen unberechtigten Systemzugang oder Datenzugriff.
- **Test der Zuverlässigkeit (Reliability)** und Stabilität im Dauerbetrieb (z. B. Ausfälle pro Betriebsstunde bei gegebenem Benutzungsprofil).
- **Test auf Kompatibilität/Datenkonversion:**
  Prüfung der Verträglichkeit mit vorhandenen Systemen (Interoperability). Import/Export von Datenbeständen.
- **Test auf Robustheit** gegenüber Fehlbedienung, Fehlprogrammierung, Hardwareausfall usw. sowie Prüfung der Fehlerbehandlung und des Wiederanlaufverhaltens (Recovery).
- **Test unterschiedlicher Konfigurationen** des Systems, z. B. unterschiedliche Betriebssystemversionen, Landessprache, Hardwareplattform.
- **Test auf Benutzungsfreundlichkeit:**
  Prüfung von Erlernbarkeit und Angemessenheit der Bedienung (Usability); Verständlichkeit der Systemausgaben usw., jeweils bezogen auf die Bedürfnisse einer bestimmten Anwendergruppe (s. a. [ISO 9241]).
- **Prüfung der Dokumentation** auf Übereinstimmung mit dem Systemverhalten (Systemhandbücher, Bedienungsanleitungen, Schulungsunterlagen u. Ä.).
- **Prüfung auf Änderbarkeit/Wartbarkeit:**
  Verständlichkeit und Aktualität der Entwicklungsdokumente; modulare Systemstruktur usw.

Das Überprüfen und Testen all dieser Anforderungen stellt ein agiles Team vor einige Herausforderungen:

- Lasttests, Performanztests, Volumentests usw. sind per se umfangreiche, langlaufende Tests. Diese Tests können, wenn sie in den CI-Lauf eingebunden sind, diesen erheblich verlangsamen. Auch für

einen Test im Rahmen des »Nightly Build« sind die Laufzeiten dieser Tests manchmal zu lang.
- Tests auf Robustheit, Hardwareausfall, Recovery usw. sind schwer automatisierbar und benötigen in der Regel manuelle Eingriffe zur Ausführung der Tests, aber auch zum vorbereitenden Setup der Testumgebung.
- Tests auf Benutzungsfreundlichkeit und die Prüfung der Dokumentation auf Aktualität und Vollständigkeit und des Codes auf u.a. Wartbarkeit erfordern manuelles Testen bzw. intensive Reviews.

Nicht funktionale Themen müssen früh und regelmäßig durch Reviews und Tests adressiert werden. Die naheliegende Lösung ist, all diese Tests in einen »Systemtest-Sprint« zu verschieben. Aber diese Strategie (s. Abschnitt 6.8.1) bringt massive Nachteile mit sich: Das Feedback kommt zu spät. Gerade bei nicht funktionalen Aspekten ist das noch gefährlicher. Denn Probleme, wie z.B. schlechte System-Performance oder schlechte Usability, haben ihre Ursache oft in grundlegenden Architektur- oder Designfehlern oder sind schlicht fehlendem Design geschuldet. Wenn dann z.B. ein Performance-Test solche Architekturprobleme aufdeckt, ist es selten damit getan, nur ein paar Codezeilen zu ändern. Oft ist ein großflächiges Refactoring notwendig. Das bedeutet: Gerade nicht funktionale Themen müssen früh und regelmäßig durch Reviews und Tests adressiert werden.

Um das Dilemma zu lösen, hat das Team verschiedene Ansatzpunkte:

- Langlaufende Tests: In der Sprint-Planung wird festgelegt, welche Features des Produkts im aktuellen Sprint neu eingebaut oder modifiziert werden. Für jedes dieser Features werden geeignete Akzeptanzkriterien vereinbart. In diese gehören auch alle nicht funktionalen Eigenschaften, die durch das betreffende Feature tangiert werden oder die dieses Feature lokal aufweisen soll. Der Entwurf und (soweit möglich) die Automatisierung geeigneter Tests, die diese nicht funktionalen Eigenschaften Feature-orientiert prüfen, sind Teil der Taskliste des betreffenden Features und müssen im Sprint miterledigt werden. Um dies sicherzustellen, sollte der Scrum Master anhand einer Checkliste für jedes Feature abfragen, welche der o.g. nicht funktionalen Tests das Team beim betreffenden Feature für relevant erachtet. Auch die erstmalige und mindestens einmalige Durchführung dieser Tests ist dann im selben Sprint unterzubringen! Geht man so vor, dann erhält das Team zumindest bis zum Ende des Sprints eine Rückkopplung darüber, wie gut die neuen Features ihre nicht funktionalen Anforderungen erfüllen

oder ob sich ggf. Architekturprobleme abzeichnen, die dann im kommenden Sprint sofort angegangen werden können.
- Tests auf Robustheit, Hardwareausfall u.Ä. können als »explorative Tests« umgesetzt werden. Auf eine volle Regression aller Robustheitstests in jedem Sprint wird verzichtet. Stattdessen wird in der Sprint-Planung ausgewählt, welche Tests aus der Liste aller Robustheitstests im Sprint an die Reihe kommen. Auch hier gehören dann die entsprechenden Tasks in die Taskliste des Sprints.
- Die Prüfung von Benutzungsfreundlichkeit, Dokumentation, Codewartbarkeit u.Ä. wird durch Pairing frühzeitig und kontinuierlich adressiert. Statt umfangreicher, zeitraubender Reviews am Sprint-Ende oder erst in einem »Systemtest-Sprint« erfolgen die entsprechenden Checks täglich bzw. kontinuierlich in den Zweierteams als Vier-Augen-Prüfungen. Damit das zuverlässig geschieht, sollte der Scrum Master jedes Team mit einer Checkliste relevanter Prüfaspekte versorgen. Und er sollte durchaus stichprobenartig nachfragen, welche Reviewbefunde jedes Zweierteam diskutiert und welche Gegenmaßnahmen es ggf. eingeleitet hat. Da nicht funktionale Eigenschaften selten lokale Eigenschaften einer oder weniger Features sind, sondern meistens globale Systemeigenschaften bzw. die Systemarchitektur betroffen sind, ist es wichtig, dass solche Reviewbefunde regelmäßig auch im gesamten Team besprochen werden. Der Scrum Master muss sicherstellen, dass dies häufig genug stattfindet. Das Team muss dann abhängig vom Gesamtbild entscheiden, ob und welche Tasks z.B. zur Verbesserung der Benutzungsfreundlichkeit ins Product Backlog oder ins nächste Sprint Backlog aufgenommen werden.

Bei Prüfung und Test nicht funktionaler Anforderungen stellt sich auch für agile Teams das Problem, dass nicht funktionale Anforderungen oft nur lückenhaft und »schwammig« formuliert werden. Formulierungen wie »Das System soll leicht bedienbar sein« oder »schnell reagieren« sind in dieser Form nicht testbar und sind daher als Akzeptanzkriterium nicht brauchbar. Ein agiles Team kann dieses Problem aber leicht lösen, insbesondere dann, wenn Test First praktiziert wird. Dazu greift es zur Definition nicht funktionaler Eigenschaften, aber auch zum Test dieser Eigenschaften, auf seinen Fundus funktionaler Testfälle zurück:

»Aus den funktionalen Tests werden solche Szenarien ausgewählt, die einen Querschnitt durch die Funktionalität des Gesamtsystems repräsentieren. Die zu testende nicht funktionale Größe muss im betreffenden Testszenario beobachtbar sein. Beim Ablauf des Testszenarios wird dann die nicht funktionale Größe gemessen. Liegt der gemessene

Wert unter einem vorgegebenen Grenzwert, gilt der Test als bestanden. Das funktionale Testszenario dient praktisch als Messvorschrift zur Ermittlung der zu untersuchenden nicht funktionalen Systemeigenschaft« [Spillner/Linz 12, Kap. 3]. So dienen die entsprechenden Testfälle zur Anforderungsdefinition, zur Dokumentation des Systemverhaltens und natürlich als Prüfanweisung.

6.7 Automatisierte Akzeptanztests

Wenn der Product Owner seine Akzeptanztests zusammenstellt, muss er sich nicht auf Systemtests beschränken! Auch automatisierte Unit- oder Integrationstestfälle können als Teil der Akzeptanztestsuite sinnvoll sein. Und auch auf Ebene der Systemtests kann der Product Owner, statt manuell zu testen, auf automatisierte Systemtests zurückgreifen.

Entscheidend ist, welche Akzeptanzkriterien nachzuweisen sind. Diese müssen dann durch eine geeignete Teilmenge automatisierter Tests nachvollziehbar adressiert werden. Nur für solche Akzeptanzkriterien, zu denen (noch) keine passenden automatisierten Tests vorliegen, müssen die Akzeptanztests manuell erfolgen.

> **Fallbeispiel eHome-Controller 6–7: Conformance-Testsuite:**
>
> Die Firma »eHome-Tools« lizenziert ihr Produkt an eine Partnerfirma, die selbst ebenfalls Geräte zur Hausautomation herstellt und ihre Produkte mit der eHome-Controller-Software ausstatten möchte. Die Partnerfirma verlangt natürlich, dass der eHome-Controller die Produkte der Partnerfirma fehlerfrei bedienen kann. Daher ist eine umfangreiche automatisierte Conformance-Testsuite ein wichtiger Baustein, der im Zuge der Systemabnahme und Zertifizierung des eHome-Controllers durch den Partner durchlaufen werden muss. eHome-Tools selbst lässt diese Conformance-Testsuite in den eigenen Integrationstests im CI-Lauf mitlaufen und kann so die geforderte »Conformance«, und damit die Akzeptanz des Kunden, problemlos auch für jedes Update der Software sicherstellen.

6.8 Systemtests – wann?

In agilen Projekten liegt der Automatisierungsgrad der Systemtests meistens sehr viel niedriger als bei Unit Tests und Integrationstests[66]. Um die Systemtests durchzuführen, ist dann ein hoher manueller Aufwand nötig und das Team ist unter Umständen viele Tage damit beschäftigt, seine Systemtests durchzuführen. Da in jedem Sprint neue Features entstehen, die zusätzliche Systemtestfälle benötigen, wächst mit jedem Sprint auch die Zahl der nicht automatisierten, manuell durchzuführenden Systemtests. Das Problem verschärft sich von Sprint zu Sprint.

Schon nach wenigen Sprints ist nicht mehr daran zu denken, dass das Team (so wie im Unit Test oder Integrationstest) seine Systemtests in jedem Sprint, geschweige denn bei jeder Codeänderung, komplett abspult. Stattdessen muss das Team genau auswählen und planen, wann welche Systemtests an die Reihe kommen. Dabei kann grundsätzlich eine der nachfolgend erläuterten Strategien zum Zuge kommen.

6.8.1 Systemtests im »letzten« Sprint

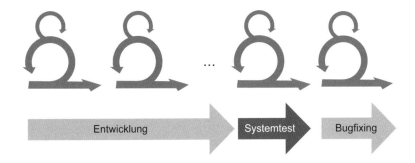

Abb. 6–2
Systemtest im letzten Sprint

Diese Strategie des nachgelagerten »Systemtest-Sprints« ist die einfachste Variante, wie Systemtests in Scrum zeitlich eingeplant werden können. Auch bei einem zu 100% manuellen Systemtest kann diese Variante realisiert werden. Aus Sicht der Taskplanung ist sie problemlos steuerbar: Man bestimmt einen Sprint zum »Systemtest-Sprint« und vergibt in diesem Sprint dann ausschließlich Testaufgaben als Tasks. Die Strategie bringt aber gravierende Nachteile mit sich:

- Ob als Sprint-Ergebnis tatsächlich ein lieferbares Produkt vorliegt, ist erst sicher, nachdem auch der Systemtest-Sprint absolviert wurde. Steht der Systemtest-Sprint noch bevor, ist eine Auslieferung mit hohem Risiko verbunden.
- Welche Aufwände als Ergebnis der Systemtests für Bugfixing und Fehlernachtest dann auflaufen, ist bis zum Ende des Systemtest-Sprints unbekannt. Die Gefahr ist hoch, dass nach dem Systemtest-

---

66. In klassischen Projekten ist das Verhältnis oft genau andersherum: Die als unabhängiges Team organisierte Systemtestgruppe hat eine umfangreiche GUI-Testautomatisierung aufgebaut. Die in Sachen Qualitätssicherung und Testen oft wenig erfahrenen Programmierer aber haben keinerlei oder nur ansatzweise Unit Tests erstellt.

Sprint ungeplant weitere »Bugfixing-Sprints« und »Fehlernachtest-Sprints« zu absolvieren sind.
- Feedback aus dem Systemtest an die Entwicklung erfolgt erst im »letzten« Sprint und damit oft viel zu spät. Das Ziel »schnelles Feedback an die Programmierer« wird verfehlt.

Das Vorgehen entspricht somit im Grunde dem klassischen Systemtest nach V-Modell. Wichtige Vorteile, die agile Entwicklung erreichen will, insbesondere das potenziell auslieferbare Produkt an jedem Sprint-Ende, werden nicht unterstützt bzw. verfehlt.

Unabhängiges Systemtestteam

Abhilfe bringt, wenn in der Organisation ein unabhängiges Systemtestteam zur Verfügung steht (Fallstudie 8.5 »Scrum in der Medizintechnik« stellt ein Beispiel vor). Der Systemtest-Sprint kann dann sehr gut durch dieses separate Systemtestteam geleistet werden. Das »Produktteam« ist entlastet und kann im optimalen Fall mit dem nächsten »Entwicklungs-Sprint« fortfahren. So wird erreicht, dass Systemtest und Entwicklung parallel arbeiten, allerdings mit einem »Versatz« von einem Sprint. Bugs, die im Systemtest-Sprint gefunden werden, können im folgenden »Entwicklungs-Sprint« korrigiert werden. Aus Sicht der Programmierer dauert die Feedbackschleife dann zwei Sprints.

6.8.2 Systemtests am Sprint-Ende

Abb. 6–3
Systemtests am Sprint-Ende

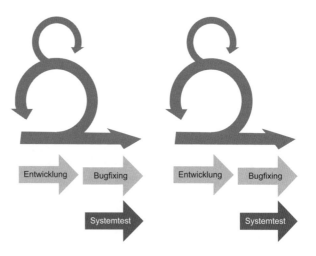

In dieser Strategie werden die Systemtests in einem kleinen Zeitfenster am Sprint-Ende untergebracht. Deshalb eignet sich diese Strategie für wenig komplexe Produkte mit niedrigem Systemtestaufwand. Steigt der Systemtestaufwand, dann muss das Team aus der Menge seiner

Systemtests sprintspezifisch auswählen, welche durchgeführt werden sollen. Die Rolle des Testmanagers im Team darf dann nicht vernachlässigt werden. Eine mitwachsende Systemtestautomatisierung als Unterstützung verbessert die Situation. Nachteile der Strategie sind:

- Wie mit der Strategie »Systemtest-Sprint« ergeben sich unbekannte Bugfixing- und Fehlernachtestaufwände am Sprint-Ende. Dadurch wird die Timebox des aktuellen Sprints gefährdet.
- Um Zeit für Bugfixing-Tasks zu gewinnen und dennoch die Timebox einzuhalten, müssen regelmäßig User Stories aus dem Sprint Backlog entfernt und für Bugfixing und Nachtest geopfert werden.
- Da aus Zeitgründen nur eine sprintspezifische Auswahl der Systemtests absolviert werden kann, steigt (gegenüber einem Regressionstest mit allen Systemtestfällen) das Risiko, Fehler zu übersehen und in die nachfolgenden Sprints mitzuschleppen.
- Ein Programmierer muss für jede seiner Programmieraufgaben bis zum Sprint-Ende auf eine Rückmeldung warten. Wenn in die »Fertig«-Kriterien einer solchen Programmieraufgabe auch die zugehörigen Systemtestfälle aufgenommen werden (wie es sein sollte), dann bleiben diese Tasks bis zum Sprint-Ende zwangsweise im Status »unerledigt«. Eine brauchbare Messung der »Velocity« ist dann nicht möglich.

Das Feedback an das Team erfolgt innerhalb desselben Sprints. Die Arbeiten innerhalb des Sprints werden aber wasserfallartig serialisiert. Denn da der Systemtest eine gewisse Zahl Fehler aufdecken wird, muss ein Zeitblock für Bugfixing und Fehlernachtest freigehalten werden. Der Sprint »zerfällt« damit in die Phasen »Programmierung«, »Systemtest«, »Bugfixing« und man spricht daher oft auch von »Water Scrum«.

Sprints werden wasserfallartig serialisiert.

6.8.3 Systemtest nonstop

Die »Systemtest nonstop«-Strategie überträgt die Prinzipien des Unit Test und Integrationstests in den Systemtest und ist die anzustrebende Lösungsvariante. »Systemtest nonstop« bedeutet, dass die Systemtestfälle weitgehend automatisiert werden und wie Unit-/Integrationstestfälle in der CI-Umgebung des Projekts eingebettet sind und bei jedem CI-Lauf automatisch ausgeführt werden können. Je nach benötigten Voraussetzungen und Laufzeiten werden auch hier Gruppen von Systemtestfällen zu Testsuites zusammengefasst, die bei Bedarf in der CI-Umgebung zugeschaltet oder ausgeblendet werden können. Eine solche CI-Umgebung enthält dann alle automatisierten Tests des Projekts, von den Unit Tests bis zu den Systemtests.

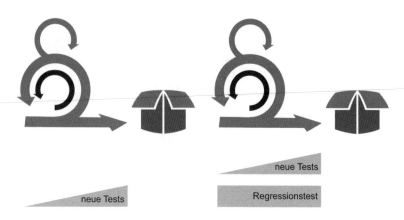

Abb. 6–4
Systemtest nonstop

Nightly Build — Wegen der höheren Testlaufzeiten der Integrationstests und insbesondere der Systemtests ist es zwar nicht praktikabel, in jedem CI-Lauf immer alle Testfälle durchzuführen. Aber durch geschickte Wahl und Kombination der vorhandenen Testpakete kann das Team erreichen, dass in jedem CI-Lauf eine akzeptable Mischung aus Unit Tests, Integrations- und Systemtests läuft. In den Nightly Builds können dann alle Testfälle abgespult werden. So ist sichergestellt, dass das Team spätestens am nächsten Morgen ein vollständiges Feedback aus dem Test vorliegen hat, inklusive Systemtest-Feedback. Fallstudie 8.2 »Systemtest nonstop« zeigt ein Beispiel.

Das setzt aber voraus, dass die Systemtestfälle nicht nur automatisiert werden müssen, sondern dass diese Automatisierung parallel zur Programmierung der neuen Features passiert. Nur dann können die für ein neues Feature gewünschten Systemtests ab dem ersten Nightly Build laufen und nur dann erhält das Team ein tagesaktuelles Systemtest-Feedback.

Um »Systemtest nonstop« zu realisieren, ist daher eine weitgehende und gut durchdachte Systemtestautomatisierung notwendig. Auch auf Ebene der Systemtests ist dazu der Test-First-Ansatz sehr hilfreich (vgl. Abschnitt 6.5).

6.9 Sprint-Release und Deployment

Wenn Continuous Integration gut umgesetzt ist und praktiziert wird, dann entstehen während eines Sprints mehrere komplett getestete Builds. Man könnte annehmen, dass der letzte Build in dieser Reihe, der im Sprint entsteht, auch derjenige ist, der als Sprint-Ergebnis angesehen und evtl. ausgeliefert wird. Das muss aber nicht so sein. Es liegt in der Entscheidung des Product Owner denjenigen Build auszuwählen, der zum »Release Candidate« des Sprints wird! In der Praxis ist es durchaus der Fall, dass nicht immer der letzte Build gewählt wird, sondern ein früher entstandener. Denn ein späterer Build muss ja keineswegs immer »besser« sein als ein Build, der einige Tage früher erstellt wurde. Der spätere Build mag ein zusätzliches Feature beinhalten. Aber das ist vielleicht instabil oder besitzt noch keine fertige GUI. Vielleicht hat das Team auch erkannt, dass dieses Feature mehr Arbeit macht als geplant und aus dem Sprint Backlog gestrichen werden muss. Dann wird man das halbfertige Feature abschalten oder den Sprint auf Basis eines Build ohne dieses Feature zu Ende führen.

==Gegen Ende eines Sprints muss der Product Owner== (beraten durch das Team) ==also entscheiden, welcher Build zum Releasekandidaten wird.== An diesem Releasekandidaten wird dann keine Weiterentwicklung mehr vorgenommen. Stattdessen wird die verbleibende Zeit genutzt, um noch offene Dokumentationsarbeiten abzuschließen und noch ausstehende manuelle Tests zu Ende zu führen. Diese werden dann üblicherweise in Form explorativer Tests oder sitzungsbasierter Tests (vgl. Abschnitt 6.3) konzipiert und durchgeführt. Erforderliches Bugfixing geschieht parallel. ==Was sich in dieser späten Sprint-Phase also ändert ist die Gewichtung der Tasks: Aus »neue Features entwickeln und testen« wird »Testen und Bugfixing«.==

Hat man auf diese Weise einen Releasekandidaten fertiggestellt, dann ist zu entscheiden, ob er als externes Release ausgeliefert werden soll. Auch das ist nicht zwingend der Fall. Sehr oft wird auch von Scrum-Teams, die monatlich einen Releasekandidaten produzieren, nur alle drei oder sechs Monate ein Produktrelease freigegeben und veröffentlicht. Der Grund ist, dass ein externes Release in der Organisation »jenseits« des Scrum-Teams eben auch noch Arbeitsschritte und somit Aufwand generiert. Betroffen sind hier vor allem Support, Marketing und Vertrieb, die jeweils mit neuen Ausgaben ihrer Materialien und Services oder eben mit Marketing- und Vertriebsaktionen auf das neue Release reagieren müssen. Bei der Einführung von Scrum in der Produktentwicklung und bei der Entscheidung, in welcher Frequenz externe Releases produziert werden sollen, muss man diese interne Workflowkette berücksichtigen. Aber auch kundenseitig muss eine zu schnelle Taktfrequenz nicht unbedingt auf Begeisterung stoßen oder kann sogar unerwünscht sein. Ein monatliches Update auf das neueste Release ist eben auch für den Kunden (und nicht nur für dessen IT-Abteilung) mit Kosten und Aufwand verbunden.

Internes vs. externes Release

Wenn aber das Ergebnis des Sprints ein externes Release sein soll, dann muss aus dem Releasekandidaten ein externes Release erzeugt werden. Das heißt, die Lieferung (Produktsoftware inkl. Handbücher, Tutorials etc.) muss zusammengestellt werden. Auch das kann ein Scrum-Team weitgehend automatisieren, sodass nur noch sehr wenige manuelle Handgriffe erforderlich sind. Sämtliche Dateien werden durch geeignete Skripte aus dem Konfigurationsmanagementsystem geholt und zu einem Paket vereint. Dieses Paket wird dann auf einem geeigneten Server übertragen und dort zum Download bereitgestellt. Wenn nötig, dient das Paket auch als Basis, um Produkt-DVDs zu brennen.

Continuous Deployment

Ist dieser Prozess aber einmal automatisiert, dann kann er natürlich auch in die CI-Umgebung des Projekts aufgenommen werden. Das Team ist dann zu »Continuous Deployment« in der Lage. Das heißt, jede Codeänderung erzeugt nicht nur einen neuen Build des Codes, sondern (sofern alle Testfälle fehlerfrei absolviert werden!) eine neue Produktversion aus Code, Konfigurationsdaten und Anwenderdokumentation.

Da die Testfälle natürlich nicht immer durchlaufen und da die Anwenderdokumentation normalerweise nicht vollständig automatisiert erstellt werden kann, wird nicht jeder Build-Lauf in einem Deployment resultieren. Aber »Daily Deployment« ist ein durchaus realistisches Ziel. Speziell dort, wo es um Entwicklung und Betrieb von Webportalen geht, kann Daily Deployment heute schon erreicht werden: Systemtestumgebung und Zielumgebung unterscheiden sich hier oft kaum und die Zielumgebung ist via Internet aus der CI-Umgebung heraus direkt erreichbar. Dem Upload und der automatischen Installation des Produkts auf dem externen Webserver als letztem Schritt in einem erfolgreichen CI-Lauf, steht dann nichts im Wege.

6.10 Testmanagement im Systemtest

Systemtests halten für das Scrum-Team eine Fülle an Herausforderungen bereit: Angefangen vom Zeitpunkt, wann die Systemtests zu erstellen und durchzuführen sind, über die Testumgebung und Testautomatisierungsarchitektur bis hin zur Frage, wie verteilt man die Tests optimal zwischen Unit Tests, Integrations- und Systemtests. In einem klassisch, beispielsweise nach V-Modell arbeitenden Projekt ist auch ein eigenständiges Systemtestteam vollauf beschäftigt und ausgelastet, alle diese Aufgaben im Blick zu behalten und zu bearbeiten. Man darf nicht annehmen, dass ein Scrum-Team all diese Aufgaben einfach so »nebenher« erledigt.

Diese Systemtestaufgaben müssen im Rahmen der Sprint-Planungen aktiv thematisiert und diskutiert werden. Und ein gewisser Anteil der zur Verfügung stehenden Teamkapazität muss für Systemtestaufgaben zugewiesen werden. Im Idealfall achtet das Team auf all diese Punkte und übernimmt alle Testmanagementaufgaben. Falls nicht, muss der Scrum Master Gegenmaßnahmen ergreifen. Beispielsweise indem ein Tester im Team benannt wird, der die Rolle des Testmanagers einnimmt. Dessen Aufgabe ist es dann, die obigen Herausforderungen im Blick zu haben und zu bewerten, ob das Team diese angemessen adressiert. Des Weiteren ist er die Person, die die Tests des Teams auch inhaltlich beurteilen muss. Er wird dazu die Tests stichprobenartig reviewen und sich die Testergebnisse ansehen und überlegen, ob Tests fehlen oder umformuliert werden sollten. Und er wird den Product Owner beraten, wie die Testergebnisse zu interpretieren sind und welche Schlussfolgerungen über die erreichte Produktqualität zulässig sind.

Systemtestaufgaben in der Sprint-Planung thematisieren

Aufgrund der Laufzeit der Systemtests wird auch bei hochautomatisiertem Systemtest das Systemtestergebnis erst nach dem »Nightly Build« am nächsten Morgen vorliegen. Natürlich kann und soll jedes Teammitglied diese Ergebnisse einsehen. Aber der Testmanager ist derjenige, der dafür sorgen muss, dass tatsächlich alle Ergebnisse beachtet und angemessene Maßnahmen getroffen werden.

Die Grundregel ist: Jeder Defekt muss vom zuständigen Programmierer sofort behoben werden. Vor dem Daily Standup muss bereits eine grobe Analyse aller aufgetretenen Bugs erfolgen. Denn im Daily Standup wird besprochen, was zu tun ist, wenn größere Probleme auftauchen und wenn zu befürchten oder schon klar ist, dass eine Fehlerbehebung so umfangreich sein wird, dass sie als eigener Task gemanagt werden muss. Spätestens jetzt muss der betreffende Fehler ins Defect-Management-System eingetragen werden (oder in der Taskverwaltung des Tasks entsprechend markiert werden).

Tägliche Bug-Analyse vor dem Daily Standup

Wenn das Team nach einer Systemtest-Sprint- oder Water-Scrum-Strategie arbeitet (s. Abschnitt 6.8), dann hat der Testmanager zusätzlich die Aufgabe, aus den vorhandenen Tests diejenigen auszuwählen, die in der verfügbaren Systemtestzeit möglich sind. Und wenn das Team einen hohen Anteil an manuellen Tests durchzuführen hat, muss entschieden werden, welche manuellen Tests als Regressionstests täglich oder zumindest wöchentlich abzuspulen sind. Je höher der manuelle Testanteil ist, umso ähnlicher wird das Testmanagement in agilen Projekten dem klassischen Testmanagement. Umso stärker kommt es dann darauf an, risikobasiert aus den vorhandenen Tests die notwendigen Tests auszuwählen und die Testdurchführung unter den Teammitgliedern zu verteilen und den Testfortschritt zu beobachten.

Es wäre naiv anzunehmen, dass manuelle Testdurchführung nicht überwacht werden muss, weil die betroffenen Personen in einem agilen Team arbeiten. Gerade im agilen Team gibt es für jeden Beteiligten unzählige Aufgaben zu erledigen, die attraktiver sind, als zum x-ten Mal einen manuellen Test zu wiederholen. Helfen können hier Pairing, Checklisten/Testlisten, die jedes Zweierteam abhaken muss, und die tägliche Besprechung im Daily Scrum. Und notfalls eben die Kontrolle durch den Testmanager.

Testframework schrittweise ausbauen

Die Unbeliebtheit des manuellen Testens ist ein starker Antrieb, die Testautomatisierung auszubauen. Wie in diesem Kapitel gezeigt, können hier sehr elegante, aber auch sehr aufwendige Testframeworks entstehen. Die Gefahr dabei ist, dass das Team mehr am Framework und dessen Optimierung arbeitet, als dass es sich inhaltlich um die notwendigen Testfälle kümmert und diese ablaufen lässt. Genauso wie in der Produktentwicklung gilt auch für die Testframeworkentwicklung: Nur das einbauen, was unmittelbar benötigt wird, und das Framework schrittweise ausbauen, statt ausufernde Up-Front-Entwicklung zu leisten.

6.11 Checkfragen und Übungen

6.11.1 Self-Assessment

Fragen, anhand derer der Leser nach jedem Kapitel seine eigene Situation bzw. sein Projekt hinsichtlich »wie agil sind wir« beurteilen kann.

1. Differenziert mein Team zwischen Unit Tests, Integrations- und Systemtests?
2. Wie viele Testfälle gibt es auf welcher der drei Ebenen? Wie hoch ist jeweils der Automatisierungsgrad? Welche und wie viele Testfälle sind im CI eingebunden?
3. Gibt es verschiedene Testumgebungen?
4. Wann führt das Team Systemtests durch? In einem Systemtest-Sprint, am Sprint-Ende oder nonstop?
5. Wie werden Systemtests automatisiert? Mittels aufgezeichneter GUI-Tests (Capture & Replay) oder mittels Scripting?
6. Wenn Scripting verwendet wird: Welchen Ansatz nutzt das Team (Schlüsselworte, DSL, BDT)?

7. Wann werden die Systemtestfälle erstellt? Mit Test First vor der Implementierung des zu testenden Features? Oder erst, wenn das Feature im Build lauffähig vorliegt?
8. Welche nicht funktionalen Tests gibt es? Sind dabei alle Testarten aus ISO 25010 angemessen abgedeckt?
9. Wird zwischen Systemtests und Akzeptanztests differenziert?
10. Wer entscheidet, welcher Build zum Releasekandidaten wird?
11. Wann wird ein externes Release erstellt? Gibt es auch hierfür einen festen Rhythmus?
12. Wie ist die Rolle des Testmanagers im Team verankert? Gibt es einen Mitarbeiter, der die Rolle ausfüllt? Explizit? Implizit? Oder ist die Rolle verwaist?

6.11.2 Methoden und Techniken

Fragen, anhand derer der Leser nach jedem Kapitel den Stoff rekapitulieren kann.

1. Erläutern Sie die Beziehung zwischen Product Backlog, Akzeptanzkriterien und Systemtestfällen.
2. Erklären Sie den Begriff »End-to-End-Test«.
3. Welche Anforderungen werden an eine Systemtestumgebung gestellt? Wo liegen die Unterschiede zum Unit Test?
4. Erklären Sie exploratives und sitzungsbasiertes Testen.
5. Was ist ein Akzeptanztest?
6. Erläutern Sie die Probleme einer Testautomatisierung mittels »Capture and Replay«.
7. Wie funktioniert »schlüsselwortgetriebener Test«?
8. Erläutern Sie die Funktionsweise einer mehrschichtigen Testarchitektur. Welche Vor- und Nachteile ergeben sich?
9. Erläutern Sie, welche grundsätzlichen Möglichkeiten es gibt, Systemtests im Scrum-Projekt zeitlich einzuplanen, und welche Vor- und Nachteile jede Variante mit sich bringt.

6.11.3 Weiterführende Übungen

Fragen, anhand derer der Leser einige Punkte, die im Kapitel evtl. nur angerissen wurden, weiter durchdenken kann.

1. Welche Schnittstellen im eHome-Architekturdiagramm (Fallbeispiel 3–2 auf S. 31) verwenden die eHome-Systemtests aus den Beispielen dieses Kapitels?

2. Formulieren Sie zum Backlog-Eintrag »Schaltprogramme« (Abschnitt 3.3) geeignete Systemtestfälle mittels Schlüsselwortmethode. Nutzen Sie dabei die zugehörigen Akzeptanzkriterien aus Aufgabe 3.9.3-2.
3. Formulieren Sie diese Testfälle als datengetriebenen Test und notieren Sie die Testdaten als Tabelle.
4. Welche zusätzlichen Testfälle benötigen Sie, wenn über eine relative Zeitangabe (z.B. »+2:00 Stunden«) der Zeitpunkt für die automatische Wiederholung des Schaltprogramms angegeben werden kann. Definieren Sie das gewünschte Verhalten per Test First.

7 Qualitätsmanagement und Qualitätssicherung

Klassisches Qualitätsmanagement (QM) arbeitet stark dokumentenbasiert. Demgegenüber fordern agile Teams die Minimierung von Dokumentation. Wie wirkt sich das aus? Wie verändern sich die Aufgaben des QM-Beauftragten oder einer zentralen QS-Abteilung? Wo können Mitarbeiter aus QS-Abteilungen und andere Qualitätssicherungsspezialisten ihr Know-how in agile Projekte einbringen und so einen wertvollen Beitrag für die agilen Teams leisten? Und wie geht man mit regulatorischen Anforderungen oder externen Audits um? Dieses Kapitel gibt dazu Hinweise und Tipps.

7.1 Qualitätsmanagement klassisch

7.1.1 Aufbau nach ISO 9000

Ein »Qualitätsmanagementsystem« (QM-System) besteht aus den Regeln (Verantwortlichkeiten und Abläufe), nach denen ein Unternehmen arbeitet, der Dokumentation dieser Regeln (Prozessbeschreibungen, Verfahrens- und Arbeitsanweisungen, Best Practices, Leitlinien) und Mechanismen zur Überwachung und kontinuierlichen Verbesserung des QM-Systems. Die operativen Tätigkeiten, die diese Regeln anwenden und dazu dienen, die konkreten Qualitätsanforderungen für ein Produkt zu überprüfen und nachzuweisen, werden als »Qualitätssicherung« (QS) bezeichnet (s. Abschnitt 7.4).

Zur Dokumentation eines QM-Systems gehört die angemessene Darstellung der qualitätsrelevanten Unternehmensprozesse (in der Regel relevant sind mindestens Entwicklung/Engineering, Beschaffung/Einkauf, Produktion, Wartung/Service) mit Darstellung der jeweiligen Verantwortlichkeiten und Abläufe. Zu regeln sind dabei naturgemäß auch sämtliche Maßnahmen der Qualitätssicherung innerhalb dieser Prozesse, aber auch das übergreifende Qualitätsma-

Darstellung der Unternehmensprozesse

nagement (Qualitätspolitik, Qualitätsziele, Verantwortlichkeiten, kontinuierliche Verbesserung).

ISO 9000
Das heute dominierende und in nahezu allen größeren Unternehmen praktizierte Qualitätsmanagement ist geprägt durch die Vorgaben der ISO-9000-Normenfamilie [ISO 9000]. Die Teilnorm [ISO 9001] formuliert dabei die Mindestanforderungen an das QM-System eines Unternehmens, indem sie definiert, zu welchen Themen Regeln existieren und dokumentiert werden müssen. Historisch entstand die Norm aus dem Qualitätssicherungsansatz der produzierenden Industrie. So definierte die Ausgabe der ISO 9001 von 1994 noch 20 sogenannte Qualitätsmanagementelemente, die weitgehend die Abläufe eines Fertigungsunternehmens wiedergaben: von der Entwicklung/Konstruktion über die Produktion und Lenkung fehlerhafter Produkte bis zu Montage und Kundendienst. Die Abläufe in Dienstleistungsunternehmen oder die Entwicklung von Software waren damit nur schwer und über eine sehr weitgefasste Interpretation der Normelemente darstellbar. Mit der Ausgabe ISO 9001:2000 erfolgte der Umstieg auf einen stärker prozessorientierten Ansatz. Unterschieden wird jetzt zwischen Führungs-/Managementprozessen (gekennzeichnet durch ihren Entscheidungs- und Regelungscharakter, z. B. Unternehmensplanung, Personalplanung, gesetzliche Leitungsaufgaben), Wertschöpfungsprozessen (Entwicklung, Produktion, Dienstleistungserbringung, Wartung/Service) und (internen) Unterstützungsprozessen (z. B. Rechnungswesen, Beschaffung/Einkauf, Lieferantenmanagement). Für alle diese Prozesse sind im QM-System die jeweiligen Verantwortlichkeiten und Abläufe darzustellen.

In welche Prozesskategorie man dabei die Softwareentwicklung einordnet, hängt davon ab, welchen Zweck und Stellenwert der Prozess »Softwareentwicklung« im Geschäft eines Unternehmens einnimmt. Eine Softwareentwicklungsfirma wird ihren Softwareentwicklungsprozess als Wertschöpfungsprozess verstehen. Ein Handelsunternehmen vielleicht als Unterstützungsprozess, der sicherstellt, dass Anpassungen an der Unternehmens-IT zuverlässig realisiert werden. Ein zentrales Konfigurationsmanagement, die Arbeit der zentralen QM/QS-Abteilung oder auch die Personalarbeit werden in der Regel als Unterstützungsprozesse verstanden.

7.1.2 Wirkungsprinzip nach PDCA

Das Wirkungsprinzip eines QM-Systems nach ISO 9000 beruht auf dem sogenannten PDCA-Zyklus [ISO 9001, Abschnitt 0.2] oder Demingkreis [URL: Demingkreis]:

- **Plan:** Der betreffende Arbeitsablauf wird geplant, d. h. hinsichtlich Zielen, Schritten, Verantwortlichkeiten, Voraussetzungen, Ressourcen und gewünschten Ergebnissen beschrieben und auf diese Art definiert.
- **Do:** Der so definierte Prozess wird verwirklicht bzw. durchlaufen. Dabei entstehen die gewünschten Prozessergebnisse bzw. Produkte.
- **Check:** Es wird überwacht und gemessen, ob Prozess und Prozessergebnisse bzw. Produkte den Anforderungen entsprechen, und über diese Ergebnisse berichtet.
- **Act:** Basierend auf diesen Ergebnissen sind Maßnahmen zur ständigen Verbesserung der Prozessleistung zu ergreifen, insbesondere natürlich dann, wenn Prozess oder Produkte nicht den Sollanforderungen genügen.

PDCA-Zyklen können im Unternehmen auf unterschiedlichen Ebenen ablaufen:

PDCA-Zyklen auf unterschiedlichen Ebenen

- **Operative Ebene:**
  Ein eingeschwungener Prozess bzw. Arbeitsablauf wird (routinemäßig) gemäß seiner Prozessdefinition ausgeführt. Die Arbeitsergebnisse werden erzeugt, geprüft, falls nötig korrigiert und letztlich geliefert.
- **Leitungsebene:**
  Ein Prozess wird neu oder in veränderter Form definiert (z. B. im Zuge einer Reorganisation) und z. B. im Rahmen eines Pilotprojekts eingeführt. Wirksamkeit und Akzeptanz des Prozesses werden beobachtet und der Prozess wird falls nötig modifiziert und optimiert. Anschließend erfolgt die Freigabe zur Anwendung in der Breite, also außerhalb des Pilotprojekts.
- **QM-System-Ebene:**
  Jeder im QM-System definierte Unternehmensprozess wird regelmäßig bezüglich seiner Wirksamkeit überprüft. Informationsquellen sind Kennzahlen, Statusberichte, interne oder externe Audits, aber auch andere Werkzeuge wie z. B. ein internes Vorschlagwesen oder Kundenfeedback. Prozesse, die hierbei als ungenügend funktionierend, verbesserungswürdig oder optimierbar erkannt werden, werden überdacht und verbessert. Auf diese Weise resultiert aus dem PDCA-Zyklus ein unternehmensweiter, kontinuierlicher, top-down wirkender Verbesserungsprozess.

7.1.3 Stärken und Schwächen

Das ISO-9000-basierte Qualitätsmanagement hat sich als sehr erfolgreich erwiesen. Es unterstützt die unternehmensweite Standardisierung von Abläufen, es motiviert, Verantwortlichkeiten zu klären und klar festzulegen, und es macht ein Unternehmen nach innen gegenüber den Mitarbeitern, aber auch nach außen gegenüber seinen Kunden transparenter. Wenn gefordert, ermöglicht es der »eingebaute« Auditprozess Dritten mit begrenztem Aufwand einen sehr detaillierten Einblick in die Arbeitsweise eines Unternehmens, was helfen kann, Vertrauen aufzubauen, aber natürlich auch als Druckmittel eingesetzt werden kann.

Andererseits bringt ISO-9000-basiertes Qualitätsmanagement einige Schwächen mit sich[67]:

- **Umfangreich:**
  Der Ansatz verlangt, dass die für das QM-System erforderlichen Unternehmensprozesse in der QM-Dokumentation beschrieben bzw. spezifiziert werden. Der Umfang der QM-Dokumentation ist abhängig von der Größe der Organisation, der Art ihrer Tätigkeiten, der Komplexität der Prozesse und der Kompetenz des Personals [ISO 9001, Abschnitt 4.2.1]. Oft werden die Prozesse jedoch zu detailliert beschrieben, etwa damit auch Personen, die mit einem Prozess bisher nicht vertraut sind und die den betreffenden Prozess in seiner operativen, praktischen Anwendung eventuell noch nie erlebt haben, den Prozess verstehen oder ihn sogar ohne weitere Anleitung befolgen und ausführen können. Zum anderen muss in den Audits anhand von Belegen nachgewiesen werden, dass ein Prozess tatsächlich so gelebt wird, wie er beschrieben ist. Dies kann dazu führen, dass in der Prozessanwendung Protokolle und andere Belege erzeugt und dann archiviert werden, die zur Wertschöpfung nichts beitragen, sondern nur als Beweis für den (internen) Auditor über die korrekte Prozessanwendung dienen. Als Ergebnis liegt dann unter Umständen ein sehr umfangreicher Satz von QM-Dokumenten vor, bestehend aus QM-Handbuch, einer Prozessbeschreibung je Prozess, verschiedenen Projektleitfäden mit Hinweisen zur Umsetzung oder Anpassung (customizing) der Prozessbeschreibungen an verschiedene Projektrandbedingungen, Templates und Ausfüllhilfen zu den Templates etc.

---

67. In Kapitel 2 wurden einige davon auch schon aus der Perspektive des Projektmanagements erläutert.

▦ **Änderungsunfreundlich:**
Die Veränderung oder inhaltliche Aktualisierung auch nur einzelner Prozessschritte kann sehr aufwendig sein. Unter Umständen löst eine Modifikation Folgeänderungen in der gesamten Dokumentenhierarchie aus, die dann mühsam auf einen neuen konsistenten Stand gebracht werden muss. Zudem gilt das QM-System in der Regel unternehmensweit und Änderungen sind oftmals mit (zu) vielen Beteiligten (in anderen Gruppen, in anderen Abteilungen, in anderen Unternehmensbereichen) abzustimmen. Die Motivation, eine Änderung der Dokumentation zu erreichen, kann dabei schnell nachlassen. Und wenn im Kreis der Betroffenen genügend Unterstützer gefunden sind und alle inhaltlichen Absprachen erfolgreich gemeistert sind, müssen anschließend noch formale Freigabeprozeduren absolviert werden. Um diesen Aufwand zu vermeiden, unterbleiben eigentlich notwendige Aktualisierungen oftmals oder werden hinausgeschoben.

▦ **Nicht aktuell:**
Da Aktualisierungen zu selten erfolgen, laufen die Prozesse »auf dem Papier« und die wirklichen Abläufe und Verantwortlichkeiten früher oder später auseinander. Daraus ergeben sich dann zwangsläufig Probleme mit den »Belegen«. Da der Prozess in der Realität anders läuft als beschrieben, kann seine QM-System-konforme Anwendung nicht mehr »protokolliert« werden und im nächsten (internen) Audit kommt es zu Abweichungen.

▦ **Gefahr einer Parallelwelt:**
Um Abweichungen im Audit zu vermeiden, entsteht die Versuchung, die vom QM-System vorgeschriebenen Belege »pro forma« zu erstellen. Wird so etwas gemacht und zugelassen, entstehen schnell zwei Parallelwelten: das QM-System »auf dem Papier« und die Abläufe in der Unternehmensrealität. Aber auch wenn das QM-System zu sehr »am grünen Tisch« entworfen wurde oder Regelungen nicht angemessen eingeführt wurden oder keine Akzeptanz bei den Betroffenen finden, kann das QM-System zur Parallelwelt mutieren. Das ursprüngliche Ziel des QM-Systems wird dann vollständig verfehlt.

7.1.4 Prozessmodellierung und Softwareentwicklung

Wenn ein Softwareentwicklungsprozess per QM-System definiert werden soll, stellt sich noch ein zusätzliches Problem: Softwareentwicklung ist ein komplexer, schwer zu modellierender Prozess. Es ist schwierig, wenn nicht unmöglich, einzelne Prozessphasen oder Prozessschritte eindeutig und formal voneinander abzugrenzen. Schon wenn der Prozess nur auf Ebene von Projektphasen gegliedert wird, fällt es schwer, klare Kriterien für das Ergebnis einzelner Phasen und damit für deren Beginn und Ende zu definieren (vgl. Abschnitt 2.3, Fallbeispiel 2–3 auf S. 22). Die Frage, ob ein Phasenergebnis bzw. Meilenstein erreicht ist, ist Interpretationssache. Eine genauere Prozessbeschreibung löst dieses Problem nicht, sondern erzeugt stattdessen nur den Bedarf, immer mehr Sonderfälle, Ausnahmen und Dokumentvorlagen (Templates) zu formulieren. Die Frage, ob einer der im Modell definierten Entwicklungsschritte zielführend, vollständig und korrekt abgeschlossen ist, kann damit dann aber immer noch nicht formal entschieden werden. Das liegt nicht nur daran, dass Softwareentwicklung ein nicht deterministischer, empirischer Prozess ist, sondern auch daran, dass die Folge der Zwischenprodukte (z.B. Anforderungen, Grobspezifikation, Feinspezifikation, Code), die im Prozess entstehen, trotz aller Versuche der Informatik sich nicht formal genug aufeinander abbilden lassen.

Ein Beispiel liefert der Versuch, im Prozessmodell zwei Phasen wie z.B. »Grobspezifikation« und »Feinspezifikation« abzugrenzen. Zur Abgrenzung könnte die QM-Abteilung zwei Mustergliederungen entwerfen und als Templates vorgeben. Wie die Dokumente aufgebaut sind und wo die inhaltliche Grenze zwischen beiden verläuft, ist dabei willkürlich festlegbar. Dass eine »ausgefüllte« Feinspezifikation das zu entwickelnde Produkt dann korrekt beschreibt und vor allem vollständiger und genauer als die in der Vorphase »ausgefüllte« Grobspezifikation, lässt sich über die Templates aber nicht sicherstellen. Das Projektteam könnte die geforderte Grobspezifikation weglassen und eventuell dennoch eine brauchbare Feinspezifikation erstellen. Oder es könnte ganz ohne Spezifikationen sofort codieren und (wenn auch mit geringer Wahrscheinlichkeit) dennoch ein akzeptables Produkt abliefern. Andererseits kann das Team auch grandios scheitern, obwohl auf Basis der Templates formal korrekte und umfangreiche, inhaltlich aber schwache Spezifikationen erstellt wurden.

Das Problem lässt sich nur lösen, indem Phasenergebnisse individuell vereinbart, überprüft und bewertet werden. Eine detaillierte Prozessbeschreibung ist dafür aber nicht hilfreicher als ein grob granulares, nur schlagwortartig formuliertes Phasenmodell.

7.2 Qualitätsmanagement agil

Die im vorstehenden Abschnitt beschriebenen Schwächen klassischer QM-Systeme machen verständlich, warum manche agile Teams oder manche Puristen oder Gurus in der agilen Szene Prozessdokumentationen und QM-Systeme grundsätzlich ablehnen. Eine solche dogmatische Haltung führt dann zum anderen Extrem: Das Team bzw. das Projekt besitzt überhaupt keine schriftlich fixierten Spielregeln. Die im Unternehmen vorhandenen Verfahren werden abgelehnt, weil »nicht agil«, und eigene neue, bessere werden nicht erstellt, weil Dokumentation als »unproduktiver Ballast« (Waste) gilt. In manchen Fällen dient dieses »waste«-Argument sicherlich auch als willkommene Schutzbehauptung, um sowohl die Einhaltung von Prozessvorgaben als auch jegliche schriftliche Dokumentation (QM/QS- und Produktdokumentation) innerhalb des Projekts vermeiden zu können.

Auch wenn einige Teammitglieder es evtl. nicht gerne sehen oder vermeiden wollen, ist es notwendig, dass der agile Softwareentwicklungsprozess schriftlich dokumentiert und dadurch definiert wird. Denn auch ein agiles Team benötigt Spielregeln! Und richtig verstandenes agiles Vorgehen lehnt Regeln ja auch keineswegs grundsätzlich ab. Aber die Regeln müssen dem Team dienen und nicht umgekehrt[68]. Und wenige Regeln, die eingehalten werden, sind besser, als ein großes Regelsystem, das nur auf dem Papier steht. Ein QM-System, das die agilen Werte [URL: Agiles Manifest] unterstützen will und von agilen Teams akzeptiert werden will, muss daher schlank sein. Das bedeutet: Das Regelwerk ist klein und übersichtlich statt ausufernd und änderungsunfreundlich und daher immer aktuell.

Auch agile Softwareentwicklung benötigt Dokumentation.

Wenn im Unternehmen (wie es in aller Regel der Fall sein wird) ein QM-System nach ISO 9000 bereits existiert, dann kann man im Prinzip natürlich den neuen agilen Softwareentwicklungsprozess einfach als zusätzlichen Prozess in die vorhandene Dokumentation »einhängen«. Je nachdem, wie stark das QM-System unter den in Abschnitt 7.1.3 aufgelisteten Schwächen leidet, wird die Akzeptanz der agilen Teams dann aber gering sein. Sinnvoller ist eine umfassendere Neuausrichtung: Es gilt die Dokumentation zu vereinfachen, aber auch die QM-Kultur zu verändern.

---

68. Im agilen Manifest heißt dies »Individuals and interactions over processes and tools« [URL: Agiles Manifest].

7.2.1 QM-Dokumentation vereinfachen

Es muss klar benannt werden, welcher agilen Vorgehensweise (Scrum, Kanban, o.a.) das Team im Grundsatz folgt. Statt einer ausführlichen Beschreibung der Methode genügt es allerdings, die Methode, die Techniken und Maßnahmen, die angewendet werden, zu benennen und deren spezifische Umsetzung im Unternehmen bzw. in den Teams darzustellen (z.B. Form, Ablage und Priorisierung des Backlogs, Form und Frequenz der Meetings, Test-First-Prinzip und Ablageort der Testfälle, prinzipieller Ablauf des CI-Prozesses etc.). Für Details reicht es aus, auf die jeweilige Literatur, die Handbücher der betreffenden Tools und natürlich auf die im Projekt erzeugten Artefakte zu verweisen.

Statt eines komplizierten Prozessmodells genügt zur Veranschaulichung ein Bild wie Abbildung 2–1. Statt einer Vielzahl von Teilprozessen und Prozessschritten stehen hier die »Werkzeuge«, mit denen gearbeitet wird, im Vordergrund: Backlog, Daily Scrum oder Definition of Done usw. Das »Wie« ergibt sich aus den jeweiligen Techniken »Backlog Grooming«, »Planning Poker«, »Test First« usw. In der Prozessbeschreibung müssen diese Techniken nicht erklärt werden. Sie werden vorausgesetzt. So bleibt der Umfang der Prozessbeschreibung auf sehr wenige Seiten begrenzt.

Techniken müssen geschult werden.

Allerdings darf nicht vergessen werden, die vorgesehenen Techniken auch zu schulen! Nur weil das QM-System das entsprechende Know-how »voraussetzt«, ist dieses noch lange nicht bei jedem Entwickler in ausreichender Tiefe gegeben. Konkret bedeutet das: In die Einarbeitungspläne und in die Weiterbildungspläne der Entwickler müssen für jede Technik passende Aus- und Weiterbildungsangebote und Weiterbildungsmaßnahmen (Literatur, Training, Coaching, Konferenzbesuche etc.) aufgenommen werden.

Oft beschreiben agile Teams die für sie gültigen »Spielregeln« in einer sogenannten »Team Charta« (vgl. Abschnitt 3.6). Dieses Papier wird vom Team erstellt und sein Gültigkeitsbereich und seine Leserschaft ist auf das Team begrenzt. Daher kann es sehr knapp gehalten sein. Eine Team Charta ist ein guter Ausgangspunkt für eine Beschreibung des agilen Entwicklungsprozesses im QM-System. Aber sie ist normalerweise nicht geeignet, um unverändert in das QM-System übernommen zu werden. Denn die QM-Systemdokumente adressieren einen potenziell größeren Leserkreis, von den Kollegen in Nachbargruppen über das Unternehmensmanagement bis zum externen Auditor und auch Kunden. Eine vorhandene »Team Charta« wird dem vermutlich sowohl sprachlich als auch bezüglich des Hintergrundwissens, das sie voraussetzt, erst nach einer Überarbeitung gerecht.

Gibt es mehrere Scrum-Teams, so muss im QM-System der Entwicklungsprozess allgemein genug beschrieben sein, sodass er für alle Scrum-Teams im Unternehmen gilt. Die genaue Ausgestaltung bleibt Sache der einzelnen Teams. Ein typisches Beispiel für so einen Punkt ist das Taskboard. Das QM-System bzw. der firmenweite agile Prozess wird fordern, dass jedes Team ein Taskboard besitzt. Wie es genau aussieht und ob es elektronisch oder per Magnettafel geführt wird, wird auf Teamebene individuell entschieden und umgesetzt. Die Team Charta ist dann das Dokument, in dem die teamspezifische Implementierung dokumentiert wird.

Die Team Charta dokumentiert die teamspezifische Implementierung.

Verbunden mit der Aufnahme des agilen Entwicklungsprozesses in das QM-System ist auch zu entscheiden, welche der sicherlich bereits existierenden teamübergreifenden, allgemeinen QM-Vorgaben (beispielsweise Vorgaben zur Form von Projektplänen, geforderte Metriken, Dokumentation von Prüfungen, zu nutzende Entwicklungswerkzeuge etc.) auch innerhalb des neuen agilen Vorgehens aufrechterhalten werden sollen. Wird hier alles über Bord geworfen, kann das bedeuten, dass das gesamte bisherige QM-System obsolet wird. Wird an allen bisherigen Standards festgehalten, wird das agile Arbeiten vom QM-System behindert oder (zumindest formal) unmöglich gemacht. Entsprechende Regeln (z. B. über einzusetzende Werkzeuge) sollten daher den Charakter von Empfehlungen erhalten. Denn gemäß der agilen Prinzipien liegt die Entscheidung, wie der agile Entwicklungsprozess aussieht, beim Team. Weder QM-Stab noch Scrum Master können dem Team einseitig Vorgaben setzen, sondern lediglich beraten und empfehlen.

Es geht also nicht nur um die Aktualisierung von Dokumenten, sondern um die Anerkennung und Akzeptanz agiler Arbeitsweisen durch die Organisation. Und dort, wo externe Compliance-Anforderungen (s. Abschnitt 7.3) zu erfüllen sind, ist den agilen Teams zu vermitteln, dass ein QM-System und ggf. einige »nicht agile« Spielregeln auch weiterhin notwendig sind.

7.2.2 QM-Kultur verändern

Klassisches Qualitätsmanagement funktioniert top-down. Ein zentraler QM-Stab[69] ist verantwortlich, die Vorgehensweisen zu dokumentieren und – soweit sinnvoll – zu standardisieren. Er formuliert die Pro-

---

69. In kleinen und mittelständischen Firmen der Qualitätsmanagementbeauftragte und benannte Mitarbeiter, in größeren Unternehmen (und sicherlich dort, wo sicherheitskritische Produkte entstehen) eine Abteilung. Alle diese möglichen Ausprägungen werden in diesem Kapitel mit dem Sammelbegriff »QM-Stab« bezeichnet.

zesshandbücher und »rollt« die standardisierten Prozesse dann auf alle betroffenen Unternehmensbereiche aus. Agile Teams funktionieren bottom-up. Das Team wählt und bestimmt seine interne Vorgehensweise selbst! Dem muss sich der QM-Stab anpassen:

Aus einer Stelle, die Prozesse vereinheitlicht, wird eine Gruppe, die den Teams hilft, die selbst gewählten Teamprozesse zu dokumentieren. Aus einer zentralen Stelle, die Standards setzt, wird eine Gruppe, die den Erfahrungsaustausch unter den Teams fördert und Methoden, die sich bewährt haben, publiziert. Umgekehrt werden für Dinge, die sich nicht bewähren, Alternativen vorgeschlagen.

QM-Stab wird zur Servicegruppe.

Der QM-Stab wird zum Ratgeber und zur Servicegruppe. Die agilen Teams werden als Kunden betrachtet, die Beratungsleistung anfordern können. Will ein Team zum Beispiel seinen CI-Prozess verbessern und hat erkannt, dass dazu ein besseres CI-Tool notwendig ist, kann es den QM-Stab beauftragen, ein auf die Teamanforderungen passendes Tool auszuwählen, vorzustellen und einzuführen. Das Team selbst kann sich währenddessen auf seine »normale« Entwicklungsarbeit konzentrieren. Die Prozessverbesserung wird vom Team initiiert, aber die Umsetzung ist an den QM-Stab delegiert.

Wenn es mehrere agile Entwicklungsteams gibt, ist dies natürlich nicht mehr so einfach umzusetzen. Der QM-Stab muss dann auch die Interessen der verschiedenen Teams ausbalancieren, untereinander und mit den Interessen der Gesamtorganisation. Am Ende entscheiden aber auch hier die Teams, ob und welche Empfehlungen sie annehmen. Auch wenn dadurch eine angedachte Standardisierung verhindert wird. Diesem Realitätscheck bzw. »Akzeptanztest« muss sich der QM-Stab stellen. Wenn eine Empfehlung abgelehnt oder nicht genutzt wird, dann ist es Aufgabe der QM-Leute, zu überlegen, woran das liegt und was sie ggf. besser machen können.

QM-Stab als agiles Team

Der QM-Stab sollte auch die Gelegenheit nutzen und seine eigene Arbeitsweise agil organisieren, beispielsweise nach einem an Kanban orientierten Vorgehen. Das verschafft ihm höhere Reaktionsfähigkeit, größere Schnelligkeit und damit die »Lieferfähigkeit«, die nötig ist, um von den agilen Projektteams weiterhin (oder wieder) akzeptiert zu werden. Lieferfähigkeit bedeutet auch hier: in der Lage sein, ein »shippable product« abzuliefern, also z.B. eine Prozessbeschreibung, die in den agilen Projektteams 100% akzeptiert und als nützlicher Beitrag geschätzt wird, oder die schnelle Einführung eines Tools inklusive aller nötigen Tool-Validierungsschritte ohne Behinderung für die nutzenden Teams.

QM-Stab und Scrum Master

Dieser Aufgabenkatalog eines QM-Stabs hat einige Überschneidung mit dem Aufgabenkatalog eines Scrum Master. Das sollte nicht verwundern, denn beide verfolgen ja auch ähnliche Ziele: Der QM-Stab trägt Sorge dafür, dass das ganze Unternehmen die Spielregeln des QM-Systems richtig umsetzt. Der Scrum Master ist dafür verantwortlich, dass »sein« Scrum-Team die Scrum-Praktiken richtig anwendet. Der Unterschied liegt im unterschiedlichen Fokus (Unternehmen vs. Team) und im unterschiedlichen Instrumentarium (ISO 9000 vs. Scrum-Praktiken).

Im Zuge der in diesem Abschnitt skizzierten Veränderung des QM-Systems und der QM-Kultur zu einem agilen QM-System können diese Unterschiede aber abnehmen oder ganz verschwinden. Der QM-Stab agiert als Dienstleister für jedes Team, der Scrum Master vertritt nicht nur »sein« Team, sondern hat den Gesamterfolg im Blick. Und beide nutzen das agile QM-System als gemeinsames Instrumentarium. Als Ergebnis dieses Transitionsprozesses kann es sein, dass die Mitarbeiter des ursprünglichen QM-Stabs und die Scrum Master des Unternehmens (in der Linienorganisation) in einem gemeinsamen, interdisziplinären agilen QM-Team zusammengefasst werden. Dieses neue Team besitzt alle benötigten Kompetenzen, um Scrum-Teams methodisch wirksam zu unterstützen: Expertise über die für das Unternehmen relevanten Normen, Know-how und Tools zur Prozessmodellierung, ausgebildete Assessoren und Auditoren, Spezialisten und Trainer für die relevanten agilen Techniken und natürlich zertifizierte Scrum Master.

7.2.3 Retrospektive und Prozessverbesserung

Ein zentrales Element der ISO 9000 ist die Forderung nach einem Mechanismus zur »kontinuierlichen Verbesserung«. In der Scrum-Vorgehensweise ist ein sehr wirksames Instrument dazu von Hause aus »eingebaut«: die »Sprint-Retrospektive« (s. [URL: Scrum Guide]).

Die Sprint-Retrospektive ist ein Team-Meeting, das regelmäßig nach jedem Sprint[70] stattfindet und in dem sich das Team austauscht und Ideen sammelt, was »besser gemacht werden kann«. Die Zielrichtung der Themen liegt dabei auf Möglichkeiten zur Verbesserung der Vorgehensweisen des Teams, weniger auf der Verbesserung des Produkts[71]. Die resultierenden Vorschläge werden priorisiert und landen dann im Product Backlog des Teams. Wird ein Punkt genannt, der als

---

70. [URL: Scrum Guide] nennt als Zeitpunkt »after the Sprint Review and prior to the next Sprint Planning Meeting«, was dann üblicherweise eine monatliche Frequenz ergäbe. Aber ein Scrum-Team kann auch das natürlich anders und für sich besser geeignet festlegen. Wird Scrum schon lange praktiziert, kann vielleicht auch ein Meeting nach jedem dritten Sprint ausreichen. In XP [Beck/Andres 04] wird z.B. ein »Quarterly Cycle« für ähnliche Feedback-Meetings vorgeschlagen.

akute Behinderung des Teams (impediment) angesehen wird, dann kann dieser Punkt direkt an den Scrum Master zur Lösung übergeben werden, der ihn dann in sein Impediment Backlog aufnimmt. Die Umsetzung der Verbesserungsvorschläge und die Einführung resultierender neuer Vorgehensweisen oder Techniken wird jedoch genauso wie das Tagesgeschäft des Teams über das Backlog des Teams gesteuert.

Prozessverbesserung ist Teil der täglichen Arbeit.

Damit ist »Prozessverbesserung« für agile Teams nichts Besonderes mehr, sondern es ist Teil der täglichen Arbeit. Durch diese volle Integration von Prozessverbesserungsaufgaben in die Sprint-Planung ist auch gesichert, dass genügend Zeit zur Verfügung steht, sich mit der neuen oder verbesserten Methodik auseinanderzusetzen[72]. Und es wird erzwungen, dass der betreffende Verbesserungsschritt im dafür angesetzten Sprint vollzogen wird – also »jetzt« passiert und nicht »irgendwann, wenn mal Zeit ist«. Da Prozessverbesserungsaufgaben in direkter Konkurrenz zum Tagesgeschäft stehen, wird der Fokus von Prozessverbesserungsideen sehr schnell auf das »realistisch Machbare« reduziert. So wird erreicht, dass hinreichend viel in konkrete Prozessverbesserung investiert wird, um ein kurzfristig verwertbares Resultat zu erzielen, aber nicht unnötig mehr.

Im Folge-Sprint wird dann beurteilt und mit dem Scrum Master diskutiert, ob die Verbesserung »greift«. Für den Prozessverbesserungstask wurden dazu (genau wie für alle anderen Tasks) Akzeptanzkriterien formuliert, die nun überprüft werden können. Betrifft die Verbesserung nicht nur das Team lokal, sondern mehrere Teams bzw. globalere Regeln im QM-System, dann ist es sinnvoll, in diesen Erfahrungsaustausch direkt den QM-Stab einzubeziehen und mit diesem die Wirkung der neuen Vorgehensweisen oder Techniken »vor Ort« zu besprechen. Damit entsteht auch auf Ebene des QM-Systems der angestrebte unmittelbare, persönliche Erfahrungsaustausch (vgl. Abschnitt 7.2.2).

7.3 Umgang mit Compliance-Anforderungen

Die meisten Unternehmen, in denen Software entwickelt wird, unterliegen externen Nachweis- und »Compliance«-Anforderungen. So fordern größere Kunden in aller Regel die Anwendung und den Nachweis eines nach [ISO 9001] zertifizierten Qualitätsmanagementsystems. Hersteller von Produkten und elektronischen Systemen, in denen Soft-

---

71. Das vorgesehene Forum, um Ideen zur Produktverbesserung zu diskutieren, ist das Sprint-Review-Meeting (auch Sprint-Demo genannt).
72. Das funktioniert natürlich nur, wenn beide Aufgabentypen bzgl. Aufwandsschätzung und Einplanung in den Sprint gleich behandelt werden.

ware sicherheitsrelevante Aufgaben übernimmt, müssen [IEC 61508-3] beachten. In Branchen wie der Automobilindustrie, der Medizintechnik, der Bahntechnik oder der Luftfahrt sind darüber hinaus zahlreiche branchenspezifische Normen[73] einzuhalten. Können Unternehmen, die von derartigen Normen und Standards betroffen sind, die sich ergebenden Compliance-Anforderungen auch erfüllen, wenn agil entwickelt wird oder wenn auf agile Entwicklung umgestellt wird? Die folgenden Abschnitte diskutieren diese Fragestellung.

7.3.1 Anforderungen an den Softwareentwicklungsprozess

Keine der genannten Normen erzwingt oder fordert, dass ein klassischer Entwicklungsprozess, beispielsweise nach V-Modell, angewendet werden muss. Durchgehend gefordert wird aber, dass die Softwareentwicklung als spezieller, aber sicherlich qualitätsrelevanter Engineering-Prozess nach einem definierten Vorgehen abläuft. Dies bedeutet, dass der Softwareentwicklungsprozess schriftlich dokumentiert sein muss und dass für jedes Entwicklungsprojekt nachvollziehbar und jederzeit belegbar ist, dass dieser Prozess in der Praxis tatsächlich befolgt wird. Durch die Aufnahme der agilen Vorgehensweise als neue oder zusätzlich zulässige Vorgehensweise im QM-System kann diese Forderung einfach erfüllt werden. Abschnitt 7.2.1 gibt einige Hinweise, was dabei beachtet werden sollte. Darüber hinaus können, je nachdem, welche Bereiche des Unternehmens ebenfalls agile Methoden adaptieren, weitere Unternehmensprozesse betroffen sein.

Einige Normen formulieren spezifische Anforderungen an einzelne Entwicklungsaktivitäten bzw. Prozessschritte. Beispiele sind die Definition von Risikoklassen (z.B. in [EN 62304]) oder Sicherheitsanforderungsstufen (z.B. in [ISO 26262]) verbunden mit Anforderungen an Softwaredesign und Entwicklungsmethoden, darunter auch Softwaretests (vgl. [IEC 61508-3, Abschnitt 7.4]). Der Softwareentwicklungsprozess muss dann entsprechende Prozessschritte enthalten, die die jeweiligen Forderungen adressieren und zuverlässig umsetzen. Im Beispiel muss also eine Risiko- und/oder Sicherheitsklassifikation stattfinden und in Folge muss der Prozess dann sicherstellen, dass jedes Softwareartefakt gemäß seiner spezifischen Risiko-/Sicherheitseinstufung entwickelt und geprüft wird.

---

73. Beispielsweise Automotive Safety Lifecycle inkl. Automotive Safety Integrity Level (ASIL) [ISO 26262], Europäisches Medizinprodukte-Gesetz [EN 62304], Regularien der U.S. Food and Drug Administration (FDA), Anforderungen an die Entwicklung von Eisenbahnsteuerungs- und Überwachungsanwendungen [EN 50128] oder die Richtlinien zur Zertifizierung von Avionik-Software [DO 178 B].

Anforderungen an Entwicklungsaktivitäten über »Fertig«-Kriterien abbilden

Spezifische Anforderungen an einzelne Entwicklungsaktivitäten lassen sich im Grunde sehr unkompliziert abbilden, nämlich über eine geeignete »Definition of Done« bzw. durch entsprechend formulierte »Fertig«-Kriterien für die betroffene Entwicklungsaktivität. Ist beispielsweise eine Funktion zu implementieren, der eine hohe Sicherheitsstufe zugeordnet wurde, so wird die geforderte Testabdeckung als Done-Kriterium der Implementierungsaufgabe mitnotiert. So weit, so einfach. Schwieriger ist es allerdings, über den Prozess sicherzustellen, dass in *jedem* Sprint *jede* Implementierungsaufgabe im Rahmen einer Impact-Analyse bzgl. ihrer Sicherheitsstufe bewertet wird und dann *immer* zuverlässig ein passendes Done-Kriterium erhält. Hier kann eine Checkliste helfen (die dann natürlich zuverlässig angewendet werden muss) oder vorgedruckte Taskkarten, auf denen »generische« Done-Kriterien (wie z. B. Coverage-Limits) schon vorgedruckt und ankreuzbar stehen. Alternativ und evtl. besser ist es, kritische Prozessschritte, die nicht ausgelassen werden dürfen (wie z. B. »Impact-Analyse durchführen«), am Taskboard durch eine entsprechende Spalte darzustellen. Wie dies prozessseitig gelöst wird, ist auf jeden Fall ein Punkt, der in der Prozessbeschreibung des QM-Systems dargelegt werden muss und von dem einzelne Teams dann auch nicht abweichen dürfen.

7.3.2 Anforderungen an die Rückverfolgbarkeit

Überall dort, wo sicherheitskritische Produkte entwickelt werden, wird von den einschlägigen Normen gefordert, dass Designentscheidungen und Produktänderungen über den Entwicklungs- und Lebenszyklus hinweg nachvollziehbar und rückverfolgbar sind. Die Philosophie dahinter ist: Das Produkt muss sicher[74] funktionieren. Die ausreichende Sicherheit muss durch entsprechend gestaltete Produkteigenschaften bzw. Funktionen im Rahmen des Produktdesigns festgelegt und im Entwicklungsprozess realisiert werden. Durch geeignete Tests ist nachzuweisen, dass das Produkt und insbesondere dessen sicherheitsrelevante Eigenschaften/Funktionen wie geplant funktionieren.

In der Praxis bedeutet dies, dass für jedes Softwareartefakt lückenlos rückverfolgbar sein muss, welche Produktanforderungen es umsetzt oder adressiert, wie dies gemäß seiner Spezifikationen erfolgt und durch welche Testfälle mit welchem Testergebnis die korrekte Umsetzung und Funktion nachgewiesen wurde. Auch bei (nachträglichen) Änderungen an Design oder Implementierung des Produkts darf dessen Sicherheit nicht unbeabsichtigt reduziert oder aufgehoben wer-

---

[74] Im Sinne von »safe«, also unter Ausschluss bzw. mit Minimierung einer Gefährdung von Anwendern und Umwelt.

den. Dies impliziert, dass vor jeder Änderung eine Analyse (impact analysis) stattfinden muss, welche Auswirkungen auf die Produktsicherheit die Änderung hat bzw. hätte und welche Maßnahmen ggf. nötig sind, um die Sicherheit aufrechtzuerhalten. Jede Änderung muss, ausgehend vom Anlass der Änderung über das Ergebnis der Impact-Analyse bis zum Ergebnis der Änderung, also ebenfalls rückverfolgbar sein.

Es ist nicht ganz einfach, diese Rückverfolgbarkeit (Traceability) in einem agilen Entwicklungsprozess zu gewährleisten. Denn naturgemäß kommen Änderungen hier sehr häufig vor. Wenn der Traceability-Mechanismus umständlich ist oder unzuverlässig funktioniert, wird schnell sehr hoher bürokratischer Buchführungsaufwand generiert oder die Rückverfolgbarkeit ist sehr lückenhaft. Des Weiteren muss sich das Team genaue Gedanken machen, auf welcher Granularitätsstufe Rückverfolgbarkeit nachgewiesen werden muss. Als Minimum ist eine Verbindung zwischen Produktanforderungen und Systemtestfällen herzustellen, sodass anhand der erfolgreich gelaufenen Tests begründet und gezeigt werden kann, dass jede Anforderung erfüllt wird[75]. Dazu gehört auch, dass begründbar ist, warum ein oder mehrere Systemtestfälle die Erfüllung eines bestimmten Requirements angemessen validieren. Im Prozess muss daher auch ein Review erfolgen, in dem die Angemessenheit der Systemtestfälle überprüft wird. Wenn Testfälle Fehler aufdecken, muss ein zuverlässiger Bewertungs- und Korrekturprozess einsetzen. Dieser läuft in der Regel über ein entsprechendes Fehlermanagementverfahren. Um eine Fehlermeldung zu ihrer »Ursache« zurückverfolgen zu können, muss die Meldung wiederum mit dem fehleraufdeckenden Testfall verknüpft sein. In der Praxis gelingt das Sicherstellen von Rückverfolgbarkeit effizient nur durch Einsatz entsprechender miteinander gekoppelter Werkzeuge für Anforderungsmanagement und Testmanagement.

Traceability

Eine auf den ersten Blick gute Nachricht ist, dass dieser Formalismus prinzipiell nur für auszuliefernde Produktstände gefordert ist. Einem agilen Team hilft das aber nicht viel. Denn ob ein Sprint-Ergebnis ausgeliefert wird, entscheidet sich ja oft erst am Sprint-Ende. Die Tracability-Informationen dann nachzudokumentieren ist sicher nicht zu empfehlen. Außerdem wäre sicherzustellen, dass Produktstände, die ohne Tracability-Mechanismus entstanden sind, keinesfalls versehentlich in die Auslieferung gelangen können. Sinnvoller ist, wenn der Mechanismus als Routinehandlung verankert ist und in jedem Sprint praktiziert wird.

---

75. Das Verfahren entspricht der Systemvalidierung im V-Modell.

Ob Tracability auf Ebene »Requirements-Systemtests« ausreicht oder ob auch feingranularere Softwareartefakte miteinbezogen werden müssen, hängt davon ab, auf welcher Dokumentationsebene Designentscheidungen getroffen werden[76] und auf welcher Ebene der Softwarearchitektur die entsprechenden Funktionalitäten beobachtbar und damit die zugehörigen Testfälle angesiedelt sind. Die Traceability-Kette kann also durchaus – zumindest punktuell – bis zu den Unit Tests hinabreichen müssen.

7.3.3 Anforderungen an Produkteigenschaften

Von softwarebezogenen Compliance Vorschriften betroffen sind Unternehmen nicht nur in der Softwareentwicklung. Auch der Einsatz von Software in der Unternehmens-IT kann Compliance-Anforderungen unterliegen, z.B. Anforderungen an Informationssicherheit und Datenschutz, an die Archivierung von Daten, inklusive Fristen zur Datenaufbewahrung und Mechanismen zu deren Wiederherstellung. In Branchen, die softwareintensive, sicherheitskritische Produkte herstellen, müssen Softwarewerkzeuge, die im Engineering-Prozess eingesetzt werden, vor erstmaliger Inbetriebnahme, aber auch nach Updates u.U. nach bestimmten Vorschriften validiert werden.

Für die Hersteller der Software bedeutet das, dass sie die für ihre jeweiligen Kunden geltenden Compliance-Vorschriften kennen müssen und diese durch entsprechende Produktfeatures oder durch passende Support- oder Serviceangebote unterstützen müssen. Produktfeatures, die nötig sind, um bestimmte Normforderungen umzusetzen, müssen prozessseitig nicht anders behandelt werden als »normale« Features. Vermutlich werden sie aber eine tendenziell höhere Priorität erhalten. Passende ergänzende Support- oder Serviceangebote können im agilen Entwicklungsprozess durch die enge Zusammenarbeit mit dem Kunden und die frühe Verfügbarkeit einsatzfähiger Produktversionen eventuell frühzeitiger und besser identifiziert werden als bei klassischer Entwicklung.

In manchen Branchen fordern Regularien (z.B. [FDA OTS], [FDA Validation] in der Medizintechnik), dass Standardsoftware, die ein Hersteller in seine Produkte integriert, aber auch Software, die als Werkzeug im Engineering-Prozess oder in der Produktion eingesetzt wird, vor der Übernahme in den produktiven Einsatz validiert wird, um sicherzustellen, dass diese von Dritten zugelieferte Software im konkreten Einsatzumfeld den beabsichtigten Zweck erfüllt. Wird die

---

76. Durch Compliance-Anforderungen kann dies vorgegeben oder mitbestimmt sein.

betroffene Software agil entwickelt, kann dies das agile Entwicklungsteam empfindlich »bremsen«. Denn eine solche Validierung kann aufseiten des Kunden, der die Software einsetzt, erheblichen Aufwand generieren. Unter Umständen muss jedes neue Produktrelease oder gar jeder Patch validiert werden. Um den Aufwand zu minimieren, ist der Kunde dann an langen Releasezyklen interessiert. Liefert das agile Team zu häufig, wird der Kunde die Software nicht in Betrieb nehmen oder Releases »überspringen«. In beiden Fällen erhält das Team über die »ausgelassenen« Releases kein brauchbares Feedback des Kunden. Vielleicht fühlt der Kunde sich sogar unangenehm unter »Update-Druck« gesetzt. In solchen Konstellationen kann ein klassisches V-Modell die kundengerechtere Vorgehensweise sein.

7.4 Qualitätssicherung klassisch

Während sich das Qualitätsmanagement (QM) mit Inhalt, Qualität und Optimierung der Prozesse und Vorgehensweisen eines Unternehmens befasst, zielt die Qualitätssicherung (QS) auf die Qualität der Produkte, die das Unternehmen entwickelt und herstellt.

7.4.1 Instrumente

In der klassischen Softwarequalitätssicherung unterscheidet man zwischen »konstruktiven« und »analytischen« Qualitätssicherungsmaßnahmen. Eine konstruktive QS-Maßnahme ist beispielsweise der Einsatz eines Templates, das sicherstellt, dass ein Dokument nach einem bestimmten bewährten Muster aufgebaut ist. Auch der Einsatz von Design-Patterns, die erprobte Lösungsmuster für bestimmte Softwareentwurfsaufgaben anbieten, fällt in diese Kategorie. Analytische QS-Maßnahmen sind demgegenüber alle Formen des Testens, Prüfens, Reviewens und Analysierens.

Zur Planung von QS-Maßnahmen wird in klassischen Projekten ein QS-Plan (oft nach [IEEE 730]) aufgestellt und geführt. Dieser beschreibt dann alle QS-Maßnahmen, die im betreffenden Projekt anzuwenden sind. Der Plan wird vom QS-Verantwortlichen des Projekts, vom Testmanager oder vom Projektleiter des Projekts erstellt. Zusätzlich wird ein Testplan erstellt (oft nach [IEEE 829]), der den QS-Plan bezüglich des QS-Instruments »Testen« detailliert. Die zu erwartenden Aufwände, die durch die Umsetzung der so definierten QS-Maßnahmen im Projekt auftreten, werden abgeschätzt und dann in den Projektplan eingearbeitet.

QS-Plan und Testplan

7.4.2 Organisation

Mit der Umsetzung der Maßnahmen wird ein Testmanager oder QS-Verantwortlicher beauftragt. In größeren Projekten erhält er eine Gruppe von Mitarbeitern bzw. Testern zugeordnet, die er als Teilprojektleiter führt.

Personelle Trennung zwischen Entwicklung und Test

Auf diese Art wird organisatorisch eine personelle Trennung zwischen Entwicklern und Prüfern/Testern hergestellt. Ohne diese Trennung findet in klassischen Projekten erfahrungsgemäß keine ausreichende Qualitätssicherung statt. Denn sowohl die Projektleitung als auch die Projektmitarbeiter richten ihr Hauptinteresse darauf, einen Beitrag zur »Fertigstellung« des Produkts zu leisten. Und Test- oder Reviewaufgaben bremsen dabei vermeintlich. Gibt es aber eine separate QS-Gruppe, so wird diese daran gemessen, wie gut sie die Qualitätssicherungsaufgaben erledigt und wie viele Fehler sie vor Auslieferung findet. Entsprechend zielorientiert und fokussiert auf QS geht diese Gruppe dann auch vor. Dies ist ein nicht zu unterschätzender Vorteil einer solchen arbeitsteiligen, klassischen Projektorganisation.

In manchen Projekten kann man beobachten, dass mit der Delegation der QS-Aufgaben an ein abgegrenztes »QS-Team« bei manchen Personen in anderen Teilteams das Bewusstsein und das Verantwortungsgefühl für das Thema »Qualität« abnimmt. Dies äußert sich zum Beispiel darin, dass Unit Tests unterbleiben oder laxer gehandhabt werden, nach dem Motto: »Dafür sind doch die QS-Leute verantwortlich.« Vielleicht wurde aber auch nur nicht klar genug definiert, welches Teilteam sich um Unit Tests zu kümmern hat. Und so nimmt jede Seite an, dass die anderen das erledigen.

Um solche Missverständnisse zu vermeiden, muss der Projektleiter für regelmäßige und ausreichende Kommunikation zwischen den Teilteams sorgen. Dazu kann er sich durchaus auch agiler Techniken bedienen und beispielsweise ein »Daily Scrum« einführen oder ein »Scrum of Scrums« mit Vertretern aus den Teilteams.

7.5 Qualitätssicherung agil

Agile Teams arbeiten interdisziplinär (vgl. Abschnitt 2.1). Das Team ist gemeinsam für das Produkt und dessen Qualität verantwortlich. Es gibt innerhalb des Teams keine formale Rolle und keine abgegrenzte QS-Gruppe, die ausschließlich für QS- und Testaufgaben zuständig und verantwortlich ist. Zwar hat jeder Mitarbeiter des Teams spezielle Kompetenzen, beispielsweise als Softwarearchitekt, als Programmierer oder als Tester, die er in das Team einbringt, aber er ist dadurch nicht auf diese eine Rolle im Team festgelegt. Jeder im Team darf grundsätzlich jeden Aufgabentyp, der am Taskboard zu vergeben ist, übernehmen und erledigen. Das gilt auch für QS- und Testaufgaben.

Wird vom klassischen Vorgehen auf eine agile Organisationsweise umgestellt, geht die organisatorische Verankerung der QS verloren und muss dann durch eine methodische Verankerung ersetzt werden. Geschieht Letzteres nicht, wird das agile Team nach einigen Sprints in ernsthafte Qualitätsprobleme geraten.

7.5.1 Wirkungsprinzip und Instrumente

Das Prinzip, auf dem Qualitätssicherung im agilen Team beruht, ist kontinuierliche »Überprüfung und Anpassung« (»Inspect and Adapt«)[77] und wird im Scrum Guide [URL: Scrum Guide] wie folgt erklärt:

- »**Überprüfung (Inspection):**
  Scrum-Anwender müssen ständig die Scrum-Artefakte und den Fortschritt auf dem Weg zur Erreichung des Ziels überprüfen, um unerwünschte Abweichungen zu entdecken. Die Häufigkeit der Überprüfungen sollte in dem Zusammenhang nicht so hoch sein, dass die eigentliche Arbeit dadurch behindert wird. Der größte Nutzen kann aus einer Überprüfung gezogen werden, wenn sie ständig durch sachkundige Personen am Ort des Geschehens vorgenommen wird.«

- »**Anpassung (Adaptation):**
  Wenn bei einer Überprüfung festgestellt wird, dass einer oder mehrere Aspekte des Prozesses außerhalb akzeptabler Grenzen liegen und das Produktergebnis dadurch ebenfalls nicht zu akzeptieren sein wird, muss so schnell wie möglich eine Anpassung des Prozesses oder des Arbeitsgegenstandes vorgenommen werden, um weitere Abweichungen zu minimieren.«

Nach diesem Prinzip wird grundsätzlich jedes Artefakt einer Prüfung unterzogen! Wann die jeweilige Prüfung stattfindet, wer sie erledigt und wie diese aussieht, wird allerdings nicht (wie im klassischen Projekt) im Detail vorab geplant, sondern je Sprint neu durchdacht und entschieden. Das Forum dafür sind die im Sprint »eingebauten« Routine-Meetings:

---

77. In einem Zusatz zum agilen Manifest [URL: Agiles Manifest] ist diese Idee als zwölftes agiles Prinzip formuliert.

- **Sprint-Planungsmeeting** (s. Abschnitt 3.5):
Im Rahmen der Sprint-Planung wird für jeden Backlog-Eintrag besprochen und festgelegt, welche Aufgaben zu erledigen sind, um den Backlog-Eintrag umzusetzen. Die zugehörigen Akzeptanzkriterien wurden vom Product Owner im Product Backlog bereits formuliert (s. Abschnitt 3.3). Sie treten an die Stelle von Qualitätszielen und Qualitätsmerkmalen, wie sie in klassischen QS-Plänen formuliert werden. Aus dem einzelnen Akzeptanzkriterium ergibt sich dann, welche Art Prüfung angemessen, geeignet und nötig ist, um entscheiden zu können, ob das jeweilige Akzeptanzkriterium erfüllt ist. Als mögliche »Prüfwerkzeuge« stehen dem Team dabei alle bekannten analytischen Qualitätssicherungsmaßnahmen und Testarten (vgl. Kap. 4, 5, 6) zur Verfügung. Hinzu kommen die in Abschnitt 6.3 beschriebenen explorativen Tests. Hat die beschlossene Prüfung einen größeren Umfang, so muss die Prüfungsaufgabe explizit formuliert werden und in die Sprint-Planung als zusätzliche, zum Entwicklungstask korrespondierende Prüfungsaufgabe (z. B. Testfall spezifizieren und automatisieren) aufgenommen werden. Genügt ein kurzes Gegenlesen, ein Review im Rahmen des ohnehin stattfindenden Pairing oder der Regressionstest durch vorhandene automatisierte Tests, so wird die Prüfung im jeweiligen Artefakt-Entwicklungstask implizit notiert. Qualitätssicherungsaufgaben werden dadurch völlig gleichartig und gleichberechtigt zu allen anderen Aufgaben des Teams behandelt und sind somit Teil der täglichen Arbeit des Teams. Ein separater, klassischer QS-Plan wird nicht mehr benötigt.

- **Daily Scrum:**
In dieser täglichen kurzen Runde[78] reflektiert das Team seinen Sprint-Status und aktualisiert das Taskboard. Für jede Aufgabe, die als »fertig« deklariert wird, muss darstellbar sein, dass die vereinbarten »Fertig«-Kriterien erreicht wurden. Gibt es eine korrespondierende, explizite Prüfungsaufgabe, so muss diese Prüfung erfolgreich durchgeführt worden sein und die entsprechenden Prüfungsergebnisse (z. B. Testprotokolle) müssen vorliegen. Solange dies nicht der Fall ist, ist die Sollqualität des Artefakts nicht nachgewiesen und die Aufgabe gilt als »nicht fertig«. Wenn z. B. ein Feature doch schwerer umzusetzen ist als ursprünglich angenommen, wird dies hier für das Team (und nicht nur für den Bearbeiter des betreffenden Features) frühzeitig sichtbar. Im Daily Scrum ver-

---

78. »... ein auf eine 15-minütige Timebox beschränktes Ereignis, in dem das Entwicklungs-Team seine Aktivitäten synchronisiert und einen Plan für die nächsten 24 Stunden erstellt« [URL: Scrum Guide].

schafft sich das Team also nicht nur einen Überblick über den aktuellen Arbeitsfortschritt, sondern es erhält auch ein Bild über sämtliche Schwierigkeiten und Probleme, mit denen die Teammitglieder gerade »kämpfen«. Entsprechend kurzfristig kann reagiert und gegenseitig geholfen werden. Gibt es Probleme, die die Arbeit des Teams akut behindern (impediments), werden im Daily Scrum auch diese Punkte angesprochen, sodass der Scrum Master unmittelbar reagieren und Lösungen einleiten kann. Das Meeting adressiert an dieser Stelle also nicht nur die Produktqualität, sondern auch Prozessprobleme, die erkennbar oder störend werden.

Sprint-Review:
Am Ende des Sprints findet ein sogenanntes Sprint-Review-Meeting statt. Hier präsentiert und erläutert das Team dem Product Owner und dem Kunden den neu erreichten Stand des Produkts. Das Team erhält hier unmittelbar Feedback, wie der neue Versionsstand (Inkrement) aus Kundensicht beurteilt wird. Umgekehrt hat es Gelegenheit, das Produkt und dahinterstehende Lösungsideen zu erläutern und dem Kunden zu vermitteln. Team und Kunde können ein gemeinsames Verständnis entwickeln, ob das Produkt das Kundenproblem angemessen löst. Die Produktvorführung hat damit den Charakter einer informellen Validierung und liefert ein Qualitätsfeedback, das über die im Sprint bereits durchgeführten Prüfungen und Tests hinausgeht und diese um die unmittelbare Kundensicht ergänzt. Auf Basis dieser Erkenntnisse können dann sowohl notwendige Korrekturen am Produkt als auch sinnvoll erscheinende Prozessverbesserungsmaßnahmen identifiziert und in das Product Backlog aufgenommen werden.

Sprint-Retrospektive:
Die Sprint-Retrospektive ist das Team-Meeting, in dem sich das Team über Prozessfragen und Ideen zur Prozessverbesserung austauscht (vgl. Abschnitt 7.2.3). Prozessverbesserungsmaßnahmen, die z.B. im Sprint-Review identifiziert wurden, oder Maßnahmen, die generell die Wirksamkeit z.B. des Testens erhöhen (z.B. eine Erhöhung der Testabdeckung durch mehr automatisierte Tests), werden hier besprochen und priorisiert. Werden solche Maßnahmen erfolgreich umgesetzt, leisten sie einen Beitrag, um die Produktqualität in den folgenden Sprints zu stabilisieren oder zu erhöhen.

QS durch Routine und Transparenz

Wie oben erwähnt, gibt es keine Gruppe oder Einzelperson, die für QS oder für die Qualität des Produkts verantwortlich ist. Dafür, dass die QS-Aufgaben im Tagesgeschäft dennoch nicht aus den Augen verloren werden, sind zwei Gründe ausschlaggebend: Zum einen sorgen die oben beschriebenen Meetings dafür, dass das Thema QS »routinemäßig« jeden Tag auf die Agenda gesetzt ist. Und zum anderen sorgt die Scrum-Vorgehensweise dafür, dass Qualitätsdefizite frühzeitig für jeden im Team sichtbar werden. Sei es durch fehlschlagende und im CI-Dashboard angezeigte Testfälle, sei es durch Taskkarten, die nicht weitergeschoben werden können, weil ihre Done-Kriterien nicht erreicht werden, oder sei es, weil der Kunde im Sprint-Review Klartext redet. Viele Fehler werden auch von vornherein vermieden, da jeder im Team sieht, was tagesaktuell »um ihn herum« passiert. Fehler durch »Aneinander-vorbei-Arbeiten« passieren seltener. Diese beiden Elemente »Routinehandlung« und »Transparenz« gleichen die im interdisziplinären Team nicht mehr gegebene, personell zuordenbare Einzelverantwortung aus.

7.5.2 Stärken und Schwächen

Wenn das Team agile Qualitätssicherung wie oben beschrieben konsequent praktiziert, dann können sehr gute Erfolge erzielt werden. Die Stärken des Vorgehens sind:

- **Jedes Entwicklungsartefakt wird überprüft.**
  Dazu gehört natürlich das Testen des ausführbaren Programmcodes, das Prüfen von Architekturdiagrammen, Klassendiagrammen und anderen Entwurfsdokumenten durch Reviews und Inspektionen, aber auch das Hinterfragen und Überprüfen des »Projektplans« in Form von Taskboard und Sprint Backlog.

- **Korrekturen erfolgen frühestmöglich.**
  Wenn ein automatisierter Testfall fehlschlägt, wird sofort analysiert, worin das Problem besteht. Wenn möglich beseitigt der zuständige Programmierer den Fehler sofort oder stellt innerhalb des Sprints eine Lösung bereit. Ist ein Problem schwieriger zu lösen, dann werden Korrekturmaßnahmen (z.B. eine Designänderung) in das Product Backlog eingetragen und über den üblichen Priorisierungsmechanismus wird ein dem Problem angemessener Lösungsprozess in Gang gesetzt.

- **Konstruktive QS-Instrumente treten in den Vordergrund.**
  Techniken wie Clean Code, Testautomatisierung, Test First u.a. heben das »handwerkliche« Niveau, auf dem Entwicklungsarbeit

geleistet wird, deutlich an. Das Team entwickelt einen zunehmend hohen Qualitätsanspruch, und zwar nicht nur an sein Produkt, sondern auch an die Art und Weise, wie Software entwickelt werden soll.

- **Prozessverbesserung erfolgt »bottom-up«.**
Verbesserungsschritte erfolgen schnell und am konkreten, aktuellen Bedarf des Teams ausgerichtet.

Werden diese Stärken genutzt, kann das Team eine sehr streng gelebte und sehr wirksame QS-Kultur entwickeln. Diese Vorteile und Erfolge stellen sich aber nicht automatisch ein. Es gibt sogar erhebliche Risiken, dass in einem Scrum-Projekt Qualitätsprobleme auftreten, die das Team nicht in den Griff bekommt. Ob man diese Punkte als Risiken betrachtet, die zu adressieren sind, oder als grundsätzliche Schwächen von Scrum oder agilen Vorgehensweisen, sei dem Urteil des Lesers überlassen. Bewusst muss man sich dieser Punkte allerdings sein:

Risiken der agilen QS-Kultur

- **Ideale Welt vs. Team-Wirklichkeit:**
Scrum, XP und andere agile Vorgehensweisen setzen auf die Idee des interdisziplinären Teams[79]. Im Scrum-Team sollen Personen zusammenarbeiten, die gemeinsam alle Fähigkeiten mitbringen, um das Sprint-Ziel zu erreichen [Schwaber/Beedle 02, S. 37]. Die Unternehmensrealität sieht aber anders aus. Nicht jeder Experte, dessen Wissen benötigt wird, ist ein Teammitglied; es gibt überdurchschnittlich leistungsfähige Mitarbeiter und weniger leistungsfähige; es gibt »Teamplayer«, »Eigenbrötler« und »Gurus«. Die Liste lässt sich beliebig verlängern. Wer Scrum einführt, aber auch jeder, der mit oder in einem Scrum-Team arbeitet, muss sich bewusst sein, dass »sein« Team kein »ideales« Scrum-Team ist. Dies birgt Risiken in sich und kann verhindern, dass Scrum so reibungslos funktioniert, wie die Methode es vorsieht.

- **Lernen vs. Kompetenzen:**
Pairing und gegenseitige Hilfe sollen jedem Teammitglied ermöglichen, seine Kompetenzen schrittweise auszubauen. Das Team kann so anfänglich fehlende Expertise aufbauen und jedes Teammitglied kann seine eigenen Fähigkeiten verbreitern und sich dabei persönlich weiterentwickeln. Aber in der Realität wird nicht jeder im Team mit jedem anderen gleich harmonisch und gerne zusammenarbeiten. Nicht jeder möchte sein Wissen und seine Expertise jedem anderen vermitteln. Und auch ein Scrum-Team leidet unter

---

79. In XP [Beck/Andres 04] heißt diese Idee »One Team Principle«, in Scrum [Schwaber/Beedle 02] »cross-functional Team«.

Zeitknappheit und fast alle Scrum-Instrumente nutzen »Timeboxing« deshalb als »Gegenmittel«. Zeit zu Lernen ist daher auch mit Scrum eine sehr begrenzte, wertvolle Ressource. Wenn es darum geht, etwas »fertig zu bekommen« im Sprint, wird die Aufgabe an jemanden fallen, der das Wissen mitbringt, und nicht an jemanden, der »noch lernt«. Auch hat jedes Scrum-Mitglied seinen individuellen Ausbildungshintergrund und startet seinen »Lernprozess« mit anderen Voraussetzungen. Es ist daher unwahrscheinlich und aus Sicht der Organisation oft auch unwirtschaftlich, dass ein Mitglied sich völlig neue Kompetenzfelder aneignet. Und auch wo dies im Einzelfall sinnvoll wäre: Einige werden das nutzen; manchen wird es nicht gelingen, manche wollen es auch gar nicht. Und ganz generell gilt: Vorhandene Stärken zu nutzen ist erfolgversprechender als der Versuch, Schwächen zu beseitigen[80].

- **Pull vs. Push:**
Scrum, XP und andere agile Modelle propagieren, dass das agile Team »sich selbst organisiert«. Aber genauso wie in der klassischen Welt, wo es Projektleiter gibt, denen es gelingt, ihr Team »gut zu organisieren und gut zu führen«, und solche, denen das schlechter oder gar nicht gelingt, so gibt es auch agile Teams, die sich »gut organisieren«, und es gibt agile Teams, denen das seltener oder weniger gut gelingt. Die Faktoren, die eine angemessene Selbstorganisation (nicht unbedingt grundsätzlich, sondern evtl. nur zeitweise) beeinträchtigen können, sind zahlreich. So gibt es zweifelsohne auch im Scrum-Projekt Aufgaben oder Aufgabentypen, die spannender sind als andere gerade zu vergebende Aufgaben. Es ist unwahrscheinlich, dass dieser Faktor beim Backlog Grooming oder auf die Sprint-Planung keinen Einfluss hat. Zwar wird das Team verhindern, dass unbeliebtere Aufgaben ganz ausgeblendet werden, aber das bedeutet noch nicht, dass spannende oder herausfordernde Aufgaben motivierter angegangen werden und höher priorisiert werden als evtl. nötig. Oder dass einzelne Teammitglieder sich solche Aufgaben bewusst oder unbewusst »herauspicken«. Trotz »Pull«-Prinzip kann auch in Scrum dann hin und wieder ein »Push« (durch den Product Owner oder durch ein Teammitglied) nötig sein! Und auch das Scrum-Team vereint Mitarbeiter mit unterschiedlichen Führungsambitionen und Führungsqualitäten. Das heißt, auch im Scrum-Team werden sich manche Personen öfter zu Wort melden und in eine Führungsrolle schlüp-

---

80. »Stärken nutzen« betrachtet Fredmund Malik als den wichtigsten von sechs Grundsätzen wirksamer Führung (s. [Malik 06, Kap. 4]).

fen als andere. Wenn dies dauerhaft passiert, bilden sich informelle Führungsstrukturen im Team heraus, die klassischen Strukturen sehr ähnlich werden können. Vielleicht kann das betroffene Team damit sogar sehr gut leben. Vielleicht ist so ein Team (ab einem gewissen Zeitpunkt) aber auch gar kein Scrum-Team mehr, sondern arbeitet wieder klassisch.

- **Disziplin vs. Velocity:**
Arbeiten im Takt der Sprints scheint eine einfache, angenehme, wohlgeregelte Angelegenheit zu sein. Aber das Ziel, fertig zu werden unter der gegebenen hohen Transparenz mit dem Sprint-Ende als unverrückbarer Deadline und unter permanentem Timeboxing, kann eine sehr hohe Belastung erzeugen. Theoretisch regelt das Team über die Sprint-Planung die Arbeitsmenge dann so herunter, bis sich ein Pensum (Team-Velocity) einstellt, das dauerhaft absolviert werden kann. In der Praxis kommt es aber allzu leicht vor, dass stattdessen die Disziplin geopfert wird: Test First wird nicht konsequent umgesetzt, weil die Zeit fehlt, das einzuüben. Klassische Spezifikationen schreibt aber auch niemand, weil dokumentieren nicht »agil« ist. Testfälle, die automatisiert werden könnten, werden »aus Zeitgründen« weiterhin manuell erledigt, mögliches oder nötiges Refactoring wird verschoben, weil »neue Features« dem Kunden wichtiger sind, etc. Das Team gerät in eine Abwärtsspirale, die dazu führt, dass das Projekt scheitert.

Die geschilderten Risiken sind allgemeine Risiken von Scrum und agilen Projekten, denen jeder Scrum Master und jedes agile Team begegnen müssen. Es sind keine Risiken, die »nur« die Wirkung der Qualitätssicherung tangieren. Die zu Anfang dieses Abschnitts erläuterten Stärken der agilen Qualitätssicherung kommen aber nur zum Tragen, wenn diese Risiken beherrscht werden.

7.6 Testen agil

Auch wenn konstruktive Maßnahmen im agilen Team einen hohen Stellenwert haben, bleibt das Testen auch hier das wichtigste Instrument der Softwarequalitätssicherung. Die Kapitel 4, 5 und 6 beschreiben ausführlich, was Testen leisten kann und wie Testen in der agilen Softwareentwicklung funktioniert und einzusetzen ist. Zum Abschluss dieses Buches werden die Erfolgsfaktoren, die das Testen agil machen, nochmals zusammenfassend herausgearbeitet.

7.6.1 Erfolgsfaktoren für agiles Testen

»Unter agilem Testen versteht man das Testen von Software im Rahmen eines agilen Entwicklungsprojekts. [...] Agiles Testen folgt den Prinzipien des Agilen Manifests und wendet die agilen Prinzipien auf das Testen an« [URL: agiles Testen].

Test nonstop mit täglichem Feedback

Die zentrale Anforderung an agile Tester ist die Forderung nach schnellem Feedback. Alle Maßnahmen sind dahingehend ausgerichtet. An die Stelle sequenzieller Testphasen (mit langer Feedbackzeit) tritt kontinuierliches Testen in jedem Sprint und unter parallelem Einsatz von Tests jeder Teststufe: Test nonstop mit täglichem Feedback. Damit dies gelingt, sind folgende Erfolgsfaktoren entscheidend:

- **Testautomatisierung:**
Dauerhaft kann schnelles Feedback nur erreicht und aufrechterhalten werden durch umfassende Testautomatisierung auf jeder Testebene – von Unit Tests über die Integrationstests bis zu den Systemtests. Dieses Netz aus automatisierten Tests erlaubt das kontinuierliche Refactoring von Programmcode und ist Voraussetzung für die sichere Anwendung dieser Clean-Code-Technik (s. [Martin 08]).

- **Exploratives Testen:**
Da es nicht möglich ist, jeden Testfall sofort zu automatisieren, muss die Testautomatisierung durch schnelles manuelles Testen ergänzt werden. Das Mittel dazu ist exploratives Testen. Exploratives Testen verzichtet weitgehend auf eine vorbereitende Testspezifikation und gibt dem Tester Freiraum, intuitiv zu arbeiten. Dadurch ist der Tester in der Lage, auch sehr kurzfristig neue oder geänderte Features zu überprüfen, auch wenn das Sollverhalten auf der Feature-Taskkarte nur knapp skizziert ist. Dies bedeutet auch, dass der Tester in der Lage sein muss, sich die nötige Zusatzinformation aktiv zu beschaffen durch Kommunikation mit allen potenziellen Wissensträgern und Stakeholdern. Nicht jeder kann das gleich gut, aber auch dies kann erlernt und geübt werden.

- **Testexpertise im Team:**
Die Verantwortung für das Testen liegt beim agilen Team. Die Testaktivitäten werden in der gleichen Weise geplant und gesteuert wie alle anderen Aufgaben im Sprint. Jedes Teammitglied kann und soll, abhängig von seiner Expertise, Testaufgaben übernehmen. Diese Art, den Test als Teamaufgabe zu organisieren, setzt voraus, dass im Team ausreichend Testexpertise vertreten ist. Ein klassisches Entwicklungsteam, das auf Scrum umstellt, besitzt diese Expertise in der Regel nicht ausreichend. Hier müssen externe Tes-

ter und Tester aus der evtl. bisher existierenden Systemtestabteilung in die Teams versetzt werden und diese dauerhaft verstärken. Das heißt, dass jetzt auch Testexperten, die sich ausschließlich um Testaufgaben kümmern, nicht mehr getrennt und unbeeinflusst vom entwickelnden Team testen, sondern im Team und als Mitglied des agilen Teams. Das unabhängige Testen mit getrennten Rollen und getrennter Organisationsstruktur wird aufgegeben. Dies ist ein durchaus risikobehafteter Schritt. Er gelingt nur, wenn parallel sichergestellt wird, dass Testexperten im Team dabei sind und wenn der Scrum Master oder ein Testexperte die Aufgaben eines Testmanagers mitübernehmen. Aber auch wenn Testexperten im Team vorhanden sind, kann die enge Zusammenarbeit im Team den Test schwächen, weil (wie in Fallstudie 8.1 berichtet) auch »hauptamtliche« Tester im Team ihr Projekt immer mehr aus einer »Entwicklerperspektive« betrachten und Testergebnisse zunehmend weniger kritisch beurteilen, als ein »unabhängiger Tester« es tun würde.

Teamübergreifende Sicht:
Wenn in großen Projekten mehrere Scrum-Teams (als Feature-Teams) parallel arbeiten, wird eine übergeordnete »Sicht« benötigt, die das korrekte Zusammenspiel der Features über die Scrum-Teams hinweg im Blick hat. Auch wenn jedes Team für »sein« Teilprodukt Unit Tests, Integrations- und Systemtests erstellt und durchführt, so besteht hier die Gefahr, dass team- bzw. featureübergreifende Testszenarien zu wenig adressiert werden. Als Gegenmaßnahme sollten sich (wie die Scrum Master im Scrum of Scrums) auch die Testmanager oder die »hauptamtlichen« Tester der Teams regelmäßig untereinander austauschen und koordinieren, z.B. in einem »Scrum of Testers« (vgl. Fallstudie 8.3). Als weitere Maßnahme kann es auch sinnvoll sein, ein »übergeordnetes« Systemtestteam (s. Abschnitt 6.8.1) einzurichten. Dieses Systemtestteam stellt dann nicht nur sicher, dass es teamübergreifende Testszenarien gibt, sondern es kann auch die Pflege der Testframeworks übernehmen und diese den anderen Scrum-Teams als »Service« zur Verfügung stellen.

7.6.2 Testplanung in Scrum

Wie bereits mehrfach erwähnt, werden Testaktivitäten in Scrum in der gleichen Weise geplant und gesteuert wie alle anderen Aufgaben innerhalb eines Sprints: über Tasks, die im Rahmen der Sprint-Planung vom Product Backlog ins Sprint Backlog und auf das Taskboard wandern. In Bezug auf Testaufgaben gilt es hierbei, folgende Punkte zu beachten:

- **Definition of Ready (DoR):**
  Die DoR ist eine Checkliste, die bei der Erstellung der User Stories durch den Product Owner sowie bei deren Qualitätssicherung und spätestens bei der Übernahme von Stories vom Product ins Sprint Backlog Anwendung findet [URL: agiles Testen]. Ob eine User Story »Ready« ist, erkennt das Team gut, wenn es die Story aus Testsicht betrachtet. Wenn es nicht gelingt, Testfälle zu entwerfen, oder unklar ist, wann ein Testergebnis als »passed« oder »failed« einzustufen wäre, dann bietet die Story offenbar zu viele Freiheitsgrade. Die Story sollte dann als nicht »Ready« vom Team zurückgewiesen werden. Alternativ kann das Team die Lücken in der Story (im Sinne von Test First) füllen, indem es Testfälle ergänzt, die die fehlenden Aussagen liefern. Ein Pairing von Tester und Product Owner ist hier sehr sinnvoll.

- **Definition of Done (DoD):**
  Die DoD als weitere Checkliste beschreibt, welche Ziele vom Team bei der Umsetzung der Story erreicht werden müssen, bevor diese als »fertig zur Vorlage im Sprint-Review« betrachtet wird. In der DoD werden Testziele wie z.B. die notwendigen Testarten, die zu erreichende Testabdeckung und die Testendekriterien (i. Allg. die Entfernung aller gefundenen Fehler) festgeschrieben. Die DoD dient damit unmittelbar der Sicherstellung der Produktqualität und der Kundenzufriedenheit [URL: agiles Testen].

Eine Testaufgabe kann explizit als eigenständiger Task formuliert werden, aber auch implizit als Done-Kriterium eines Programmiertasks. Wenn alle nötigen Tests schon automatisiert vorliegen, ist die implizite Variante problemlos. Wenn eine Story oder ein Feature erstmalig getestet wird oder wenn Tests zu automatisieren sind, ist es ratsam, diese Aufgabe(n) explizit als separate Task(s) zu behandeln.

7.7 Skills, Ausbildung, Werte

In den vergangenen 10 Jahren hat sich Softwaretesten zu einem professionellen Berufsbild entwickelt. Mit Test- und Qualitätssicherungsaufgaben werden heute in vielen Projekten speziell ausgebildete und zertifizierte Softwaretester betraut und diese leisten dort einen ganz wesentlichen Beitrag zum Projekterfolg.

Hohe Expertise in Softwaretest und QS ist unverzichtbar.

Hohe Expertise in Softwaretest und Softwarequalitätssicherung ist angesichts der immer komplexer werdenden Softwaresysteme in jedem Softwareteam unverzichtbar, auch und gerade im agilen Projekt. Denn agiles Testen bedeutet nicht, dass weniger, laxer oder schlechter getestet wird als früher. Im Gegenteil! Testen erhält im agilen Projekt eine vorher nicht gekannte, zentrale Funktion: Testfälle definieren das System und lösen Spezifikationen ab (Test First), Tests werden umfassend automatisiert und kontinuierlich durchgeführt (Test nonstop). Das Entwerfen guter Testfälle ist eine anspruchsvolle Tätigkeit, die ohne Ausbildung in Testentwurfstechniken nicht gelingt. Testautomatisierung erfordert Know-how in der Programmierung und Toolkenntnisse. Analoges gilt für Codeanalyse, Continuous Integration, Reviewtechniken usw.

Da Scrum die Rolle des Testers nicht explizit beschreibt und die Rolle des Testmanagers nicht einmal erwähnt, sind leider oftmals Scrum-Teams anzutreffen, denen die nötige Expertise fehlt, um diese Testaufgaben fachgerecht zu erledigen. Das ist riskant! Denn Scrum verlässt sich stark auf die Wirksamkeit von Feedbackschleifen, und eines der wichtigsten Mittel, um in der Softwareentwicklung Feedback zum Produkt zu generieren, ist Testen.

Im interdisziplinären Team ist hiervon jedes Teammitglied betroffen. Zumindest in den grundlegenden Testtechniken sollten daher alle Teammitglieder, also auch die Programmierer, geschult werden. Umgekehrt müssen Tester Grundlagen der Programmierung erlernen. Testautomatisierung, aber auch Codeanalyseaufgaben erfordern dies. Die Anwendung all dieser Techniken muss eingeübt werden. Die Personalverantwortlichen im Unternehmen müssen diese veränderten Anforderungen berücksichtigen und sollten gemeinsam mit Scrum Master und QM-Stab (vgl. Abschnitt 7.2.2) ein entsprechendes Aus- und Weiterbildungsprogramm für agile Teams zusammenstellen und anbieten.

Der internationale Maßstab ist hier die Ausbildung zum Certified Tester nach ISTQB-Standard. Der Foundation-Level-Lehrplan deckt alle grundlegenden Techniken ab: von Äquivalenzklassenanalyse über Grenzwertanalyse bis zum zustandsbasierten Testen. Der Stoff adressiert damit alle Teststufen von Unit Test bis Abnahmetest (vgl. Kap. 4 bis 6), mit denen ein Scrum-Team unweigerlich konfrontiert ist. Die ISTQB-Advanced- und Expert-Level-Lehrpläne vertiefen die Lehrinhalte und eignen sich für Teammitglieder, die ihren Aufgabenschwerpunkt bei Test- und Qualitätssicherungsaufgaben haben. Die deutschsprachigen Lehrpläne werden in Kooperation herausgegeben durch das Austrian Testing Board, das German Testing Board und das Swiss Testing Board [URL: ISTQB Syllabus]. Diese Boards organisieren auch das Prüfungswesen und überwachen die Ausbildungsangebote im deutschsprachigen Raum.

ISTQB Certified Tester

Für Personen, die bereits über eine Certified-Tester-Ausbildung verfügen, sind Trainingsangebote geeignet, die Grundlagen in Scrum ver-

Training agiler Testtechniken

mitteln, verbunden mit der Schulung agiler Testtechniken (z. B. »Testen in SCRUM-Projekten« [URL: iAkad] oder »Certified Agile Tester« [URL: iCAT]). Trainings, die auf agile Testtechniken fokussieren und zum Beispiel nur auf den Aspekt »exploratives Testen« eingehen, können eine Ergänzung zu Grundlagentrainings nach ISTQB-Foundation-Level sein, aber diese nicht ersetzen. Wie oben erwähnt und an vielen Stellen des Buches deutlich gemacht, erfordert Testen im agilen Projekt die gesamte Bandbreite an Testmethoden und explorative Techniken sind nur ein Baustein innerhalb dieses Instrumentariums.

Veränderte Wertvorstellungen

Die Umstellung auf Scrum bringt natürlich auch Veränderungen im Arbeitsstil mit sich. Aus dem Blickwinkel von Qualitätsmanagement und Qualitätssicherung sind hier vor allem zwei Veränderungen zu nennen: Das Qualitätsmanagement wandelt sich von einem »top-down« zu einem »bottom-up« getriebenen Prozess. QM wird zum Dienstleister der agilen Teams. Die operative Qualitätssicherung »verliert« ihre Unabhängigkeit. QS wird nicht mehr von einer externen Testgruppe erledigt, sondern passiert im Team. Damit verbunden sind auch veränderte Wertvorstellungen von Testern und QS-Experten, die in agilen Teams mitarbeiten[81]:

- Ein konstruktives Verhältnis zwischen allen Teammitgliedern zählt mehr als Testprozesse und Testwerkzeuge.
- Getestete Software ist entscheidender als umfassende Testdokumentation.
- Die kontinuierliche Zusammenarbeit mit dem Kunden ist wichtiger als formale Abnahmetests am Projektende.
- Das Reagieren auf Veränderung hat höhere Priorität als das Befolgen eines Testplans.

Als Soft Skills sind damit einhergehend Eigenschaften gefragt wie Zusammenarbeit, Pairing, Kommunikation statt Dokumentation, Selbstorganisation, Eigeninitiative und aktive Informationsbeschaffung.

Für Test- und QS-Experten, die seit vielen Jahren in Test und QS arbeiten, bedeutet dies, dass ihr methodisches Rüstzeug wichtiger und wertvoller ist als jemals zuvor. Ihr Arbeitsstil wird sich aber wandeln. Bei imbus nennen wir dies:

»Change your MindSet! Keep Your MethodSet!«

---

81. Nach [URL: agiles Testen Manifest].

7.8 Checkfragen und Übungen

7.8.1 Self-Assessment

Fragen, anhand derer der Leser nach jedem Kapitel seine eigene Situation bzw. sein Projekt hinsichtlich »wie agil sind wir« beurteilen kann.

1. Wie beurteilen Sie das QM-System Ihres Unternehmens? Stimmen die Regelungen mit der Unternehmenspraxis im Wesentlichen überein? Oder bilden sie eher eine »Parallelwelt«.
2. Sind die Regelungen aktuell? Von wann datiert das letzte Update des Systems?
3. Finden Sie Ihre eigenen Aufgaben und Ihren Zuständigkeitsbereich angemessen abgebildet? Befolgen Sie persönlich die Regelungen, die für Ihren Zuständigkeitsbereich gelten?
4. Kennen Sie alle QM-Dokumente, die Ihren Arbeitsbereich betreffen? Wie lange benötigen Sie, um ein bestimmtes Dokument zu finden und nachzuschlagen?
5. Wie werden geänderte oder neue Prozesse eingeführt? Gibt es Informationsveranstaltungen oder Schulungen?
6. Wie ist der Softwareentwicklungsprozess definiert? In welcher Phase dieses Prozesses befinden Sie sich aktuell mit Ihrem eigenen Projekt? Anhand welcher Kriterien erkennen Sie, dass diese Phase beendet werden kann?
7. Sofern Sie an einem Audit teilnahmen: Welche Befunde gab es und haben Sie seither Korrekturmaßnahmen umgesetzt?
8. Wie beurteilen Sie die Zusammenarbeit Ihrer Abteilung/Ihres Teams mit dem QM-Stab? Wo würden »agile Vorgehensweisen« helfen?
9. Falls (einige) Teams (schon) agil arbeiten: Wie arbeiten die Scrum Master mit dem QM-Stab zusammen? Wird umgesetzt, was in den Retrospektiven angesprochen wird? Was könnte verbessert werden?
10. Welche analytischen QS-Maßnahmen außer »Testen« und welche Techniken im Sinne »konstruktiver QS« kommen in Ihrem Projekt zum Einsatz? Welche Maßnahmen oder Techniken werden nicht genutzt, obwohl sie sinnvoll wären? Aus welchen Gründen?
11. Falls (einige) Teams (schon) agil arbeiten: Wie ist dort das »Testen« organisiert? Wie gut erfüllen/beherrschen diese Teams die »Erfolgsfaktoren für agiles Testen«?

12. Wie sieht der aktuelle Testplan Ihres Projekts aus? Können Sie diesem Plan entnehmen, welche Testaufgaben heute oder kommende Woche zu erledigen sind? Sind das die Aufgaben, die tatsächlich erledigt werden? Werden damit rechtzeitig die »richtigen« Fehler gefunden?

7.8.2 Methoden und Techniken

Fragen, anhand derer der Leser nach jedem Kapitel den Stoff rekapitulieren kann.

1. Erläutern Sie den Begriff »PDCA-Zyklus«.
2. Betrachten Sie den Projektplan in Fallbeispiel 2–3 auf Seite 22. Welche PDCA-Zyklen lassen sich hier identifizieren?
3. Betrachten Sie den Scrum-Prozess in Abbildung 2–1. Welche PDCA-Zyklen lassen sich hier identifizieren?
4. Erläutern Sie den Unterschied zwischen einer »Team Charta« und einer Beschreibung des agilen Entwicklungsprozesses im QM-System.
5. Erklären Sie die beiden Scrum-Werkzeuge »Sprint-Review« und »Sprint-Retrospektive«.
6. Was versteht man unter »Traceability«? Warum fordern einschlägige Normen, dass bei der Entwicklung von Software für sicherheitskritische Produkte Traceability gegeben sein muss?
7. Nennen Sie Vor- und Nachteile einer organisatorisch/personellen Trennung zwischen Entwicklern und Prüfern/Testern.
8. Erklären Sie das agile Prinzip »Überprüfung und Anpassung«.
9. Nennen Sie Vor- und Nachteile der Zusammenarbeit im interdisziplinären Team. Welche Risiken sind damit verbunden?
10. Nennen und erläutern Sie die Erfolgsfaktoren für agiles Testen.

7.8.3 Weiterführende Übungen

Fragen, anhand derer der Leser einige Punkte, die im Kapitel evtl. nur angerissen wurden, weiter durchdenken kann.

1. Unabhängig davon, ob Sie klassisch oder agil arbeiten: Beschreiben Sie Ihren Softwareentwicklungsprozess auf max. einer DIN-A4-Seite.
2. Wählen Sie ein zweites Softwareprojekt oder -team in Ihrem Umfeld. Wo weicht dessen Vorgehen von Ihrem (in der vorstehenden Übung) beschriebenen Vorgehen ab? Verallgemeinern Sie »Ihre«

Prozessbeschreibung so, dass beide Ausprägungen gleich gut erfasst werden.
3. Sofern Ihr Softwareentwicklungsprozess agil ist: Beschreiben Sie im Stil einer Team Charta (vgl. Abschnitt 3.6), wie das »Sprint-Planungsmeeting« und die »Aufwandsschätzung« bei Ihnen funktionieren. Trifft diese Beschreibung nur für Ihr Team zu oder auch für andere Teams?

8 Fallstudien

Dieses Kapitel präsentiert fünf Fallstudien aus Industrie, Onlinehandel und Unternehmen der Softwarebranche. Diese spiegeln Erfahrungen und Lessons Learned wider, die die Interviewpartner bei der Einführung und Anwendung agiler Vorgehensweisen in ihrem jeweiligen Unternehmen gesammelt haben.

8.1 Scrum in der Entwicklung von Video- und Audiosoftware

*Interview mit Dr. Stephan Albrecht,
Manager Interplay Escalation and Tools bei AVID in München*

AVID, 1987 nahe Boston/USA gegründet, ist ein an der Nasdaq börsennotiertes Unternehmen, das Lösungen für die digitale Video- und Audioproduktion entwickelt und vermarktet. Die Produktpalette reicht dabei vom digitalen Video-Editing-System für den privaten Anwender (Pinnacle Studio, Avid Studio) bis zu Systemen für die professionelle Film- und TV-Produktion (u.a. Avid Interplay, Avid Media Composer). Viele der weltweit erfolgreichsten Werbespots, Musikvideos, Fernsehsendungen und Spielfilme werden auf AVID-Systemen produziert.

In diesem hochdynamischen Umfeld muss technisch sehr anspruchsvolle Software mit kurzen Reaktionszyklen auf höchstem Qualitätsniveau entwickelt werden. Denn einen Produktfehler kann der Kunde – im wahrsten Wortsinn – sehen und hören.

Schon immer wurde Software bei AVID deshalb nach einem stark iterativen Ansatz entwickelt. 2009 wurde dann entschieden, diesen Ansatz auszubauen und Scrum einzuführen. Die Fallstudie beschreibt die Erfahrungen bei der Einführung von Scrum in der Business Unit für »Media und Production Asset Management« mit ca. 100 Entwicklern an den Standorten Burlington, Kiew, Shanghai, Kaiserslautern und München.

Gründe für die Einführung von Scrum

Im iterativen Ansatz wurde die Entwicklungsarbeit nach klassischem Muster von verschiedenen voneinander unabhängigen, auch örtlich getrennten Teams erledigt. Es gab beispielsweise am Standort München ein Designteam, mehrere Entwicklungsteams sowie ein Team für Systemtest und Qualitätssicherung. Ein Produktmanager verantwortete die Projektplanung und gab vor, welche Features in welchem Release zu realisieren waren.

Alles in allem funktionierte die iterative Entwicklung gut. Aber mit zwei Dingen war man unzufrieden: Die Teams redeten zu wenig miteinander, was Missverständnisse und als Folge vermeidbare Fehler produzierte. Und die Projektpläne – egal wie oft und mit wie viel Aufwand gepflegt – hinkten permanent der Wirklichkeit hinterher. Scrum war daher der naheliegende Schritt, beide Problemfelder zu adressieren und allgemein noch etwas besser und schneller zu werden.

Umstieg

Die bisherigen Teams (Designteam, Entwicklungsteam, Systemtest-/Qualitätssicherungsteam) wurden aufgelöst und als fachübergreifende (cross-functional) Teams mit neuen Verantwortlichkeiten neu gebildet. Jedes Team ist seither für ein bestimmtes Produkt zuständig und vereint sämtliche Kompetenzen innerhalb des Teams. Das heißt, in jedem Team gibt es nun Designer, Entwickler, Tester sowie Qualitätssicherungsexperten. Die ehemaligen Teamleiter wurden (über externe Trainings) zum Scrum Master ausgebildet und haben dann je ein Team (als Scrum Master, aber auch als Linienvorgesetzte) übernommen.

Stolpersteine

Die neuen Scrum Master agierten anfangs in vielen Fällen zu dominant, in ihrem gewohnten Stil als Teamleiter. Dies wurde sichtbar, als immer wieder Features zum Sprint-Ende nicht fertig waren und die Teammitglieder sich beschwerten, dass der Scrum Master die betreffenden Features »reingeplant« oder »erzwungen« hatte. Die Scrum Master hatten in diesen Fällen wie ehedem als Teamleiter einfach bestimmt, dass gewisse Features im Sprint zu realisieren sind (»Du machst dieses Feature, du jenes ...«).

Auch bei der Besetzung der Rolle »Product Owner« gab es zunächst Schwierigkeiten. Wegen der hohen technischen Komplexität und der großen Feature-Vielfalt kamen nur wenige Personen als Product Owner infrage – wiederum meist die ehemaligen Teamleiter. Und so kam es vor, dass einige der Scrum Master auch die Rolle des Product

Owner oder eines sogenannten »Proxy Product Owner« (lokales Sprachrohr des Product Owner) mit übernommen oder an sich gezogen haben.

Beides wurde daraufhin korrigiert und abgestellt. So wurde durch die Geschäftsleitung ein Product Owner bestimmt, der teamübergreifend die Product-Backlog-Pflege für die gesamte Business Unit »Media und Production Asset Management« übernahm, also für alle Teams zuständig war. Dieser bekam auch die Release-Verantwortung, d. h. die Entscheidungsgewalt über Zeitpunkt und Umfang externer Releases, mit entsprechendem Einfluss auf die Sprint-Planungen. Die Scrum Master passten nach und nach ihren Führungsstil an die neuen Gegebenheiten an oder sie wurden abgelöst und direkt aus dem Team gewählt. Darüber hinaus wurden einige Arbeitsmethoden und Hilfsmittel, insbesondere solche, die den Informationsaustausch zwischen den Teams betreffen, wie die Form der Backlogs oder der Burndown-Diagramme, zentral standardisiert.

Wesentliche Veränderungen

Die ehemalige Matrixorganisation (Abteilungen × Projekte) wurde durch fachübergreifende Teams abgelöst. Ehemals zentralisierte Kompetenzen (wie z. B. der Systemtest) sind damit in die Verantwortung der Scrum-Teams gewandert. Zur Synchronisierung führt jedes Scrum-Team ein tägliches Standup-Meeting durch. Die Synchronisierung zwischen den Teams erfolgt in einem sogenannten Scrum-of-Scrums-Meeting per Videokonferenz.

Erwartungsgemäß fehlte zunächst in jedem Team ein Teil des Wissens, das früher in den spezialisierten Abteilungen wie z. B. der Qualitätssicherungsabteilung gebündelt war. Für die Betroffenen ist die Arbeit im Scrum-Team nun abwechslungsreicher, aber auch anspruchsvoller. Erfahrungslücken werden überbrückt, indem z. B. ein Kollege den anderen bittet, ihm »ein paar Tage zu helfen«. Mittelfristig muss sich allerdings jeder fehlendes Wissen selbst aneignen.

Bis auf wenige sehr spezielle Themenbereiche gehört der Code nicht mehr einem einzelnen Entwickler, sondern dem Team. Das heißt, jeder im Team darf grundsätzlich jeden Code bearbeiten. Manche Mitarbeiter empfinden das zunächst als Verlust von Verantwortung. Viele sehen darin aber eine neue Herausforderung, sich mit neuen Facetten des Produkts auseinandersetzen zu müssen oder zu dürfen. Allerdings gibt es bei AVID keine teamübergreifende »Code Ownership«! Mitarbeiter außerhalb des Teams dürfen den Teamcode nicht ändern. Angesichts der Komplexität der Produkte wäre das zu fehlerträchtig und die Abstimmung zwischen den Teams wäre auch zu aufwendig. Für viele komplexe Codebereiche sind das nötige Spezialwissen und der Einarbeitungsaufwand sogar so hoch, dass für solche Codebereiche auch innerhalb des Teams die Code Ownership durch einen verantwortlichen Spezialisten beibehalten wurde.

Auch im Requirements Engineering ergaben sich Veränderungen. Hier wurde zum Beispiel der Status »User Story Ready« eingeführt. Eine User Story (bzw. die davon abhängigen Feature-Tasks) darf nur dann in das Sprint Backlog übernommen werden, wenn User Story Ready gegeben ist. Der Zweck dabei ist zu verhindern, dass unausgegorene User Stories zur Implementierung im Sprint landen und den Sprint dann behindern.

Veränderungen im Testbereich

Die Tester waren Mitarbeiter der zentralen Qualitätssicherungsabteilung und bildeten ein Systemtestteam. Die Qualitätssicherungsabteilung am Standort wurde aufgelöst. Der Spezialist für die Automatisierung von Systemtests, die Spezialistin für automatisierte Unit Tests, der manuelle Systemtester oder der Performance-Tester arbeiten jetzt als »Einzelkämpfer« in je einem Scrum-Team. Kurzfristig ist es daher weiterhin erforderlich, auf die Kollegen aus der Qualitätssicherung und deren Spezial-(Test-)Know-how zugreifen zu können. Doch auch hier bietet sich für die Scrum-Teammitglieder die Chance dazuzulernen und ihr Test-Know-how zu verbreiten. Es gibt Tester (vorwiegend ehemalige Unit-Tester), die mittlerweile auch Code schreiben. Andere ehemalige Systemtester haben ihr Aufgabengebiet um Anwenderdokumentation, Anwendersupport u.a. erweitert. Was sich demgegenüber als viel schwieriger erwiesen hat, ist, bisherige »reine« Entwickler auch für Testaufgaben zu gewinnen. Der Fokus einiger Entwickler bei AVID liegt weiterhin nur »im Feature« und in den Implementierungsdetails.

Lessons Learned

- Die (internen) Releasezyklen (Sprints) wurden durch den Einsatz von Scrum kürzer. Von ehemals 1–3 Monate auf jetzt 1 Monat oder schneller. Dabei resultiert aber nicht jeder Sprint in einem externen Release.
- Sämtliche Arbeiten sind stark fokussiert auf das, was »committed« ist.
- Allerdings ist das zweischneidig, denn als Folge wird oft ungleichmäßig aus dem Backlog ausgewählt: Das kurzfristig erreichbare Kunden-Feature gewinnt vor langfristig notwendigen Stabilisierungs- und Grundlagenarbeiten.

- Das Einreißen der alten Teamgrenzen ist ein großes Plus: Programmierer und Tester arbeiten Hand in Hand mit einem kontinuierlichen, direkten gegenseitigen Feedback. Daraus resultiert eine bessere zeitliche Reaktion auf (interne und externe) Fehlermeldungen.
- Schattenseite: Ein Bugtracking gibt es nur noch bei team- oder sprintübergreifenden Problemen. Teamintern werden Bugs informell kommuniziert und zeitnah abgearbeitet. Als Folge lassen sich Problem-Hotspots schwerer erkennen als früher.
- Die enge Zusammenarbeit mit den Entwicklern im Team verbunden mit der Verbreiterung der Aufgabengebiete der Tester in Richtung Programmierung erzeugt mitunter auch bei Testern einen »Developer Mindset«. Tester argumentieren plötzlich aus einer »Entwicklerperspektive«, z.B. »Das geht nicht, weil ...«, oder stellen sich im Daily Scrum am Ende des Sprints ungern vor das Team und sagen: »Dieses Feature ist noch nicht done.«
- Mit der erhöhten Transparenz durch Backlog- und Taskboard-Karten am Whiteboard kommt jeder zurecht. Eher introvertierte Mitarbeiter tauen im morgendlichen Standup-Meeting oftmals auf. Die Voraussetzung dafür ist aber eine schon vorher gelebte offene Firmenkultur.
- Auch die Entwicklung von Basisfunktionalität (»Grundlagenentwicklung«) muss inkrementell ablaufen und Sprint für Sprint idealerweise etwas »Neues in für die Kunden nutzbarer Form« abliefern.
- Der Testautomatisierungsgrad wurde deutlich erhöht. Eine Reihe von Tests lässt sich jedoch nicht wirtschaftlich automatisieren. Daher gibt es vor jedem externen Release einen zusätzlichen »Test-Sprint«. Hier werden aufwendige, im Wesentlichen manuelle Tests gefahren, die nicht in jedem Build mitlaufen können.
- Fehler oder Abstimmungsprobleme sind nicht völlig beseitigt. Aber sie werden wesentlich früher erkannt und behoben. Das gilt auf allen Arbeitsebenen.
- Wenn etwas nicht funktioniert, dann wurde und wird reagiert und der betroffene Prozess konsequent korrigiert. Und zwar auch dann, wenn das Vorgehen nach der Korrektur evtl. nicht der reinen Scrum-Lehre oder Scrum-by-the-Book entspricht. Zum Beispiel wird (zum Zeitpunkt des Interviews) geprüft, wie die Unabhängigkeit der Tests und die übergreifende Einheitlichkeit der Tests verbessert werden können. Diese Überlegungen beinhalten die Durchführung von Release-Sprints in für diesen Zweck temporär zusammengestellten Teams. Und weil sich zeigt, dass für einige Dinge weiterhin zentrale Vorgaben hilfreich sind, wird auch über-

legt, wieder eine zentrale Systemtest- und Qualitätssicherungsverantwortung einzuführen. Wie man das umsetzt, ist noch in Diskussion.

Fazit

Insgesamt zieht Dr. Stephan Albrecht ein positives Fazit: »Ein absoluter Vorteil von Scrum ist das sehr enge Zusammenspiel von Entwicklung und Test und die dadurch möglichen kurzen Zyklen. Für den Tester wächst damit allerdings die Herausforderung, sich seine Objektivität und Distanz gegenüber dem Testobjekt zu bewahren.«

8.2 Systemtest nonstop – Scrum in der Test*Bench*-Toolentwicklung

Interview mit Joachim Hofer, Entwicklungsleiter TestBench, und Dierk Engelhardt, Produktmanager TestBench, imbus AG, Möhrendorf

imbus ist ein spezialisierter Lösungsanbieter für die Qualitätssicherung und das Testen von Software. imbus ist mit über 200 Mitarbeitern (Stand 2012) an den Standorten Möhrendorf bei Erlangen, München, Köln, Hofheim bei Frankfurt und Shanghai/China vertreten. Das Angebot umfasst die Beratung, Softwaretest-Services, Testoutsourcing, Testwerkzeuge und Training. Kunden sind Softwarehersteller, Softwarehäuser und mit Softwareentwicklung befasste Abteilungen aus Behörden und Unternehmen aller Branchen.

Die Test*Bench* ist ein von imbus entwickeltes, leistungsstarkes Testmanagementwerkzeug. TestBench deckt von der Testplanung, dem Testdesign und der Testautomatisierung bis zur Testdurchführung und dem Reporting alle Aufgaben ab, die im Softwaretest anfallen. Eingesetzt wird Test*Bench* von Kunden aus der Medizintechnik, der Verkehrstechnik, der Automobilindustrie, aber auch in Banken und Versicherungen.

Das Werkzeug ist in Java entwickelt worden. Das Test*Bench*-Team bei imbus besteht aus 12-16 Mitarbeitern. Die Einführung und Integration des Produkts beim Kunden leisten weitere Test*Bench*-Produktberater. Bis 2010 erfolgte die Entwicklung nach einem iterativen, aber phasenorientierten Entwicklungsprozess. Programmierer und Tester arbeiteten in zwei Gruppen getrennt. Das Team produzierte ein bis zwei Major-Releases jährlich.

Verbesserungsziele

Dieser Entwicklungsprozess führte zu den aus phasenorientierten Vorgehensmodellen bekannten typischen Schwierigkeiten: Der Systemtest startete nach Abschluss der Implementierung, als die Programmierer sich bereits freuten, dass die Iteration abgeschlossen war. Die Systemtester dämpften diese Freude dann regelmäßig mit einer Serie von Fehlermeldungen. Aus Sicht der Programmierer kamen diese Fehlermeldungen unnötig spät und adressierten leider auch Probleme, die Eingriffe nötig machten, für die in dieser Iteration eigentlich keine Zeit mehr war. Jede Iteration zerfiel dadurch in zwei Hälften: die Implementierung und das anschließende mühsame Bugfixing unter einem enormen Zeit- und Erfolgsdruck. Am Ende hatte man ein gutes, stabiles Produkt. Aber der Weg dorthin war mühsam.

Das Ziel war daher, Programmierung und Test zu parallelisieren, um so ein schnelleres Feedback von den Testern an die Programmierer zu ermöglichen. Durch Ausbau der Testautomatisierung sollten darüber hinaus mehr Möglichkeiten und mehr Sicherheit für Code-Refactoring erreicht werden, als Grundlage für den weiteren Ausbau des Produkts.

Einführung agiler Entwicklungstechniken

Um diese Ziele zu erreichen, führte Entwicklungsleiter Joachim Hofer ab 2010 eine Reihe agiler Techniken ein:

- **Anforderungsmanagement:**
  Bisher war eine Anforderung eine Headline im Anforderungsmanagementtool »Caliber«, verknüpft mit einem detaillierten Anforderungsdokument in Word. Erst wenn das Anforderungsdokument als Ganzes freigegeben war, konnte die Implementierung beginnen. Hier wurde entschieden, von den monolithischen Anforderungsdokumenten abzugehen und stattdessen kleinere User Stories in »Jira«, einem Produktverfolgungstool für Teams, zu erfassen, die sukzessive entstehen konnten.

- **Nightly Build:**
  Verschärft wurden auch die Spielregeln für den »Nightly Build«. Eine entsprechende Umgebung, in der jede Nacht das Produkt compiliert und integriert wurde, gab es bereits seit einigen Jahren. Die Programmierer stellten ihren Code dort ein, sobald sie glaubten, ihr Arbeitspaket fertig programmiert zu haben (im Schnitt alle 2–3 Tage). Deshalb gab es immer eine gewisse Menge an unfertigem Code außerhalb des Build. Ab sofort hatte jeder Programmierer die Pflicht, seinen Code jeden Abend einzuchecken. Die vorhan-

denen automatisierten Unit Tests wurden damit ab sofort jede Nacht auf dem vollständigen Code ausgeführt. Zunächst krachte es dabei natürlich an allen Ecken. Das Ergebnis war aber der erhoffte Lernprozess: Man arbeitete sorgfältiger auf fertigen, lauffähigen Code an jedem Abend hin. Die »Code-Päckchen«, die man morgens anpackte, wurden kleiner, und abends war die jeweilige Änderung fertig.

Automatisierte Systemtests als »Nightly Tests«:
Zusätzlich zum Ausbau der automatisierten Unit Tests wurde der automatisierte Ablauf von Systemtests vorangetrieben. Hierzu wurde die Testumgebung so weiterentwickelt, dass (im Anschluss an die Unit Tests und Integrationstests) die automatisierten Systemtests aus der Build-Umgebung heraus jeden Abend als Nightly Tests gestartet wurden. Jeder neue Systemtest wurde ab sofort so entworfen und mit dem Tool »QF-Test« implementiert, dass er in diese Nightly-Tests-Umgebung eingefügt werden konnte.

Continuous Integration:
Um einen vollständigen Build zu erzeugen, wurden damals 4 Stunden benötigt. Das war gerade noch nicht zu langsam für einen regelmäßigen Nightly Build. Aber um die anschließenden Nightly Tests vor dem »Schichtbeginn« am nächsten Morgen sicher abzuspulen, wurde es schon knapp. Durch Zerlegung des Build in unabhängige Teil-Builds und den weiteren Umbau der Build-Umgebung (u.a. Aufsetzen einer Jenkins/Hudson-Umgebung) konnte die Build-Zeit auf 15 Minuten reduziert werden. Alle automatisierten Unit Tests und Integrationstests sowie die Systemtests aus dem Nightly Build wurden neu paketiert und in diese verbesserte Build-Umgebung eingebunden. Je nachdem, welche Testpakete man ausführen ließ, konnte damit eine Feedbackzeit je Build von minimal 15 Minuten erreicht werden. Nicht mehr als eine Kaffeepause!

Statische Codeanalyse und Coverage-Messung:
In der Continuous-Integration-Umgebung wurde den dynamischen Unit Tests eine statische Codeanalyse nachgeschaltet, die dann parallel zu den Integrationstestfällen läuft. Hier wird u.a. mit dem Werkzeug »FindBugs« der Java-Code auf Java-typische Probleme untersucht (z.B. nicht korrekt genutzte API-Aufrufe).

Taskorientiertes Arbeiten:
Um innerhalb jeder Iteration eine feingranulare Aufgabensteuerung zu erreichen, wurde – ausgehend von den User Stories – taskorientiertes Arbeiten eingeführt. Zur Priorisierung der Tasks wurde ein Scoring-System eingeführt. In den Score gehen u.a. die Priorität

der Anforderung aus Kundensicht, die Anzahl entsprechender Kundenwünsche und ein teaminternes Voting ein.

- **Daily Standup:**
  Das Team trifft sich ab sofort jeden Morgen für 15 Minuten. Jeder berichtet, woran er gerade arbeitet, wie er vorankommt und ob es Probleme gibt. Jeder entscheidet selbst, über welche Tasks er berichtet. Eine echte Sprint-Planung, gegen die man die Tasks spiegeln kann, gibt es noch nicht. Die Kultur des »Daily Scrum« kann aber schon hervorragend eingeübt werden.

Alle diese Techniken wurden unter Beibehaltung des früheren iterativen Entwicklungsmodells eingeführt. Durch User Stories und Continuous Integration hatten sich die ursprünglichen Entwicklungsphasen allerdings schon weitgehend aufgelöst bzw. wie angestrebt miteinander verschränkt und parallelisiert. Was jetzt noch fehlte, war die Einführung agiler Techniken im Produkt- und Projektmanagement und in der Teamführung.

Einführung von Scrum

Während die Einführung der o.g. Entwicklungstechniken hauptsächlich vom Entwicklungsleiter Joachim Hofer getrieben wurde, ging es nun darum, das ganze Team einzubeziehen. Joachim Hofer und Produktmanager Dierk Engelhardt entschieden sich für ein Umsteigen in mehreren Schritten:

- **»Informationen sammeln und informieren« stand am Anfang:**
  Zur Debatte standen Kanban, Scrum, XP und andere agile Methoden. Relativ schnell fokussierten sich die Diskussion und die weitere Planung aber auf Scrum. Es wurde ein internes Diskussionsforum eingerichtet, in dem das Team seine Überlegungen und Vorschläge für den neuen Entwicklungsprozess nach Scrum austauschte. Über Literaturstudium und Konsultation einschlägiger Internetforen (z.B. scrum.org) informierte sich jeder im Team selbstständig – geleitet vom eigenen Interesse. Dieser Prozess wurde begleitet durch interne Workshops und regelmäßige Teamdiskussionen.
- **Neue Aufstellung des Teams:**
  Die Umstellung auf Scrum erforderte natürlich auch die Veränderung von Rollen, Verantwortlichkeiten und Aufgaben. Joachim Hofer tauschte seine Rolle in die des Scrum Master. Die bisherige Testmanagerin wurde seine Stellvertreterin und der Produktmanager übernahm die Position des Product Owner. Die Trennung zwischen Testteam und den Programmierern wurde aufgehoben. Statt-

dessen wurde »Pairing« (i.d.R. bei Unit-Test-/Integrationstestaufgaben: 1 Tester, 1 Entwickler; bei Entwicklungsaufgaben: 2 Entwickler; bei Systemtestaufgaben: 2 Tester) als Arbeitsmodell eingeführt.

- **»Sprinten«:**
Es gibt keinen idealen oder »leichten« Zeitpunkt, an dem ein Team den alten Entwicklungsprozess hinter sich lässt und seinen ersten Sprint startet. Man muss einfach beginnen. Und so fand an einem Montag Anfang 2011 das erste Sprint-Planungsmeeting statt. Der Product Owner hatte im Vorfeld die aus seiner Sicht wichtigsten Anforderungen aus seiner alten Planung in ein initiales, überschaubares Product Backlog übertragen. Dieses Backlog wurde in einer eintägigen Sprint-Planung vom Team bearbeitet, und als Resultat hatte das Team abends die Taskkarten für den ersten 4-Wochen-Sprint am Whiteboard angebracht (später wechselte das Team auf 3 Wochen).

Wesentliche Veränderungen

- Die Auflösung der klassischen Rollen »Tester« und »Entwickler« hin zu Teammitgliedern mit Know-how-Schwerpunkt wurde von den Beteiligten als gravierendste Veränderung empfunden. Die Einführung von »Pairing« ist ein wesentlicher Baustein, um diese Rollenänderung erfolgreich umzusetzen.
- Durch das Pairing werden Codereviews gängige Praxis: Jeder Programmierer gibt neuen Code ganz selbstverständlich an seinen jeweiligen Partner zum Review. Diese Praxis sorgt auch für laufenden Know-how-Austausch im Team.
- Die Meilenstein-/Workpackage-orientierte Aufgabenplanung wurde durch eine taskorientierte Aufgabensteuerung ersetzt. In diesem Zuge trat das Anforderungsmanagementtool »Caliber« in den Hintergrund und die Taskverwaltung mit »Jira« und Plug-in »Greenhopper« in den Vordergrund für Backlog-Verwaltung, Task-Ranking, Taskboard-Verwaltung und Metriken/Charts.
- Die wesentlichen Scrum-Techniken (Backlog, Sprint Planning mit Planning Poker, Timeboxing, Retrospektiven) wurden erfolgreich eingeführt und werden diszipliniert und nachhaltig angewendet.
- Test-Driven Development: Das Format der User Story erlaubte, eine verschärfte Spielregel einzuführen. Zu jeder Codeänderung und zu jeder User Story in »Jira« muss das Team Testfälle entwerfen – und zwar vor Beginn der Programmierung. Bisher war es erlaubt, über Testfälle irgendwann im Anschluss an eine Codeänderung nachzudenken und diese zu schreiben. Dabei sind für eine

User Story jeweils 2 Personen, ein Programmierer und ein Tester, gemeinsam zuständig. Sie analysieren die User Story und entwerfen die aus ihrer Erfahrung heraus notwendigen Tests und entscheiden, auf welcher Ebene (Unit Test, Integrations-, Systemtest) bzw. mit welchen Werkzeugen diese Tests zu realisieren sind. Der Programmierer setzt dann die Tests auf Unit-Test- und Integrationstestebene im Unit Test Tool »TestNG« um. Der Tester automatisiert die Systemtestfälle in »QF-Test«.

- Durch Einführung von Continuous Integration wurde die Parallelisierung von Programmierung und Test wie gewünscht erreicht. Jede Codeänderung, die eingecheckt wird, löst sofort einen Build-Lauf aus – im Minimum bestehend aus Kompilierung und Unit Tests. Die Laufzeit beträgt etwa 3 Minuten bis zum Feedback an den Programmierer. Danach folgen die Integrationstests mit ca. 15–30 Minuten Laufzeit.

- Zusätzlich zur Continuous Integration (die von den Programmierern durch Code-Check-in mehrmals täglich ausgeführt wird) startet jeden Abend ein »Nightly Build«. Hier wird vollautomatisch eine Virtual Machine mit frischem Betriebssystem gestartet, und der Test beginnt mit der Installation des Produkts aus dem letzten erfolgreichen Stand der Continuous Integration. Dann laufen die automatisierten Systemtests ab. Der Umfang dieser Tests liegt hier derzeit bei ca. 15.000 Testschritten (datengetrieben aus der *TestBench* heraus) mit einer Laufzeit von ca. 10 Stunden. Auch hier wird der Code vorher automatisch instrumentiert. Die erreichte Coverage beträgt derzeit ca. 40% Line Coverage. Von diesen nächtlichen Systemtests wird außerdem eine automatische Videoaufzeichnung erstellt. Fehlschlagende Tests können so am nächsten Morgen am Bildschirm in ihrem Verlauf nachverfolgt werden. Die durch die Continuous-Integration-Umgebung erreichte Coverage liegt insgesamt bei ca. 60%. Für neu implementierte Features bzw. User Stories erreicht man hier nahezu 100%. Aber älterer Code, für den noch keine umfassende Testautomatisierung existiert, drückt leider nach wie vor die Gesamt-Coverage nach unten.

- Die früheren Testspezifikationen wurden weitgehend abgelöst durch den kommentierten Testcode und im Systemtest durch schlüsselwortbasierte, maschinell ausführbare Testspezifikationen. Im Systemtest wird sehr erfolgreich Test*Bench* eingesetzt, über die alle Systemtests verwaltet und gemanagt werden. Test*Bench* wurde dazu eng mit Jira und Jenkins verknüpft.

- Da die Systemtests nicht zu 100% automatisiert sind und auch künftig manuelle Tests nötig sein werden (z.B. zur Überprüfung von Reportgrafiken, Usability etc.), findet am Sprint-Ende noch zusätzlich ein halbtägiger sessionbasierter explorativer Systemtest durch in der Regel zwei Tester statt. Der manuelle Testaufwand hat sich allerdings drastisch reduziert, von mehreren Personenwochen im früheren iterativen Vorgehen auf heute einen Personentag alle 3 Wochen.

- Die Sprints laufen im 3-wöchigen Rhythmus und haben ein getestetes, internes Produktrelease zum Ergebnis. Externe Releases erfolgen weiterhin 2-mal jährlich. Dabei kann auch im letzten Sprint, also bis 3 Wochen vor Auslieferung, auf geänderte Kundenwünsche reagiert werden.

Lessons Learned

- Die Einführung agiler Entwicklungstechniken (wie z. B. Continuous Integration) schon vor der organisatorischen Umstellung auf Scrum schuf einen stabilen Unterbau, auf dem die Sprints vom ersten Sprint an sicher ablaufen konnten.
- Um die Toolinfrastruktur (im Wesentlichen für Continuous Integration) aufzubauen, ist ein signifikanter Initialaufwand nötig. Das darf nicht unterschätzt werden. Diese Aufbauarbeit mindert die »Feature-Produktivität« in den ersten Sprints.
- »Pairing« ist eine erfolgsentscheidende Maßnahme. Aber nicht jeder kann mit jedem. Die Paare müssen sich selbst finden.
- Test-Driven Development verbessert die Codearchitektur und reduziert die Anzahl der zu verwaltenden Fehlermeldungen erheblich.
- Die regelmäßigen Retrospektiven liefern kontinuierlich Ansätze für weitere Verbesserungen (z. B. »Aufwandsschätzung verbessern«, »was genau ist ein Story Point«).
- Die Menge der Arbeit wird durch Scrum nicht weniger! Scrum erzeugt keine zusätzlichen Ressourcen. Aber: Die Arbeiten, die »done« sind, sind erledigt und abgeschlossen. Es gibt keine großen Fehlerberge mehr, die in Bugfixing-Runden mühsam abgetragen werden müssen.
- Die Produkt-Roadmap wird zur strategischen Planung.
- Das Umstellen auf Scrum geht nicht nebenher, sondern erfordert Zeit für Informationsbeschaffung, Training und Infrastrukturaufbau und das Commitment der Teamführung und des ganzen Teams.

Fazit

»Die Verbesserungsziele, die wir uns gesetzt hatten, konnten wir erreichen«, bestätigen Dierk Engelhardt und Joachim Hofer als Fazit nach einem Jahr Scrum. Das Team wendet heute ein Jahr nach Start des Umstiegs wesentliche agile Techniken, wie zum Beispiel Test-Driven Development und Continuous Integration, diszipliniert und nachhaltig an. Test-Driven Development und Null-Fehler-Strategie wirken spürbar. Durch die Integration von Test*Bench* und Jenkins wird »Test nonstop« realisiert, also kontinuierliches, automatisiertes Testen vom Unit Test bis zum Systemtest. Auch umfangreiche Refactoring-Eingriffe sind so risikoarm machbar. Der Aufwand zur Produktion eines externen Release ist deutlich gesunken. Im Team herrscht eine hohe Zufriedenheit.

Auf den erreichten Erfolgen will sich das Team nicht ausruhen. Auf dem Programm stehen schon die nächsten Verbesserungsmaßnahmen, u.a. der Einsatz von »Atlassian Confluence« zur Beschreibung der Systemanforderungen und die weitere Beschleunigung der Continuous Integration durch Parallelisierung der Testläufe und durch Ausbau der Build- und Test-Server-Hardware.

8.3 Scrum in der Webshop-Entwicklung

*Interview mit Sabine Herrmann,
Agile Testerin bei der zooplus AG in München*

Die zooplus AG ist im Geschäftsfeld E-Commerce im Handel mit Heimtierprodukten für den Privatkundenbereich tätig. Insgesamt bietet die zooplus AG ihren Kunden rund 8.000 Produkte in den Gattungen Hund, Katze, Kleintier, Vogel, Reptil, Aquaristik und Pferd an. Diese umfassen Produkte des täglichen Bedarfs wie fachhandelsübliches Markenfutter, Eigenmarken sowie auch Spezialartikel wie Spielzeug, Pflegeprodukte oder sonstige Accessoires. Auf ihren Webseiten bietet die zooplus AG zudem diverse kostenfreie Informationsangebote, tierärztliche Beratung sowie interaktive Anwendungen wie Diskussionsforen und Blogs an.

Nach Gründung im Jahr 1999 und anfänglicher Fokussierung der Kernaktivitäten auf Deutschland und Österreich steht seit 2005 die europaweite Expansion des Unternehmens im Zentrum des unternehmerischen Handelns. Das Unternehmen wuchs in den vergangenen vier Jahren in Bezug auf den Umsatz um jeweils mehr als 33% jährlich, das Gleiche gilt für die Mitarbeiteranzahl.

Die zooplus AG hat aktuell 200 Mitarbeiter und Mitarbeiterinnen, davon 51 in der IT und 102 im Bereich Marketing.

Vorher

Mit der schnellen und erfolgreichen Expansion der Firma in den letzten 10 Jahren ist die IT in einem kurzen Zeitraum sehr schnell gewachsen.

Vor der Umstellung auf Scrum in 2008 gab es zwei Entwicklungsteams – ein Shop-Team und ein Backend-Team. Zu diesem Zeitpunkt waren neun Shops bei der zooplus AG online.

Für das Testen neuer Shop-Funktionalitäten (Integrationstests) und der Basisfunktionalität (Regressionstests) gab es ein separates Testteam.

Es wurde nach dem klassischen Phasenmodell entwickelt und getestet: Entwicklung → Test → Produktion.

Probleme vor der Umstellung:
- Es gab keinen definierten Change-Management-Prozess.
- Es gab keine Koordination zwischen Entwicklungsteams und Testteam (z.B. bei der Versionsverwaltung).
- Wissensinseln: Es gab mehr einzelne Experten mit Domainwissen anstatt Teams.
- Die Softwarefunktionalität war über die Jahre zusammen mit dem expandierenden Unternehmen stark gewachsen. Regressionstests wurden immer aufwendiger.

Umstieg

Die Umstellung auf Scrum hat in zwei Phasen stattgefunden:

Phase 1

Die beiden Teams (Shop-Team und Backend-Team) fingen an, Scrum-Artefakte zu benutzen: Daily Standups wurden durchgeführt. Es gab zwei Scrum Master. Jira wurde als Bugtrackingtool verwendet. Die Anforderungen wurden in einem Wiki dokumentiert.

Phase 2

Mit Begleitung durch Scrum-Coaches wurden neue crossfunktionale Entwicklungsteams gebildet und Ende 2009 wurde mit einem großen »Big Bang« auf Scrum umgestellt.

Die ersten Sprints wurden mit drei Scrum-Teams gestartet, unter dem Motto: Jedes Team kann alles – weg vom Domainexperten hin zu einem allwissenden Team. Der Vorgang wurde von vielen Diskussionen über den neuen Anforderungs- und Change-Management-Prozess begleitet.

Es gab folgende Probleme nach der Umstellung:
- Es wurden bei der Scrum-Einführung nicht alle Fachabteilungen einbezogen, um die anstehenden Veränderungen im Softwareprozess transparenter zu machen.
- Das externe Testteam wurde bei der Umstellung außen vor gelassen. Dieses sah sich jetzt vor der großen Aufgabe, alle Tests durch drei Teams abzudecken.
- Ein Product Owner war mit drei Scrum-Teams deutlich überlastet. Die Teams mussten dadurch in den Sprints selbst viele Analysetätigkeiten übernehmen.

Positive Auswirkung der Umstellung waren:
- Die erhoffte Auflösung der Wissenssilos hat stattgefunden.
- Erhöhte Transparenz für die Stakeholder und das Management wurde durch die Sprints und das Product Backlog über den Arbeitsfortschritt der Entwicklung hergestellt.
- Software-Features sind besser planbar geworden.
- Die Qualität wurde durch frühes Testen verbessert.
- Bestehende alteingefahrene Arbeitsstrukturen wurden aufgebrochen.
- Domainwissen besteht nun auch in den Expertenteams.
- Es gab eine neue Ausrichtung auf Teamarbeit und die Anwendung von Scrum-Vorgehen.
- Die Synchronisation zwischen den Teams wurde verbessert.

Heute

Das stetige Wachstum der Anforderungen führte zu einem Wachstum der Teams. Heute findet die Entwicklung in fünf Scrum-Teams statt.

Es gab während der Umstellung viele Diskussionen und Widerstände, die jedoch zu keinen Kündigungen führten. Veränderungen werden heute leichter akzeptiert.

Es hat ein Umdenken stattgefunden, unterstützt u.a. durch die Retrospektiven der Projekte. Ein stetiger Veränderungs- und Verbesserungsprozess ist etabliert worden.

Das externe Testteam konnte im Laufe der Umstellung auf Scrum die Tests der fünf Scrum-Teams nicht mehr abdecken, infolgedessen wurde die Rolle des agilen Testers in jedem Team eingeführt.

Durch agiles Testen wurden die Entwicklungsphase und Testphase komplett abgeschafft und die Story kann nun innerhalb eines Sprints fertiggestellt werden. Testen der Akzeptanzkriterien ist nun auch Bestandteil der »Definition of Done«.

Es wird jetzt sehr früh getestet. Dadurch, dass der Tester nun Teil des Teams ist, gibt es einen direkten und schnellen Austausch zwischen Entwicklern und Testern. Der Tester ist schon während der Planungsphase bei der Story-Erstellung und bei der Dokumentation der Akzeptanzkriterien stark eingebunden. Er steht auch in permanentem Kontakt mit Product Owner und Stakeholdern.

Durch die fortschreitende Automatisierung der Regressionstests während der Sprints können neue Features schneller geliefert werden.

Das ganze Team hat ein größeres Verständnis für das Testen entwickelt und versteht nun, was Testen bedeutet, dadurch finden große Synergien zwischen Testern und Entwicklern statt.

Die Qualitätssicherung ist nun nicht mehr allein Aufgabe des Testteams oder der Tester, sondern das Scrum-Team fühlt sich für die Qualität verantwortlich und sucht ständig nach Verbesserungen.

Die agilen Tester aus allen Teams organisieren sich in einem virtuellen Testerteam. Im »Scrum of Testers« treffen sich regelmäßig alle agilen Tester. Dort werden Teststrategien diskutiert, die Vorgehensweise bei der Automatisierung besprochen oder auch Testvorgehen (z. B. Testing Dojos) trainiert.

Fazit

Die Einbeziehung des Managements bei der zooplus AG war ein wichtiger Erfolgsfaktor für die Umstellung auf Scrum. Es gibt keinen bestimmten Zeitpunkt, an dem sie abgeschlossen sein wird, sondern es ist ein kontinuierlicher Verbesserungsprozess. Es findet eine laufende Betrachtung der Prozesse und eine ständige Optimierung statt. Nur damit kann mit der Zeit ein durchgängiger Prozess geschaffen werden, der zur Team- und Firmenkultur passt.

8.4 Scrum bei ImmobilienScout24

Interview mit Eric Hentschel,
Test Engineer bei ImmobilienScout24 in Berlin

ImmobilienScout24 ist der größte deutsche Internetmarktplatz für Immobilien. Mit über 7,5 Millionen Besuchern (Unique Visitors; laut comScore Media Metrix) pro Monat ist die Website das mit Abstand meistbesuchte Immobilieninternetportal im deutschsprachigen Raum. Das Unternehmen sitzt in Berlin und beschäftigt über 500 Mitarbeiter. Seit über 13 Jahren ist ImmobilienScout24 erfolgreich im Internet tätig.

In der IT-Entwicklung sind etwa 160 Mitarbeiter beschäftigt. Diese verteilen sich über 22 Scrum-Teams. Seit 2009 wird die agile Produktentwicklung im Unternehmen erfolgreich praktiziert. Dabei kommt neben Scrum auch »ScrumBan« als Adaption aus Scrum und Kanban zum Einsatz. Zu einem Scrum-Team gehören üblicherweise 4 bis 6 Entwickler, der Product Owner, ein Testingenieur, ein Designer, ein Architekt sowie ein Application Manager der Produktionsumgebung.

Gründe für die Einführung von Scrum

Das Wachstum von ImmobilienScout24 war geprägt von einer großen Dynamik. Bis 2009 wurde nach klassischem V-Modell entwickelt. Die Qualitätssicherung war klassisch aufgestellt und in die Rollen Testanalyse, Testautomation, Tester und Testmanagement aufgeteilt. Die Testanalyse erstellte aus den Anforderungsdokumenten des Produktmanagements Testfälle und als Basis für die Automation Testfallketten. Aus den Testfallketten entwickelte die Testautomation dann automatisierte Tests. Der Austausch von Produktmanagement, Entwicklung und Test war dabei oftmals auf die reine Testsituation beschränkt. Dementsprechend fielen falsch interpretierte oder unvollständige Anforderungen oft erst im Systemtest durch die Differenzen zwischen Tests und Anwendung auf. Wie viele andere Softwareunternehmen kämpfte auch ImmobilienScout24 mit folgenden bekannten Problemen, die das V-Modell in der Produktentwicklung mit sich bringt: lange Entwicklungszeiten für zu umfangreich dimensionierte Projekte, nachgelagerte Qualitätssicherung, die meist zu spät in den Entwicklungsprozess einbezogen wurde, komplexe, ständig veraltete Dokumentationen und noch immer zu lange Releasezyklen mit den damit verbundenen langen Reaktionszeiten auf Kundenwünsche und Fehlerbehebung im Portal.

Dennoch konnte ein solides Testvorgehen aufgebaut und praktiziert werden. Die Testfälle wurden mit dem Tool »HP Quality Center« verwaltet und mit »HP Quick Test Professional« automatisiert. Bis zur Einführung von Scrum ist es so gelungen, einen soliden automatisierten Regressionstest aufzubauen.

Die Laufzeit aller Regressionstests (manuell und automatisiert) lag damals bei etwa 12 Stunden. Allerdings war die Ausführung nicht beliebig wiederholbar, da für eine Vielzahl der Tests zunächst die Datenbank zurückgesetzt werden musste. Berücksichtigt man die Zeiten für das Bauen eines Release, das Deployment auf den Testsystemen und die notwendige Auswertung fehlgeschlagener Tests, so vergingen 3–5 Tage, bis ein erstes vollständiges Feedback an die Entwicklung zurückgegeben werden konnte. Die Reaktionszeit des Tests war also durchaus zufriedenstellend. Die Herausforderung lag darin, die zu lange Zykluszeit für ein neues Portalrelease von durchschnittlich vier Wochen zu verkürzen. Innerhalb dieser vier Wochen gab es 4–5 geplante und aus Qualitätssicht auch notwendige Nachlieferungen (Releasekandidaten), die entsprechende Bugfixes und nicht selten auch weitere Featurebestandteile enthielten. Für jeden Releasekandidaten wurde der gesamte Testprozess durchlaufen. Ein vierwöchiger Releasezyklus mag im Vergleich zu anderen Softwareherstellern ein Traumwert sein, aber für ein Internetportal galten und gelten verschärfte Bedingungen. Die sich schnell weiterentwickelnde Internetbranche und die Notwendigkeit, mit neuen Produkten schneller und qualitativ hochwertig am Markt zu sein, machten daher eine Umstellung auf eine schnellere, agilere Portalentwicklung notwendig.

Umstieg

Der Umstieg auf Scrum begann mit einem Pilotprojekt mit zunächst einem Team in einem Teilbereich des Portals. Die räumliche Trennung zwischen Produktmanagement, Entwicklung und Qualitätssicherung blieb zunächst bestehen, aber die Kommunikation verbesserte sich spürbar durch die regelmäßigen Standup-, Estimation- und Sprint-Planning-Meetings. Optimierungsbedürftig blieb zunächst die ausgelagerte Qualitätssicherung mit ihren nachgelagerten Prozessen und der schwerfälligen Automation, die noch immer an die starren Rollen der Testanalyse und -automation gebunden war.

In einem zweiten Schritt kamen mehr Teams und weitere Bereiche des Portals hinzu und auch die räumliche Trennung der Stakeholder wurde aufgehoben. Die Qualitätssicherung als Abteilung konnte nach dem klassischen Rollenverständnis nicht weiter bestehen bleiben und wurde umstrukturiert. Jedes Scrum-Team erhielt einen Testingenieur, der die bisherigen testbezogenen Aufgaben und Rollen (Testanalyse, Testautomation, Tester, Testmanagement) vereinte. Die damit gegebene Verlagerung der Aufgaben von der Testanalyse bis zur Testdurchführung in das Entwicklungsteam brachte eine erhebliche Beschleunigung in der Produktentwicklung. Die weitere Nutzung von »HP Quality Center« als zentralisiertes Testtool stellte ein Bottleneck im Testprozess dar. In der Entwicklung hatte das Tool keine Akzeptanz, da kein freier Zugang zum Tool bestand und eine proprietäre Skriptsprache verwendet wurde. Automatisierte Tests konnten deshalb aus dem Entwicklungsteam heraus nicht angepasst oder erweitert werden. Dies erforderte noch immer den Einbezug der früheren Testautomatisierer. Dieser Engpass musste aufgelöst werden, und daher wurde das Tool sukzessive durch das Java-basierte »Selenium 2 – WebDriver API« ersetzt. Dieses Testframework fand im Haus sowohl bei Entwicklern als auch bei den Testingenieuren die größte Akzeptanz und verspricht durch eine aktive Community eine ständige Weiterentwicklung. Mit der Vorgabe der Testfälle durch den Testingenieur war nun das gesamte Entwicklungsteam in der Lage, automatische Tests zu entwickeln und zu pflegen. Das ermöglichte eine erhebliche Beschleunigung in der Testautomation.

In den meisten Teams bei ImmobilienScout24 wird Scrum in einem 2-Wochen-Zyklus gelebt. Die Teams sind aber frei in der Wahl der Arbeitsorganisation. Einige Teams kombinieren Scrum mit dem Kanban-Ansatz ohne feste Sprint-Zyklen. Backlog-Priorisierung und Aufwandsschätzung erledigen diese Teams wie in Scrum, aber sie legen sich nicht auf eine bestimmte Anzahl an Stories für den nächsten Sprint fest, sondern arbeiten das Sprint-Backlog Story für Story von oben nach unten ab.

Stolpersteine

Die Umstellung auf Scrum innerhalb der Qualitätssicherung war in der Anfangsphase eine enorme Herausforderung. So ging es doch um eine beachtliche Aufgabenerweiterung, die der zukünftige Testingenieur als Mitglied des Scrum-Teams zu bewältigen hatte. Ein Testanalyst sollte nun, vollständig im Entwicklungsteam eingebunden, auch automatisierte Tests entwickeln. Dafür mussten Kenntnisse in der Softwareentwicklung aufgebaut werden. Andererseits musste sich der Testautomatisierer auch mit der Testanalyse auseinandersetzen. Diese menschliche Komponente darf nicht vernachlässigt werden. Etwa ein Jahr wurde für die Umstellung vom V-Modell auf die agile Methode benötigt, bis die Teams eingespielt waren und notwendiges Wissen für crossfunktionale Aufgaben erworben wurde.

Die Umstellung der Tests auf »WebDriver«, die damit mögliche Ablösung von »HP Quality Center« sowie die allgemeinen Vorteile der agilen Entwicklung brachten innerhalb eines Teams erhebliche Verbesserungen in Bezug auf Geschwindigkeit und Qualität.

Schwierig waren und sind die Abhängigkeiten zwischen den einzelnen Entwicklungsteams, die die komplexe Anwendung mit sich bringt. Die Grenzen eines Teams sind aufgrund der gewachsenen Anwendungsarchitektur nicht eindeutig auf die Anwendung übertragbar. Daher kann noch immer nicht auf einen nachgelagerten Systemtest verzichtet werden, in dem teamübergreifend das komplette Portal einem Systemtest unterzogen wird. Dieser wird auch zukünftig notwendig sein, um die einwandfreie Integration aller Systembestandteile sicherzustellen, er kann und soll aber in seiner Komplexität noch weiter reduziert werden.

Das Auflösen der technischen Abhängigkeiten innerhalb des »historisch gewachsenen« Portals ist während des Wandels zur agilen Produktentwicklung eine enorme Herausforderung. Der IT stand lange Zeit ein respektabler Anteil der Ressourcen zur Umsetzung IT-interner Projekte zur Verfügung. Zunächst konnte die IT ein Drittel, später noch ein Fünftel seiner Ressourcen dafür einsetzen. Die Modularisierung wurde stetig vorangetrieben, dennoch wurden Projekte bei zu großer Komplexität nicht immer abgeschlossen. Die daraus entstandenen Staus führten immer wieder zu konzentrierten Aktionen, wie z. B. der Bildung von Taskforces. Die monolithische Struktur der Plattform ist heute weitgehend aufgelöst, aber die Modularisierung ist noch nicht abgeschlossen. Insbesondere im Bereich der Datenbankentwicklung können immer noch Engpässe entstehen, was derzeit den gänzlichen Verzicht auf Downtime Deployments noch verhindert.

Auch der Ausbau der Testautomatisierung war schwierig, insbesondere die Wiederholbarkeit automatisierter Tests im Bereich der Kernapplikation. Neben der Verfügbarkeit der Testsysteme war vor allem die Verfügbarkeit von Testdaten ein Hindernis. Komplexe Datenbankstrukturen, langwierige Datenimporte bzw. Datenbankrollbacks schränkten die Wiederholbarkeit ein. Dazu fehlte die Möglichkeit, Tests parallel auszuführen.

Auf der anderen Seite besteht jedoch die Gefahr, über das Ziel hinauszuschießen – nach dem Motto »Lasst uns alles automatisieren!«. Diese Aussage hörte man vielfach in der Anfangszeit, insbesondere in der Entwicklung. Das führte schnell dazu, dass eine große Anzahl an nicht priorisierten Tests entstand, deren Nachvollziehbarkeit gar nicht gegeben ist. Instabilitäten bei der Ausführung sind die Regel. Das Ergebnis eines Laufs einer großen Menge an Tests lässt sich nur unter hohem Aufwand analysieren. Liegen echte Fehler in der Anwendung vor oder basieren Testfehlschläge auf Instabilitäten? Eine solche Menge ist zudem kaum wartbar, womit die Aussagekraft ebenfalls ad absurdum geführt wurde. Versuche, instabile Tests zu stabilisieren, scheitern meist an der Masse und Vielfalt der Ursachen.

Wesentliche Veränderungen

Verbessert hat sich durch Scrum zunächst die Kommunikation aller am Prozess Beteiligten. Die kurzen Wege haben die Entwicklung schneller und effizienter gemacht. Durch klein zugeschnittene Stories, die im Team diskutiert werden, sind die Anforderungen klarer, und es ist weniger Dokumentation notwendig. Die crossfunktionale Arbeit hat jedes Teammitglied für die Arbeit des anderen sensibilisiert, was gerade hinsichtlich der Qualität zu enormen Verbesserungen geführt hat.

Die Einbindung in den einzelnen Teams bringt jedoch auch den Nachteil mit sich, dass das Aushelfen in anderen Teams immer schwerer wird. Zu stark ist die Fokussierung jedes Einzelnen auf sein Team. Für einzelne Testingenieure sind die Probleme anderer kaum oder gar nicht relevant. Hier stellt sich die Frage, wo die Grenze der Unabhängigkeit einzelner Entwicklungsteams liegt. Dadurch, dass jedes Team relativ frei ist in der Wahl der Programmiersprachen und Tools und es keine stringenten Normen gibt, ist diese Fokussierung nur schwer abwendbar.

Auch aus Managementsicht steigen die Herausforderungen. Veränderungen gab es im Laufe der Zeit hinsichtlich der Koordination zwischen den Teams. Anfänglich war ein hoher Koordinationsaufwand nötig, der mit zunehmender Entkoppelung einzelner Teilbereiche niedriger wurde. Mit dem Streben nach unabhängigem Arbeiten bzw. der sich unterscheidenden Arbeitsweise zwischen den Teams wird Koordination wieder notwendiger, um nicht zu viele Insellösungen zu erhalten. Hier ist das Management stark gefordert. Die Unabhängigkeit der Entwicklungsteams muss gewahrt bleiben. Gleichzeitig müssen Unternehmensziele verfolgt und erreicht sowie Priorisierungen der Product Owner berücksichtigt werden. Die Koordination erfolgt über verschiedene Wege. Zum einen wird das wöchentliche »AIR-Board« (Agile Impediment Removal-Board) gemeinsam von IT-Management und Scrum Master dafür genutzt, organisatorische Impediments zu beseitigen. In einem täglichen Standup-Meeting der Scrum Master wird zudem kurz besprochen, was aktuell gerade passiert, um schnell auf Engpässe reagieren zu können. Aufseiten des Produktmanagements gibt es ein wöchentliches »Epic-Board«. Hier besprechen die Product Owner den aktuellen Entwicklungsstand und geplante Produktentwicklungen. Software- und systemseitig wird die Entwicklung von Architekten begleitet, die darauf achten, dass Weiterentwicklungen einzelner Teams in das Gesamtkonzept passen.

Der Releasezyklus verkürzte sich mit Scrum zunächst auf drei Wochen. Das scheint zu den ursprünglichen vier Wochen kaum ein Unterschied zu sein, bedeutet aber eine Verkürzung um 25%, die hart zu erarbeiten war. Dabei spielte die Länge des ursprünglichen Zeitraums keine Rolle. Innerhalb der letzten drei Jahre mit Scrum konnte dann schrittweise eine weitere Verkürzung auf heute eine Woche erreicht werden. Der Releasetest erfolgt jetzt zweistufig. Die Regressionstests werden innerhalb der Teams im Rahmen der Featureentwicklung im Sprint ausgeführt. Das aus den Integrationen aller Teams erstellte Release wird dann auf einem dedizierten Preview-System final einem Regressionstest unterzogen. Dies übernimmt das aus einem Testmanager und fünf Testern weiter bestehende Systemtestteam in einem manuellen, explorativen Test und mit der erneuten Ausführung der automatischen Regressionstests.

Veränderungen im Testbereich

Tests sind heute ein fester Bestandteil der »Definition of Done«. Diese Definition legt fest, welche Schritte notwendig sind, damit eine Story als umgesetzt gilt und live ausgerollt werden kann. Die Integration der Qualitätssicherung in jeden Prozessschritt deckt Fehler frühestmöglich auf. Die Tests sind immer aktuell und schnell änderbar. Schnelle Feedbackzyklen ermöglichen dem Team ein sofortiges Reagieren auf Fehler. Das Feedback erhält man auch dahingehend, ob Tests unzureichend sind oder ob zu viel getestet wurde. Das konsequente Umsetzen der Testpyramide fällt so leichter, da auch für die Entwickler Qualität selbstverständlich ist.

Die Strategie, dass ein einzelner Testingenieur in der Praxis sowohl alle funktionalen als auch nicht funktionalen Testarten abdecken können soll, hat sich jedoch als nicht umsetzbar herausgestellt. Die massive Vielfalt an Tests wie Systemtests, sowohl automatisch als auch explorativ, Security-, Last- und Performance-Tests ist schlicht überfordernd. Daher müssen Experten spezielle Tests wie z.B. Security-Tests übernehmen.

Lessons Learned

Die Learnings, die aus dem Umbau der Kernapplikation und den Umstrukturierungen für eine agile Produktentwicklung gezogen werden konnten, wurden konsequent in einem neuen Portal umgesetzt.

Mit dem Markteintritt von ImmobilienScout24 in Österreich 2012 gab es die Chance, von Beginn an ein Portal zu schaffen, das die Anforderungen an ein agiles Umfeld erfüllt. Dort wurde von Beginn an eine Build-Umgebung geschaffen, die Continuous Integration ermöglicht. Alle Beteiligten leben eine qualitätsorientierte Entwicklungskultur. Die Entwicklung findet testgetrieben statt, wobei auf die richtige Gewichtung der Testarten entsprechend der Testpyramide geachtet wird. Mehrere Build Agents sorgen für eine parallele Testausführung. Nur so lässt sich schnelles Feedback erhalten und Builds mit möglichst wenigen Commits umsetzen. Je weniger Änderungen bzw. Commits in einem Software-Build enthalten sind, desto leichter ist im Fehlerfall nachvollziehbar, warum ein Build fehlgeschlagen ist. Eine starke Modularisierung ermöglicht Änderung an einzelnen Systemteilen, ohne dabei andere Teile zu beeinflussen. Jeder Test bringt zur Erfüllung von Vorbedingungen seine eigenen Testdaten mit und ist unabhängig von anderen Tests oder Datenbankzuständen lauffähig. Für den Datenimport wurden gezielt interne APIs geschaffen. Nicht jeder Build führt derzeit zu einem Live Deployment, da auf regelmäßige explorative Tests nicht verzichtet werden soll. In der Regel finden Live Deployments aber längstens alle 24 Stunden statt.

Wer den Umstieg auf Scrum erfolgreich meistern will, muss technische und soziale Veränderungen gleichermaßen beachten. Die wichtigsten Erkenntnisse waren:

- Der »Faktor Mensch als Gewohnheitstier« darf niemals außer Acht gelassen werden.
- Abhängigkeiten in der Systemarchitektur schaffen Abhängigkeiten unter den Scrum-Teams, was aktive Koordinierungsmaßnahmen erfordert.
- Eine strikte Umsetzung von Test-Driven Development (TDD)/ Acceptance Test-Driven Development (ATDD, Testpyramide) ist notwendig.
- Eine leistungsfähige Build-Umgebung und Parallelisierung der Tests ist erforderlich.
- Automatische Tests sind kein Allheilmittel. Die Intuition eines erfahrenen Testers kann man nicht automatisieren. Zusätzliche explorative Tests sind daher unverzichtbar.

Fazit

Für viele Mitarbeiter bedeutete der Umstieg auf eine agile Produktentwicklung große Änderungen ihrer Arbeitsweise. In Teilen wird die fachliche Breite, die als Testingenieur abzudecken ist, weiterhin problematisch gesehen. Hier kann und muss mit Spezialisierung unterstützt werden. Insgesamt wird die Arbeitsweise aber als sehr produktiv empfunden. Die kooperative Zusammenarbeit in einem auch räumlich zusammengeführten Team macht die Testarbeit deutlich effizienter. Der Erfolg der Umstellung spiegelt sich vor allem in der deutlich verkürzten Time-to-Market und der stetig gesunkenen Bugzahlen wider.

8.5 Scrum in der Medizintechnik

Beitrag von Andrea Heck,
Siemens AG, Healthcare Sector, Erlangen

Der Healthcare-Sektor der Siemens AG ist weltweit führend in medizinischer Bildgebung und anderen Gebieten der Medizintechnik (*www.siemens.com/healthcare*). Die Software *syngo* spielt dabei eine zentrale Rolle als gemeinsame Basis, auf der sowohl die Scanner aufsetzen als auch die Applikationen, die es Krankenhäusern und Praxen erlauben, ihre Workflows zu optimieren, um eine hochqualitative und kostengünstige Befundung und Behandlung ihrer Patienten zu erreichen. In *syngo.via* sind die syngo-basierten Applikationen zu High-End-Arbeitsplätzen für die Befundung von medizinischen Bildern zusammengestellt. Webbasierte Applikationen erlauben dem Arzt den Zugriff auf die Bilder von unterwegs oder am Krankenbett. Der Markt ist sehr dynamisch, gleichzeitig werden höchste Qualitätsanforderungen gestellt, und es sind hohe regulatorische Anforderungen durch nationale und internationale Gesetze und Standards zu beachten.

Die Fallstudie beschreibt die Transition zu agilem Projektmanagement mit Lean-Elementen für eine Entwicklungsorganisation, die über 7 Standorte in 5 Ländern verteilt ist.

Motivation für die Einführung von agiler Entwicklung und agilem Projektmanagement

Die folgenden Ziele wollten wir mit der agilen Transition erreichen:

- Neue Produkte und Produktfeatures sollen schneller zum Kunden kommen.
- Die Produkte sollen einen noch höheren Gebrauchswert für die Kunden haben: höhere Qualität, und noch näher an den Kundenbedürfnissen sein.
- Motivierte und hochleistungsfähige Entwicklungsteams
- Reduzieren von Aufwand und Kosten

Die agile Transition

Sie folgt den drei Phasen, die man zumindest in großen Organisationen häufig braucht:

1. **Lernen und Pilotierung:**
   Das erste agile Transitionsteam kommt Anfang 2008 bottom-up aus dem Projekt und lernt von anderen Firmen und Organisationen, über Bücher, Kongresse und Consultants. Unterstützung des Managements wird eingeholt. Erste Pilot-Scrum-Teams werden aufgesetzt, begleitet und das Feedback ausgewertet. Die Ergebnisse werden an alle Mitarbeiter kommuniziert.

2. **Die große Transition:**
   Es folgt eine lange Vorbereitungsphase mit Budget, Consulting von außen, Planung und Warten auf das Ende des großen Projekts. Die Rolle der Zulieferer ändert sich schrittweise: von der verlängerten Werkbank hin zur Partnerschaft. Scrum-Teams werden über einen längeren Zeitraum trainiert und gestartet, auch das Product-Owner-Team startet früh. Einiges wird Mitte 2010 auf einen Schlag geändert: Prozesse, Organisation, Projektorganisation, Komponententeams zu Feature-Teams. Ein großes Projekt mit über 20 Scrum-Teams startet. Die Arbeitsweise der Teams wird immer wieder durch die Teams selbst sowie durch Coaching verbessert.

3. **Kontinuierliche Verbesserung:**
   Mehr Investition wird in technische Exzellenz gesteckt. Ergebnisse aus den Retrospektiven der Scrum-Teams führen zur Verbesserung von Prozessen und Tools. Benchmarking mit anderen Organisationen wird durchgeführt. Konzepte aus Lean Product Development werden einbezogen.

Wichtige Prinzipien:

- Jede/r Mitarbeiter/in trägt direkt zur Wertschöpfung für die Kunden bei.
- Vermeiden von Verschwendung: Übergaben, Wartezeit und Überproduktion sollen verhindert werden. Work-in-Progress wird minimiert.
- Zulieferer werden zu Partnern: Das Management der Zulieferer ist an der Transition beteiligt. Es werden gemeinsame Ziele festgelegt, und jede Organisation plant selbst die Umsetzung. Gegenseitige Hilfe erfolgt, wo das sinnvoll ist.
- Die Teams werden angehalten, sich selbst zu organisieren, aktiv zusammenzuarbeiten, kritisch zu sein und immer wieder den Status

quo zu hinterfragen: Arbeiten wir so effektiv, wie wir können? Können wir etwas verbessern?
- Die Teams und das Product-Owner-Team werden in Scrum trainiert. Scrum ist als agiles Projektmanagement der Rahmen, in dem dann auch andere agile Praktiken (z. B. XP-Entwicklungstechniken) implementiert werden.
- Testphasen werden auf die Entwicklungsiterationen vorgezogen und als Regressionstests mehrmals durchgeführt. Testautomatisierung von bestehendem Code wird kontinuierlich verbessert.
- Kontinuierliches Lernen: »Communities of Practice« (CoPs) helfen den Kollegen, über die Teamgrenzen hinweg voneinander zu lernen und in ihrer Rolle oder ihrem technischen Feld besser zu werden.

Eine große Herausforderung: von Komponententeams zu Feature-Teams

Im traditionellen Projekt-Setup war die Entwicklung über viele Standorte verteilt, meist wurden Anforderungsspezifikation, Entwicklung und Test an verschiedenen Orten betrieben. Zudem waren auch die Entwicklungsteams noch nach architektonischen Schichten verteilt und der Test nach Testebenen. Die Outsourcing-Strategie vor der Transition folgte dem Prinzip der verlängerten Werkbank: Einzelne Komponenten werden von Nearshore- oder Offshore-Zulieferern entwickelt. Der Entwickler ist nur für seine Komponente verantwortlich.

Die theoretische Schnittstelle ist die Spezifikation. Da aber bei Komponententeams immer die eigentlichen Benutzerfeatures in viele kleine Teile zerlegt werden müssen, braucht man vorne Analysten und hinten Integrationsteams und viele »XYZ-Manager«, die die Integrationsprobleme zu lösen versuchen. Selbst bei agiler Entwicklung bleibt ein Miniwasserfall erhalten [Larman/Vodde 09].

Wir bauten das Ganze, um zu einer Organisation um den Wertstrom: Der Wertstrom geht von der Anforderung vom Kunden oder aus Kundensicht bis hin zum Produkt, das mit dem fertigen Feature beim Kunden installiert ist. In hierarchischen Organisationen mit funktionellen »Silos« ist es schwierig, den Wertstrom zu optimieren. Daher setzt man die Teams so zusammen, dass ein Team einen kompletten Wertstrom erzeugen kann, und erhält so funktionsübergreifende Feature-Teams. In einem Team hat man Anforderungsspezialisten, Softwareentwickler, Tester und Architekten. Die Entwickler kommen idealerweise aus unterschiedlichen Komponententeams und sie decken gemeinsam mehrere Softwareschichten mit ihrem Know-how ab. Meist reicht das nicht:

Es wird viel Know-how in den Teams verteilt und zwischen verschiedenen Teams übergeben – aus reinen Spezialisten werden »Generalisten-Spezialisten«. Das braucht natürlich Zeit, oft viele Monate.

Der Vorteil ist, dass die Organisation viel flexibler wird, z.B. dass nicht ein einzelner Entwickler zum »Flaschenhals« für mehrere Features wird. Das bedeutet auch, dass die Software nicht mehr einem Entwickler oder Team gehört, sondern der meiste Code von mehreren oder allen Teams bearbeitet werden darf. Damit man sich besser zurechtfindet, sind aus den Teams »Component Guardians« benannt worden, die die Teams mit Rat und Tat unterstützen: Welche Funktionalität wird durch die Komponente X bereitgestellt, wie soll sie benutzt werden? Welche Teile davon sind schon gut mit automatischen Tests abgedeckt, wo sollte zuerst die Testabdeckung erhöht werden? Ist die gewünschte Änderung vom Design her sinnvoll und harmonisch zur alten Funktionalität?

Hierarchisches Product-Owner-Team und Backlog

Um ein so großes Projekt in Scrum abwickeln zu können, müssen wir das Product-Owner-Team skalieren. Es gibt einen Chief Product Owner für das Produkt, und es gibt Product Owner für Feature-Bereiche und ggf. noch welche darunter für ein bis 3 Scrum-Teams. Das priorisierte Product Backlog ist ein einziges für das Produkt, das aber viele verschiedene Sichten bietet: Nur die Features der obersten Hierarchieebene, um den Scope und groben Inhalt einer Produktversion zu zeigen und zu priorisieren. Dann die Features für einen Feature-Bereich, dann die für ein Scrum-Team und schließlich die Planung eines Scrum-Teams für einen Sprint mit den dazugehörigen einzelnen Aufgaben.

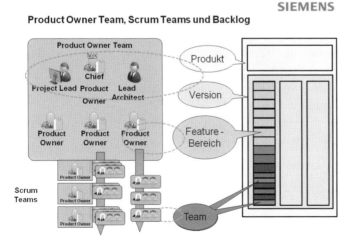

Abb. 8–1

Das priorisierte Product Backlog bietet viele verschiedene Sichten auf die Features (hohe Priorität ist in diesem Bild unten).

Regulatorische Anforderungen in der Medizintechnik erfüllen

Unserer Prozessumgebung wurde zu Beginn des Projekts bescheinigt, dass wir alles tun, was für die Anforderungen beispielsweise der amerikanischen Behörde FDA (Food and Drug Administration) notwendig ist, aber vieles mit zu viel Aufwand. Deshalb muss man immer wieder hinterfragen, welche Teile des Prozesses unerlässlich sind, welche man einfach anders durchführen kann, sodass man gleich gute Ergebnisse mit weniger Aufwand erzielt. Und schließlich muss man auch immer wieder Vorschriften finden, die man weglassen kann, beispielsweise weil sie bei richtiger Anwendung von Scrum oder bei kontinuierlicher Integration schon in die Praxis eingebaut sind.

Die Einhaltung der regulatorischen Anforderungen an die Medizintechnik ist nun weitgehend ein Teil der DONEness-Kritierien, mit denen die Features beim Scrum-Team vom Product Owner abgenommen werden. Beispiel: In unserer DONEness-Checkliste steht, dass im Fall eines Produktrisikos (= Gefahr für Mensch oder Datenverlust) in einem Feature auch die Maßnahmen zur Kompensation des Risikos implementiert sein müssen.

Inzwischen bescheinigen führende FDA-Consultants schon der agilen Vorgehensweise, dass sie zu besserer Erfüllung der FDA-Anforderungen führen kann als die sogenannte Wasserfallentwicklung [Olivier/Dere 11].

Wo sind wir heute?

Nach gut einem Jahr haben wir recht erfolgreich ein erstes agiles Projekt mit über 20 Scrum-Teams abgeschlossen. Der Projektfortschritt war früh transparent, es konnten immer früh genug Korrekturen vorgenommen werden, sodass die Meilensteile erreicht wurden. Die meisten Teams sind routiniert im Schätzen und Planen.

Die Effizienz ist dagegen noch nicht so hoch. Das war auch nicht zu erwarten, denn neben dem Lernen der neuen Methoden und dem Know-how-Transfer haben wir immer noch einige Prozesse und Tools aus der alten Welt, die wir quasi wie Sashimi-Scheiben in die Iterationen hineingepackt haben. Mit der Einführung von Agile haben wir die Suche nach Verschwendung in den Prozessen systematischer gemacht, und immer wieder stehen zu aufwendige Prozesse auf dem Prüfstein.

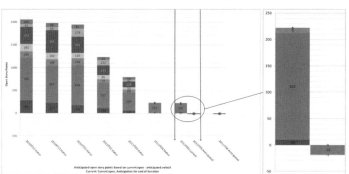

Abb. 8–2
Eine Iteration vor Ende der Implementierung – nur noch ein geringes Risiko

Erfolge beim Product-Owner-Team

Das Product-Owner-Team lädt regelmäßig Kunden aus aller Welt ein, um diesen die Konzepte für geplante Features zu zeigen. Dabei kann sich herausstellen, dass die Prioritäten der Features anders sind als gedacht, sodass man noch rechtzeitig umpriorisieren kann. Viele Konzepte stoßen auf große Begeisterung, d. h. sowohl das Feature als auch dessen Realisierung. Bei einigen Features wird ebenfalls ein großer Bedarf gesehen, aber die vorgeschlagene Realisierung passt nicht komplett zum Kundenworkflow. Auch dieses Ergebnis ist sehr wertvoll, um frühzeitig mit veränderten Konzepten ins Rennen zu gehen.

Das Product-Owner-Team kennt auch sein System und seine Features sehr gut, da nach jeder Iteration eine übergreifende Demo aller neuen Features stattfindet. Während und nach der Feature-Entwicklung helfen die Product Owner auch mit informellem Test aus Benutzersicht, komplexe Workflows zu testen und der Entwicklung wichtiges Feedback zu geben.

Dem Ziel, die wichtigsten Features für den Kunden zuerst zu liefern und auch inhaltlich näher an den Kundenbedürfnissen zu sein, sind wir schon näher gekommen. Die Durchlaufzeit von der Idee zur Freigabe muss sich noch verkürzen.

Auch in der Entwicklung gibt es Fortschritte

Die Entwickler kennen in vielen Fällen viel besser die Benutzeranforderungen. Sie diskutieren ja mit dem Product Owner die User Stories für neue Features, und die meisten haben mindestens einmal die Radiologie und andere Abteilungen im Krankenhaus auch miterlebt.

Viele Teams sind sehr viel stärker in kontinuierlicher Integration geworden. Sie haben eine Suite von automatisierten Testfällen zur Verfügung, die bei jeder Änderung laufen, um eventuelle Nebenwirkungen gleich zu finden. Dadurch, dass die Teams nicht mehr für bestimmte Komponenten zuständig sind, sondern der Code ihnen kollektiv gehört, brauchen sie oft Testfälle von anderen Teams, die sie zu ihrer Testsuite hinzufügen, bevor sie Erweiterungen an Komponenten vornehmen. Sie fühlen sich auch verantwortlich, alle Testfälle anzupassen, die wegen ihren Änderungen im Produktcode nicht mehr funktionieren.

Oft sind allerdings Tests noch auf zu hohem Testlevel automatisiert, d. h., es wird am User Interface getestet, obwohl das die aufwendigste Variante ist, die am längsten läuft und den höchsten Änderungsaufwand hat. Was wir bereits vorher getan haben, sind Codereviews, und wir benutzen statische Codechecker zur Prüfung der Einhaltung von Coding-Guidelines. Kein Code kann abgegeben werden, wenn diese beiden Dinge nicht erfolgt sind. Zu den Qualitätssicherungsmaßnahmen wie Testen und Codereviews fügen wir als weitere Maßnahme Pair Programming hinzu. Die Entwickler entscheiden im Team, welche Methoden für spezifische Aufgabenstellungen am besten geeignet sind, und verwenden diese. Ordentliches Pair Programming kann das Codereview zum größten Teil ersetzen, nur noch bei sicherheitsrelevantem Code müssen zusätzliche Reviewschritte durchgeführt werden.

Testen in den Scrum-Teams

Vorher waren nur Unit Tests von den Entwicklern geschrieben und durchgeführt worden, die übrigen, d. h. Integrationstests, Systemtests und exploratives Testen, lagen in der Verantwortung von speziellen Testteams.

Nun führen die Scrum-Teams selbst die Unit Tests und Integrationstests für Komponenten und Subsysteme durch. Jedes Scrum-Team hatte am Anfang mindestens ein Mitglied mit der Rolle »Tester«, das spezielle Trainings zur Planung und Durchführung der regulatorisch notwendigen Tests durchlaufen hat. Das Know-how hat sich in den Teams verbreitet. Die Zusammenarbeit zwischen Entwicklern und Testern im Team ist im Allgemeinen gut. Manche Tester sind sehr erfreut, da sie jetzt auch programmieren dürfen. Umgekehrt ist die Begeisterung nicht bei allen Entwicklern so groß, obwohl Testen ja eigentlich eine sehr kreative Aufgabe ist. Bei den Testplanungsaufgaben hat sich gezeigt, dass die bisher verwendeten Tools zu stark auf einen zentralen Testmanager zugeschnitten sind, was zu erheblichen Akzeptanzproblemen in den Teams geführt hat. Hier mussten wir schnell nachbessern und planen nun, sie bald durch benutzerfreundlichere Tools zu ersetzen.

Viele Entwickler schreiben mittlerweile neue Integrationstestfälle, automatisieren diese und automatisieren sukzessive auch viele bestehende Testfälle. Ein mittelfristiger Vorteil ist, dass der neue Code besser für Testautomatisierung vorbereitet ist.

Neue Features haben deutlich weniger Fehler, die in späteren Testphasen gefunden werden, da schon viel Testen während der Entwicklung stattfindet, die Fehler gleich behoben werden, und die Entwickler und Tester besser die Kundenanforderungen verstehen.

Eine gute Erfahrung, die wir gemacht haben, ist, dass wir mit Hands-on-Coaching in einzelnen Scrum-Teams durch interne oder externe Coaches die Qualität der Testfälle deutlich verbessert und die Durchlaufzeiten verkürzt haben.

Durch die neue Organisation mit Feature-Teams waren die bestehenden Testfälle erst mal »herrenlos« und mussten neu verteilt werden. Nun ist für jeden Test Case wieder ein Team dafür zuständig, ihn generell zu warten und z.B. die Umstellung von der ClearCase-Umgebung zur TFS-Umgebung (TFS – Team Foundation Server) vorzubereiten. Wenn ein anderes Team eine Änderung durchführt, die einen Test Case bricht, muss es ihn allerdings selbst wieder lauffähig machen, bevor es die Änderung abgibt.

Die Testdurchlaufzeiten für die offiziellen Testphasen sind bei der Umstellung auf Scrum erst einmal gestiegen, da die manuellen Tests ja mit von den Scrum-Teams durchgeführt werden und nicht von zusätzlichen Testerteams. Nun gehen die Zeiten langsam, aber kontinuierlich zurück, da mehr Tests automatisiert werden.

Die Unit Tests (für C# auf NUnint) sind zu 100% automatisiert. Bei den Integrationstests haben wir noch Legacy-Code mit geringeren Abdeckungen, dort ist je nach Feature-Bereich zwischen 50% und 100% automatisiert.

Systemtest

Es gibt ein spezielles Team für Systemtests – das sind Tests aus der Sicht des Endbenutzers, oft mit medizinischem Hintergrund und auf installierten Systemen, die auch mit allen Schnittstellen z.B. zu RIS- und PACS-Systemen ausgestattet sind. Auch Last- und Stresstests liegen hier.

Das Systemtestteam entwickelt die Testfälle für die neuen Features auch schon parallel zur Entwicklung, zumindest in der nachfolgenden Iteration, und automatisiert, wo sinnvoll, auch Testfälle. Bei den nicht funktionalen Tests ist der Anteil der Automatisierung höher als bei den funktionalen.

Das Systemtestteam bekommt die Information, welche Features geplant sind, aus dem Backlog, und Details aus den Spezifikationen und vom Product Owner. Um die Realisierung zu kennen, schaut es die

Feature-Demos der Scrum-Teams an und stellt daraus neue Tests aus Sicht der Kundenworkflows zusammen.

Es führt auch alle Systemtests in den offiziellen Testphasen durch. »Offizielle Testphasen« sind die mit unterschriebenen Testreports dokumentierten Testdurchläufe auf je einer bestimmten Baseline zu bestimmten Meilensteinen. Vorher laufen natürlich viele Male die automatisierten Tests, es werden explorative Tests durchgeführt und es erfolgen viele manuelle Tests informell, so ist eine 100% Coverage schon kumulativ erreicht. Da reichen aber die elektronischen Reports.

Tests in der Systemintegration

Um die Integration in hoher Qualität zu gewährleisten, läuft ständig eine Auswahl von Tests bei der Systemintegration, bevor eine Änderung eines Teams in die Baseline aufgenommen wird. Die Dauer ist auf 2 Stunden begrenzt. Die Tests laufen auf mehreren Maschinen parallel.

Eine Suite von Performance- und Stabilitätstests läuft 4-mal pro Tag auf den aktuellen Änderungen. Die Performance-Tests testen echte Benutzerworkflows. Dadurch hat sich die Anzahl der Performance-Probleme, die in den späten Testphasen gefunden werden, gegenüber der Vorversion sehr stark reduziert.

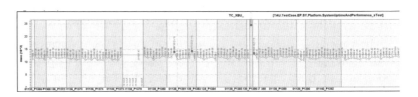

Abb. 8–3
Trending-Ergebnis eines Performance-Tests über viele Iterationen

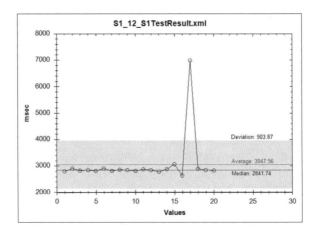

Abb. 8–4
Für jede einzelne Durchführung wird der Performance-Test einige Male wiederholt, und findet sporadische Fehler.

Alle automatisierten Tests von den Scrum-Teams und vom Systemtestteam werden zu einer großen Testsuite zusammengestellt, um sie kontinuierlich auf jeder Baseline auf installierten Zielsystemen ohne manuelle Eingriffe laufen zu lassen. Dadurch können Nebenwirkungen von Änderungen gefunden werden, die den Entwicklungsteams entgangen sind. Im Fehlerfall gibt es natürlich eine Feedbackschleife zu dem Scrum-Team, das die Änderung eingebracht hat, da ihm ja eine Abhängigkeit entgangen ist. Es wird ggf. diese Tests in seine Testsuite übernehmen oder eigene auf einem niedrigeren Testlevel schreiben.

Wie geht es weiter?

Kontinuierliche Verbesserung ist weiterhin angesagt:

- Scrum-Teams verbessern vor allem ihre eigene Arbeitsweise und Umgebung durch Retrospektiven.
- Dies geschieht in CoPs durch Trainings, gegenseitige Vorträge und Teilen von Know-how.
- Test-Driven Development und Pair Programming werden bei einigen Teams praktiziert, aber noch lange nicht im wünschenswerten Umfang. Gezielt verbessern wir daher die agilen Entwicklungskenntnisse durch technisches Coaching, Vorträge und Demonstrationen in der Entwickler-CoP, Wettbewerbe etc.
- Es erfolgt ein Austausch mit anderen Firmen auf Konferenzen und durch direkte Zusammenarbeit und gegenseitigem Benchmarking.
- Strategische Projekte werden aufgesetzt zur Verbesserung von Prozessen und Tools, die zu viele Schnittstellen und zu viel Overhead haben. Zum Beispiel haben wir gerade ClearCase und ein proprietäres Build-System durch Microsoft Team Foundation Server (TFS) ersetzt.
- Lernen von Lean-Prinzipien und Methoden: Ein kontinuierlicher Verbesserungsworkflow wird eingeführt, wie bei Toyota (Kaizen, A3), und das systematische Lösen von Problemen soll bei den Teams und beim Management gleichermaßen verankert werden.
- Weiterentwicklung zur lernenden Organisation.

Andrea Heck ist Diplom-Informatikerin und seit über 20 Jahren in der Softwareentwicklung tätig. Sie ist verantwortlich für die Agile Transition von SYNGO.

http://de.linkedin.com/in/andreaheck
Blog: http://andreasagileblog.blogspot.com

Anhang

A Glossar

Begriff	Definition	Quelle
agile Software-entwicklung	Bezeichnet den Einsatz von Agilität (lat. agilis: flink; beweglich) in der Softwareentwicklung. Je nach Kontext bezieht sich der Begriff auf Teilbereiche der Softwareentwicklung – wie im Fall von Agile Modeling – oder auf den gesamten Softwareentwicklungsprozess. Agile Softwareentwicklung versucht mit geringem bürokratischem Aufwand, wenigen Regeln und meist einem iterativen Vorgehen auszukommen. Beispiele für verschiedene Ausprägungen agiler Softwareentwicklung sind Scrum, Kanban oder Extreme Programming (XP).	nach *http://de.wikipedia.org/wiki/Agile_Softwareentwicklung*
agiles Testen	Das Testen von Software im Rahmen eines agilen Entwicklungsprojekts. Dieses Testen folgt den Prinzipien des agilen Manifests und wendet die agilen Prinzipien auf das Testen an.	[URL: agiles Testen]
Akzeptanz-kriterien (acceptance criteria)	Diejenigen Kriterien, die ein System oder eine Komponente erfüllen muss, um eine Abnahme durch den Benutzer, Kunden oder eine bevollmächtigte Instanz erfolgreich abschließen zu können.	[URL: ISTQB 2.1]
Akzeptanztest, Abnahmetest (acceptance testing)	Formales Testen hinsichtlich der Benutzeranforderungen und -bedürfnisse bzw. der Geschäftsprozesse. Es wird durchgeführt, um einem Auftraggeber oder einer bevollmächtigten Instanz die Entscheidung auf der Basis der Abnahmekriterien zu ermöglichen, ob ein System anzunehmen ist oder nicht.	[URL: ISTQB 2.1]
Baustein	Siehe Komponente	
Build	1. Die Entwicklungsstufe einer Software vor Freigabe einer neuen Version. 2. Der Erstellungsprozess einer bestimmten Version einer Software.	*http://de.wikipedia.org/wiki/Build*
Compliance	Regelgerechtes, vorschriftsgemäßes, ethisch korrektes Verhalten.	*http://www.duden.de*

A Glossar

Begriff	Definition	Quelle
datengetriebener Test (data-driven test)	Konzept der Testautomatisierung zur Aufwandsminimierung und Strukturierung der Tests durch Trennung von Testdaten und Testskript. Das Testskript liest eine Testdatenzeile ein, führt den Testablauf mit einem Datensatz aus und wiederholt die Testschritte für alle zugeordneten Testdatenzeilen. Enthalten die Testdaten auch Kommandos, die den Test steuern, spricht man von schlüsselwortbasiertem Test. Die Schlüsselworte bzw. Kommandos unterliegen oft einer passend zur Anwendungsdomäne gewählten Syntax und bilden dann eine domänenspezifische Sprache (Domain Specific Language, DSL).	nach [Spillner/Linz 12]
Depended-on Component (DOC)	Bezeichnet einen Softwarebaustein B, der von einem anderen Baustein A benötigt wird. A hängt von B ab.	nach [Meszaros 07]
Deployment, Softwareverteilung	Der Prozess zur Installation von Software auf Anwender-PCs oder Servern in Betrieben.	http://de.wikipedia.org/wiki/Softwareverteilung
Domänenspezifische Sprache (Domain Specific Language, DSL)	Eine domänenspezifische Sprache (Domain Specific Language, DSL) ist eine formale Sprache, die speziell für ein bestimmtes Problemfeld (die Domäne) entworfen und implementiert wird. Beim Entwurf einer DSL wird man bemüht sein, einen hohen Grad an Problemspezifität zu erreichen: Die Sprache soll alle Probleme der Domäne darstellen können und nichts darstellen können, was außerhalb der Domäne liegt. Dadurch ist sie durch Domänenspezialisten ohne besonderes Zusatzwissen bedienbar. Das Gegenteil einer domänenspezifischen Sprache ist eine universell einsetzbare Programmiersprache, wie C und Java, oder eine universell einsetzbare Modellierungssprache, wie UML.	Wikipedia http://de.wikipedia.org/wiki/Dom%C3%A4nenspezifische_Sprache
Dummy	Ein Pseudoobjekt, ein leeres Objekt, ein Null-Pointer o.Ä., das ein Datenobjekt, das vom Testobjekt oder vom DOC syntaktisch benötigt wird, ersetzt, das aber nicht ausgewertet wird und somit auch kein Teil der Testfalldaten ist.	nach [Meszaros 07]
Fake	Ersetzt ein DOC, das im Test benötigt wird, aber ansonsten keinen Einfluss auf das Testergebnis hat, durch eine (stark) vereinfachte Implementierung.	nach [Meszaros 07]
funktionaler Test	1. Prüfung funktionaler Anforderungen. 2. Dynamischer Test, bei dem die Testfälle unter Verwendung der funktionalen Spezifikation des Testobjekts hergeleitet werden und die Vollständigkeit der Prüfung (Überdeckungsgrad) anhand der funktionalen Spezifikation bewertet wird.	[Spillner/Linz 12]
Integration	Der Prozess der Verknüpfung von Komponenten zu größeren Gruppen.	[Spillner/Linz 12]

A Glossar

Begriff	Definition	Quelle
Integrationstest	Testen mit dem Ziel, Fehlerzustände in den Schnittstellen und im Zusammenspiel zwischen integrierten Komponenten aufzudecken.	[Spillner/Linz 12]
Komponente (Softwarebaustein)	1. Kleinste Softwareeinheit, für die eine separate Spezifikation verfügbar ist oder die separat getestet werden kann. 2. Softwareeinheit, die die Implementierungsstandards eines Komponentenmodells (EJB, CORBA, .NET) erfüllt.	[Spillner/Linz 12]
Lasttest	Messung des Systemverhaltens in Abhängigkeit steigender Systemlast (z.B. Anzahl parallele Benutzer, Anzahl Transaktionen), um zu bestimmen, welche Last durch ein System oder eine Komponente bewältigt werden kann (Art von Performance-Test).	[Spillner/Linz 12]
Mock	Ein »intelligenter« Stub, der die Aufrufe und Daten, die er vom Testobjekt erhält, auswertet, auf Zulässigkeit und Korrektheit prüft und abhängig von dieser Auswertung eine Reaktion bzw. ein Berechnungsergebnis an das Testobjekt zurückgibt. Aus Sicht des Testfalls fungiert ein Mock wie ein zusätzlicher Verifikationsschritt für 'indirect output' des Testobjekts.	nach [Meszaros 07]
nicht funktionaler Test	Prüfung der nicht funktionalen Anforderungen, wie z.B. Effizienz/Performance, Zuverlässigkeit, Benutzbarkeit/Usability.	nach [Spillner/Linz 12]
Performance-Test	Prüfung der Performance für bestimmte Anwendungsfälle, in der Regel in Abhängigkeit steigender Last.	[Spillner/Linz 12]
Platzhalter (Stub)	Eine rudimentäre oder spezielle Implementierung einer Softwarekomponente, die verwendet wird, um eine noch nicht implementierte Komponente zu ersetzen bzw. zu simulieren (nach [IEEE 610]).	[URL: ISTQB 2.1]
Qualitätsmanagement	Aufeinander abgestimmte Tätigkeiten zum Leiten und Lenken einer Organisation bezüglich Qualität.	[ISO 9000]
Qualitätssicherung	Alle Tätigkeiten innerhalb des Qualitätsmanagements, die dazu dienen, den Nachweis zu erbringen, dass die Qualitätsanforderungen erfüllt sind.	[Spillner/Linz 12]
Qualitätssicherung, analytische	Der Einsatz diagnostischer Maßnahmen (z.B. Testen und Reviews) zur Bestimmung der Qualität eines Produkts.	[Spillner/Linz 12]
Qualitätssicherung, konstruktive	Der Einsatz von Methoden, Werkzeugen, Richtlinien usw., die dazu beitragen, dass der Erstellungsprozess und/oder das zu erstellende Produkt a priori bestimmte Eigenschaften besitzt und Fehlhandlungen vermieden oder verringert werden.	[Spillner/Linz 12]

Begriff	Definition	Quelle
Retrospektive	Die Sprint-Retrospektive ist eine Gelegenheit für das Scrum-Team, sich selbst zu untersuchen und einen Plan für Verbesserungen aufzustellen, die im folgenden Sprint umgesetzt werden sollen. Die Sprint-Retrospektive findet nach dem Sprint-Review und vor dem nächsten Sprint Planning Meeting statt. Sie ist auf eine Timebox von drei Stunden bei einmonatigen Sprints festgelegt. Proportional weniger Zeit wird für kürzere Sprints aufgewendet.	nach [URL: Scrum Guide]
schlüsselwortgetriebener Test (keyword driven testing)	Ein skriptbasiertes Verfahren, das nicht nur Testdaten und vorausgesagte Ergebnisse aus Dateien einliest, sondern auch spezielle Schlüsselworte zur Steuerung. Diese Schlüsselworte können von speziellen Skripts interpretiert werden und den Test während der Laufzeit steuern.	[URL: ISTQB 2.1]
Scrum	Ein (Projektmanagement-)Framework, das die Entwicklung komplexer Produkte, insbesondere Software, unterstützt. Scrum besteht aus Scrum-Teams und den zugehörigen Rollen, Ereignissen, Artefakten und Regeln.	nach [URL: Scrum Guide]
Simulator	Gerät, Computerprogramm oder Testsystem, das sich wie ein festgelegtes System verhält, wenn man es mit einem definierten Satz kontrollierter Eingaben versorgt (nach [IEEE 610] und [DO178B]).	[URL: ISTQB 2.1]
Softwarebaustein	Siehe Komponente	
Sprint	Ein Zeitfenster von einem Monat oder kürzer, während dessen ein »done« (fertiges), nutzbares und potenziell auslieferbares Produktinkrement hergestellt wird. Sprints haben während eines Entwicklungsvorhabens eine gleichmäßig feste Dauer. Jeder neue Sprint beginnt direkt nach der Beendigung des vorhergehenden Sprints.	nach [URL: Scrum Guide]
Spy	Ein Stub, der zusätzlich über einen Mechanismus zur Protokollierung verfügt, sodass die Aufrufe und Daten (indirect output), die vom Testobjekt übergeben werden, aufgezeichnet (»ausspioniert«) werden können. Die protokollierten Daten können zur Feststellung des Testergebnisses nötig sein oder zu Diagnose/Debugging-Zwecken herangezogen werden.	nach [Meszaros 07]
Stub	Ersetzt einen benötigten Baustein (DOC) durch einen Ersatzbaustein mit identischem Interface, der nach festem Muster (ausgewählte) Reaktionen bzw. Berechnungsergebnisse des DOC zurückgibt.	nach [Meszaros 07]
Systemtest	Test eines integrierten Systems, um sicherzustellen, dass es spezifizierte Anforderungen erfüllt.	[Spillner/Linz 12]
Testpyramide	Metapher für die Menge aller durchzuführenden Tests auf den verschiedenen Teststufen von Unit Tests über Integrationstests bis zu den Systemtests	

A Glossar

Begriff	Definition	Quelle
Unit Test (Komponententest)	Isolierter Test eines einzelnen Softwarebausteins.	[Spillner/Linz 12]
Validierung	Prüfung, ob ein Entwicklungsergebnis die individuellen Anforderungen bezüglich einer speziellen beabsichtigten Nutzung erfüllt.	[Spillner/Linz 12]
Verifizierung (Verifikation)	1. Prüfung, ob die Ergebnisse einer Entwicklungsphase die Vorgaben der Phaseneingangsdokumente erfüllen. 2. Mathematisch formaler Beweis der Korrektheit eines Programm(teil)s.	[Spillner/Linz 12]

B Quellenverzeichnis

B.1 Literatur

[Aho et al. 99] Alfred Aho, Ravi Sethi, Jeffrey D. Ullman: Compilerbau. Oldenbourg Verlag, 1999.

[Anderson 10] David J. Anderson: Successful Evolutionary Change for Your Technology Business. Blue Hole Press, 2010.

[Anderson 11] David J. Anderson: Kanban, Evolutionäres Change Management für IT-Organisationen. dpunkt.verlag, Heidelberg, 2011 (deutsche Übersetzung von [Anderson 10]).

[Bashir/Goel 99] Imran Bashir, Amrit Goel: Testing Object-Oriented Software, Life Cycle Solutions. Springer-Verlag, New York, 1999.

[Beck/Andres 04] Kent Beck, Cynthia Andres: Extreme Programming Explained: Embrace Change. Addison-Wesley Longman, Amsterdam, 2nd ed., 2004.

[Beedle et al. 99] Mike Beedle, Martine Devas, Yonat Sharon, Ken Schwaber, Jeff Sutherland: Scrum: A Pattern Language for Hyperproductive Software Development. In: Pattern Languages of Program Design. Addison-Wesley Longman, Amsterdam, 1999.

[Bergmann/Priebsch 10] Sebastian Bergmann, Stefan Priebsch: Softwarequalität in PHP-Projekten. Hanser Verlag, München, 2010.

[Brandes 11] Christian Brandes: Konzeption von produktionsnahen Testumgebungen. Softwaretechniktrends, Band 31, Heft 1, Gesellschaft für Informatik e.V., 2011, *http://pi.informatik.uni-siegen.de/stt/31_1/index.html*.

[Crispin/Gregory 08] Lisa Crispin, Janet Gregory: Agile Testing: A Practical Guide for Testers and Agile Teams. Addison-Wesley Longman, Amsterdam, 2008.

[Duvall et al. 07] Paul M. Duvall, Steve Matyas, Andrew Glover: Continuous Integration: Improving Software Quality and Reducing Risk. Martin Fowler Signature Books. Addison-Wesley, 2007.

[Fowler/Parsons 10] Martin Fowler, Rebecca Parsons: Domain Specific Languages. Addison-Wesley Signature, 2010.

[Ghosh 11] Debasish Ghosh: DSLs in Action. Manning, 2011.

[Gutmans et al. 05] Andy Gutmans, Stig Bakken, Derick Rethans: PHP 5 aus erster Hand. Addison-Wesley, München, 2005.

[Koschek 10] Holger Koschek: Geschichten vom Scrum – Von Sprints, Retrospektiven und agilen Werten. dpunkt.verlag, Heidelberg, 2010.

[Larman/Vodde 09] Craig Larman, Bas Vodde: Scaling Lean and Agile Development. Addison-Wesley Longman, Amsterdam, 2009.

[Link 02] Johannes Link: Unit Tests mit Java – Der Test-First-Ansatz. dpunkt.verlag, Heidelberg, 2002.

[Malik 06] Fredmund Malik: Führen, Leisten, Leben: Wirksames Management für eine neue Zeit. Campus Verlag, Frankfurt/Main, 2006.

[Martin 08] Robert C. Martin: Clean Code, A Handbook of Agile Software Craftsmanship. Prentice Hall, 2008.

[Meszaros 07] Gerard Meszaros: xUnit Test Patterns: Refactoring Test Code. Addison-Wesley Signature Series, 2007.

[Olivier/Dere 11] Dan Olivier, Jeff Dere: Agile Software Development Streamlines FDA-Regulated Applications. In: Medical Electronics Design, April 2011.

[Pichler 08] Roman Pichler: Agiles Projektmanagement erfolgreich einsetzen. dpunkt.verlag, Heidelberg, 2008.

[Pichler/Roock 11] Roman Pichler, Stefan Roock: Agile Entwicklungspraktiken mit Scrum. dpunkt.verlag, Heidelberg, 2011.

[Rahien 10] Ayende Rahien: DSLs in Boo, Domain-Specific Languages in .NET. Manning, 2010.

[Schlossnagle 06] George Schlossnagle: Professionelle PHP 5 Programmierung, Entwicklerleitfaden für große Webprojekte mit PHP 5. Addison-Wesley, München, 2006.

[Schwaber/Beedle 02] Ken Schwaber, Mike Beedle: Agile Software Development with Scrum. Pearson Prentice Hall, 2002.

[Spillner/Linz 12] Andreas Spillner, Tilo Linz: Basiswissen Softwaretest. dpunkt.verlag, Heidelberg, 5. Auflage, 2012.

[Vigenschow 10] Uwe Vigenschow: Testen von Software und Embedded Systems – Professionelles Vorgehen mit modellbasierten und objektorientierten Ansätzen. dpunkt.verlag, Heidelberg, 2010.

[Winter et al. 12] Mario Winter, Mohsen Ekssir-Monfared, Harry Sneed, Lars Borner, Richard Seidl: Der Integrationstest. Hanser Verlag, München, 2012.

B.2 Webseiten[82]

[URL: Agiles Manifest] Manifesto for Agile Software Development, http://agilemanifesto.org

[URL: agiles Testen] http://de.wikipedia.org/wiki/Agiles_Testen

[URL: agiles Testen Manifest] Manifest für Agiles Softwaretesten, http://www.agiletestingmanifesto.de

[URL: BDT] http://de.wikipedia.org/wiki/Behavior_Driven_Development

[URL: Demingkreis] http://de.wikipedia.org/wiki/Demingkreis

[URL: FMC] Fundamental Modeling Concepts, http://www.fmc-modeling.org

[URL: iAkad] Testen in SCRUM-Projekten, Trainingskurs der imbus Akademie, http://www.imbus.de/akademie

[URL: iCAT] Certified Agile Tester, Trainingsschema und Learning Objectives, International Software Quality Institute GmbH, http://www.agile-tester.org/syllabus.html

[URL: ISTQB 2.1] ISTQB/GTB Standardglossar der Testbegriffe, Deutsch/Englisch, Version 2.1, September 2010, German Testing Board e.V., http://www.german-testing-board.org

[URL: ISTQB Syllabus] Lehrpläne zur ISTQB©-Certified-Tester-Ausbildung

deutschsprachige Ausgaben:
Austrian Testing Board, http://www.austriantestingboard.org
German Testing Board, http://www.german-testing-board.org
Swiss Testing Board, http://www.swiss-testing-board.ch

englischsprachige Ausgaben:
International Software Testing Qualifications Board, http://www.istqb.org

[URL: Kanban] Kanban (Softwareentwicklung), Unterschiede zwischen Kanban und Scrum, http://de.wikipedia.org/wiki/Kanban_%28Softwareentwicklung%29

---

82. Die Gültigkeit der angegebenen URLs bezieht sich auf die Drucklegung des Buches im Januar 2013.

[URL: Lean] Lean Management,
  http://de.wikipedia.org/wiki/Lean_Management#Prinzipien

[URL: OMG] OMG Specifications, http://www.omg.org/spec/index.htm

[URL: PHP] Homepage des PHP-Projekts: Manuals, Downloads, News rund um PHP, http://php.net

[URL: PHPUnit] PHPUnit Manual,
  http://www.phpunit.de/manual/current/en/automating-tests.html

[URL: RUP] http://de.wikipedia.org/wiki/Rational_Unified_Process

[URL: Scrum Guide] The Scrum Guide, Developed and sustained by Ken Schwaber and Jeff Sutherland,
  deutschsprachige Fassung: Scrum Guide, Der gültige Leitfaden für Scrum: Die Spielregeln
  http://www.scrum.org

[URL: StatusQuoAgile] Status Quo Agile – Studie zur Verbreitung und Nutzen agiler Methoden, BPM-Labors der Hochschule Koblenz, 06/2012, Prof. Dr. Ayelt Komus,
  http://www.hs-koblenz.de, http://www.status-quo-agile.de

[URL: SUnit] http://en.wikipedia.org/wiki/SUnit

[URL: SWT-knowledge] WWW-Seite zum Buch,
  http://www.softwaretest-knowledge.de

[URL: Testpraxis] Umfrage 2011: Softwaretest in der Praxis,
  http://www.softwaretest-umfrage.de

[URL: Toolliste] Liste von Softwaretest-Werkzeugen (kommerzielle und Open Source), kategorisiert nach Einsatzfeldern,
  http://www.imbus.de/tool-liste

[URL: V-Modell-XT] Das V-Modell XT, Modell zum Planen und Durchführen von Systementwicklungsprojekten, http://www.v-modell-xt.de

[URL: W3C] http://www.w3.org/standards

[URL: W3C validator] http://validator.w3.org

B.3 Normen

[DO 178 B] DO-178B, Software Considerations in Airborne Systems and Equipment Certification, Issued 12-1-92, Prepared by RTCA SC-167, Supersedes DO-178A, Errata Issued 3-26-99, *www.rtca.org*

[EN 50128] EN 50128:2011: Railway applications – Communication, signalling and processing systems – Software for railway control and protection systems

[EN 62304]   EN 62304:2006, Medizingeräte-Software – Software-Lebenszyklus-Prozesse; deutsche Fassung, 2006.

[FDA OTS]   Guidance for Industry, FDA Reviewers and Compliance on Off-The-Shelf Software Use in Medical Devices, September 9, 1999, http://www.fda.gov/MedicalDevices

[FDA Validation]   General Principles of Software Validation; Final Guidance for Industry and FDA Staff, January 11, 2002, http://www.fda.gov/MedicalDevices

[IEC 61508-3]   IEC 61508-3:2010: Functional safety of electrical/electronic/programmable electronic safety-related systems – Part 3: Software requirements

[IEEE 610]   IEEE Std 610.12-1990, IEEE Standard Glossary of Software Engineering Terminology

[IEEE 730]   IEEE Std 730-2002, IEEE Standard for Software Quality Assurance Plans

[IEEE 829]   IEEE Std 829-2008, IEEE Standard for Software and System Test Documentation

[ISO 9000]   EN ISO 9000:2005, Quality management systems – Fundamentals and vocabulary
deutsch: Qualitätsmanagementsysteme – Grundlagen und Begriffe

[ISO 9001]   EN ISO 9001:2008, Quality management systems – Requirements
deutsch: Qualitätsmanagementsysteme – Anforderungen Ersatz für EN ISO 9001:2000

[ISO 9126]   ISO/IEC 9126-1:2001 Software engineering – Product quality – Part 1: Quality model, Revised by ISO/IEC 25010:2011
ISO/IEC TR 9126-2:2003 Software engineering – Product quality – Part 2: External metrics
ISO/IEC TR 9126-3:2003 Software engineering – Product quality – Part 3: Internal metrics
ISO/IEC TR 9126-4:2004, Software engineering -- Product quality – Part 4: Quality in use metrics

[ISO 9241]   ISO 9241-x, Ergonomics of human-system interaction, Normenreihe

[ISO 12207]   ISO/IEC 12207:2008-02, Systeme und Software-Engineering – Software-Lebenszyklus-Prozesse

[ISO 25000]   ISO/IEC 250xy, Software Engineering – Software product Quality Requirements and Evaluation (SquaRE), Normenreihe

[ISO 25010] ISO/IEC 25010:2011, Systems and software engineering – Systems and software Quality Requirements and Evaluation (SQuaRE) – System and software quality models

[ISO 26262] ISO 26262-6:2011-11, Straßenfahrzeuge – Funktionale Sicherheit – Teil 6: Produktentwicklung – Softwareebene

Index

A

Abnahmekriterien 125
Abnahmeprüfung 21
Abnahmetest 125
Abstraktionsebene 20, 21, 97
Abstraktionslücke 72
Ad-hoc-Integration 102
Agile Praktiken 10, 39, 63
Agiles Manifest 9, 159, 178
Agiles Planen 43
Agiles Projektmanagement 29
Agiles Team 139, 141, 159, 162
Agiles Testen 178, 180
Akzeptanzkriterien 34, 120, 125, 140, 142
Akzeptanztest 117, 125, 126, 162
    automatisierter 142
Akzeptanztestsuite 125, 142
Anforderung 10, 11, 32, 34, 109, 117, 138, 165, 166, 168, 178
Äquivalenzklassenanalyse 89
Arbeitsergebnis 10, 19
Architektur 32, 37, 97, 102, 112
Architekturdiagramm 31, 32
Architekturvision 31, 32, 34, 43
Auftragsliste *siehe Backlog*
Aufwandsschätzung 13, 22
Ausbildung 40, 180, 181
Auslieferung 23, 78, 143

B

Backlog 11, 18, 43, 113, 119
Backlog Grooming 11
Backlog Item 30, 34
Baustein 46, 76, 77, 85, 87, 91, 92, 93, 94, 96, 97
Bedienoberfläche 126
Behavior-Driven Test 134
Bottom-up-Integration 102

Bug-Analyse 149
Build 15, 103, 106, 108, 146

C

Capture and Replay 127
Capture-and-Replay-Tool 127, 128
Certified Agile Tester 182
Change Management 18
Checklisten 38
CI *siehe Continuous Integration*
CI-Dashboard 105
CI-Server 105
CI-Umgebung 105, 106, 109
Coaching 68
Code 64, 65, 66, 103, 109, 136
Codeanalyse 51
    statische 79
Codebaustein 102, 103
Codedesign 51
Codequalität 15
Codereview 51
Codezeilenabdeckung 51
Compliance-Anforderungen 164
Continuous Delivery 24
Continuous Deployment 148
Continuous Integration 24, 40, 85, 102, 103
    Dashboard 105
    Prozess 103
    Tools 107
Coverage-Messung 79

D

Daily Deployment 148
Daily Scrum 13, 68, 150, 170, 172, 173
Daily Standup 149
Definition of Done 11, 166, 180
Definition of Ready 11, 180
Deliverables 18

Demingkreis 154
Depended-On Component 76
Deployment 24, 146
Disziplin 177
Dokumentation 159
Don't Modify the SUT 55
Dummy 76

E

Emergente Architektur 32
End-to-End-Test 119
Entwicklertest 45
Entwicklung
    inkrementelle 24
    iterative 23
Entwicklungsteam 15
Erfolgsfaktoren 178
Exploratives Testen 123, 178
Extreme Programming 9, 10

F

Fallbeispiel eHome-Controller 5
Feature-Team 17, 179
Fehlermanagement 41
»Fertig«-Kriterien 38, 166
Flow 18

G

GUI *siehe Bedienoberfläche* 126
GUI-Testwerkzeug 126

I

IEEE 730 38
IEEE 829 38
Impediment Backlog 164
Inkrementelle Entwicklung 24
Integrationsfehler 86
Integrationsstrategie 101
Integrationsstufen 97
Integrationstest 85, 89
    Aufwand 96, 113
    Testmanagement 112
Integrationstestfall 89
ISO 25010 138
ISO 9000 153
ISTQB Certified Tester 181

Iteration 10, 23, 24, 96
Iterative Entwicklung 23

K

Kanban 18, 26
Kanban-Board 18
Klasse 46
Klassenintegration 98
Kompetenz 175
Konfigurationsmanagement 106

L

Lean Product Development 9, 18
Lernen 175

M

Methodenpermutation 60
Mikro-Feedbackzyklus 67
Mock 76, 99

N

Nicht funktionaler Test 138
Nightly Build 140, 146, 149

O

Objekt 46, 57
Objektzustand 56
Organisation 170

P

Pair Programming 69
Pairing 137
PDCA-Zyklus 154, 155
Pfadabdeckung 59
Planning Poker 36
Planung 22, 29
    adaptive 29
    empirische 29
Platzhalter 81
Platzhaltertypen 76
potentially shippable product 37
Product Backlog 10, 30, 32
Product Owner 15, 32, 34, 35, 125, 142
Produkteigenschaft 168
Produktivcode 55
Produktvision 30

Programmcode 63, 67, 68, 79
Programmcodereview 79
Projektmanagement
    klassisches 21
Projektmanagementframework 9
Projektmanagementmethode 9
Projektplan 23
Prozessmodellierung 157
Prozessverbesserung 163, 164
Pull-Prinzip 36, 176

Q

Qualitätsanforderung 153
Qualitätssicherung 153

R

Release 147
Retrospektive 163
Roadmap 35
Rollen 14
Rollenverteilung 14
Rückverfolgbarkeit 166, 167

S

Schatten-Backlog 43
Schätzung 13
Schlüsselwortgetriebener Test 129
Schlüsselwortmethode 136
Schnittstellen 94
Scrum 9
Scrum Guide 11, 171
Scrum Master 14, 15, 34, 38, 40, 43, 68,
    70, 78, 79, 107, 141, 162
Scrum-Team 15, 17, 30, 40, 67, 70, 147,
    148, 161, 175, 179
Simulator 100
Sitzungsbasiertes Testen 124
Skript 106, 107, 110
Slice 61
Softwarebaustein 45, 76, 91, 92, 101
Softwareentwicklungsprozess 157, 165
Sprint 10, 11, 24, 143
Sprint Backlog 11, 12, 36
Sprint-Ende 144
Sprint-Planung 113, 149
Sprint-Planungsmeeting 36, 172

Sprint-Release 146
Sprint-Retrospektive 173
Sprint-Review 173
Sprint-Status 13
Sprint-Ziel 36
Spy 77, 99
Statische Codeanalyse 79
Story Map 34, 35, 36, 113
Stub 76, 99
Systemarchitektur 93
Systembaustein 93
Systemintegration 100
Systemtest 117, 136, 142
    Aufwand 121
    automatisierter 126
    Team 144
    Testmanagement 148
    Umgebung 120
Systemtest nonstop 145
Systemtest-Repository 136
Systemtest-Sprint 143, 145

T

Taskplanung 68
Team
    agiles 140, 141, 159, 162
    Feature- 17
    interdisziplinäres 16
Team Charta 38, 80, 161
Teilsystemintegration 99
Test
    datengetriebener 131
    nicht funktionaler 138
Test der Objektzustände 56
Test First 45, 63, 64, 66, 67, 136
Test mittels Methodenpermutation 60
Test nonstop 117, 178
Testabdeckung 92, 166
Testarchitektur 132, 135
    dreischichtige 132
Testaufwand 51, 96
Testautomatisierung 178
Testbarkeit 96
Testcode 55, 71, 72, 132
Testcodereview 80
Testexpertise 178

Testfall 49, 65, 75
Testframework 150
Testgetriebene Entwicklung 64
Testmanagement 39, 78
Testplan 169
Testplanung 39, 179
Teststufen 20, 42
Testumgebung 120
Testwerkzeug 92
Timeboxing 12, 13
Time-to-Market 1
Top-down-Integration 102
Traceability *siehe Rückverfolgbarkeit* 167
Transparenz 13

U

Unit Test 45, 48, 51, 64, 67, 74, 76, 77, 81, 91, 101, 108
Unit-Testfall 91
Unit-Test-Framework 74, 75, 78
Unit-Test-Planung 81
Unit-Test-Suite 81
User Acceptance Test *siehe Akzeptanztest* 125
User Story 123, 145, 180

V

Validierung 42
Velocity 177
Verifizierung 42
V-Modell 20, 39, 42
Vorgehensmodell 9, 25
    klassisches 20

W

Wertschöpfungskette 26
Whiteboard 13, 14
Whitebox-Test 51
Wirkungsprinzip nach PDCA 154
Work-in-Progress (WIP) 18

X

XP *siehe Extreme Programming*
xUnit-Framework 75

Z

Zustandsbaum 60
Zustandsbezogene Coverage-Kriterien 58
Zustandsbezogenes Testen 57
Zustandsdeckung 59

Andreas Spillner · Tilo Linz

Basiswissen Softwaretest

Aus- und Weiterbildung zum Certified Tester – Foundation Level nach ISTQB-Standard

Mit dem »Certified-Tester«-Programm existiert ein international standardisiertes Aus- und Weiterbildungsschema für Softwaretester. Dieses Buch umfasst den benötigten Stoff zum Ablegen der Prüfung »Certified Tester« (Foundation Level) nach dem Standard des International Software Testing Qualifications Board (ISTQB) und ist auch für das Selbststudium geeignet. Aus dem Inhalt: Grundlagen des Softwaretestens, Testen im Softwarelebenszyklus, Statischer und dynamischer Test, Testmanagement, Testwerkzeuge. Die 5. Auflage wurde überarbeitet und ist konform zum ISTQB-Lehrplan Version 2011. Abgedeckt wird damit auch der entsprechende deutschsprachige Foundation-Level-Lehrplan des German Testing Board, des Austrian Testing Board und des Swiss Testing Board.

5., überarbeitete und aktualisierte Auflage 2012, 312 Seiten, gebunden
€ 39,90 (D)
ISBN 978-3-86490-024-2

Stimmen zu Vorauflagen:

»Fazit: Ein ausgereiftes Fachlehrbuch für den Test technischer sowie kommerzieller Softwaresysteme von Geräten, Maschinen und Anlagen.«
(WCM 241, Oktober 2005)

»Eine unentbehrliche Basislektüre zum Selbststudium für alle, die im Testbereich tätig sind oder sein wollen.«
(Newsletter Juni, MID GmbH Enterprise Software Solutions)

dpunkt.verlag

Ringstraße 19 B · 69115 Heidelberg
fon 0 62 21/14 83 40
fax 0 62 21/14 83 99
e-mail hallo@dpunkt.de
http://www.dpunkt.de

Agiles Testen

- **Training**
- **Beratung und Coaching**
- **Projektunterstützung**
- **Testautomatisierung**
- **TestBench**

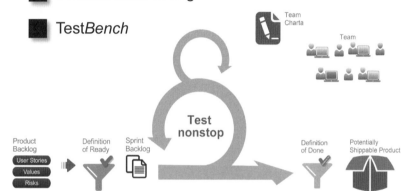

Gerne stehen wir Ihnen für ein Informationsgespräch bei Ihnen vor Ort, in einer unserer Geschäftsstellen oder auf einer unserer Veranstaltungen zur Verfügung.

Kontaktieren Sie uns
telefonisch: +49 9131 7518-0
per E-Mail: info@imbus.de.

www.imbus.de/agiles-testen

Realisieren Sie Test nonstop!

Die imbus TestBench bietet plattformunabhängig die professionelle Werkzeugunterstützung für alle Phasen im Testprozess: Von Testplanung über schlüsselwortbasierte Testautomatisierung bis zu umfassender Testauswertung.

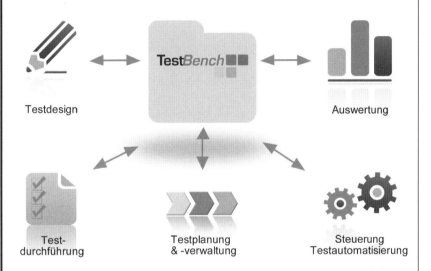

Gerne stehen wir Ihnen für eine unverbindliche Präsentation bei Ihnen vor Ort, in einer unserer Geschäftsstellen oder auf einer unserer Veranstaltungen zur Verfügung.

Kontaktieren Sie uns
telefonisch: +49 9131 7518-0
per E-Mail: info@imbus.de

www.testbench.info